国家社科基金
后期资助项目
GUOJIA SHEKE JIJIN HOUQI ZIZHU XIANGMU

嘤其鸣矣，求其友声
——网络社会中的权力建构

宋辰婷　著

天津出版传媒集团
天津人民出版社

图书在版编目（CIP）数据

嘤其鸣矣,求其友声 ：网络社会中的权力建构 / 宋
辰婷著. -- 天津 ：天津人民出版社，2024.11
　　ISBN 978-7-201-20414-7

　Ⅰ. ①嘤… Ⅱ. ①宋… Ⅲ. ①互联网络－社会管理－
研究 Ⅳ. ①C913②TP393.4

中国国家版本馆CIP数据核字(2024)第076964号

嘤其鸣矣,求其友声:网络社会中的权力建构
YING QI MING YI,QIU QI YOU SHENG:WANGLUO SHEHUI ZHONG DE QUANLI JIANGOU

出　　版	天津人民出版社
出 版 人	刘锦泉
地　　址	天津市和平区西康路35号康岳大厦
邮政编码	300051
邮购电话	(022)23332469
电子信箱	reader@tjrmcbs.com

责任编辑	李佩俊
封面设计	汤　磊

印　　刷	天津新华印务有限公司
经　　销	新华书店
开　　本	710毫米×1000毫米　1/16
印　　张	15.5
字　　数	290千字
版次印次	2024年11月第1版　　2024年11月第1次印刷
定　　价	98.00元

国家社科基金后期资助项目
出版说明

  后期资助项目是国家社科基金设立的一类重要项目，旨在鼓励广大社科研究者潜心治学，支持基础研究多出优秀成果。它是经过严格评审，从接近完成的科研成果中遴选立项的。为扩大后期资助项目的影响，更好地推动学术发展，促进成果转化，全国哲学社会科学工作办公室按照"统一设计、统一标识、统一版式、形成系列"的总体要求，组织出版国家社科基金后期资助项目成果。

全国哲学社会科学工作办公室

序

关于权力的研究,是人文社会科学的一项长期具有中心地位的重要课题。社会学对权力问题尤为重视,不仅被涂尔干称赞为社会学做了奠基性贡献的启蒙运动时期思想家孟德斯鸠和卢梭,对权力问题做了广泛考察和深入论述,而且为社会学创建了丰富思想来源的文艺复兴运动时期思想家莫尔、马基雅维利、洛克、斯宾诺莎等人,也从国家与社会、政府与民众、平等与正义等角度对权力开展了丰富研究。至于当代社会学家马尔库塞、列斐伏尔、福柯、鲍德里亚、吉登斯、迈克尔·曼和卡斯特等人,对权力的研究更是思想深邃、发人深省。

人类社会由低级向高级发展,生产关系和社会关系也由简单趋向复杂。植根于生产关系和社会关系之中的经济、政治、文化和社会各种层面的权力,也随着社会实践和社会结构的发展进化而不断地增强和复杂化。饮血茹毛的远古社会,权力争斗的焦点是有限的物质生活资料。而到了高度发达的现代社会,权力窥视与争夺的对象,涵盖了人类生活的所有要素。社会越发达,权力越强大,生成权力的机制也越复杂。时至今日,权力已经无孔不入,无处不在。

到了网络信息技术迅速发展的时代,超越了地方空间边界的网络社会大规模崛起。一开始被认为是人们可以根据自己的意愿任意漫游的网络虚拟空间,很快就引起了权力的强势入驻,并且生成了比地方空间中的权力更加神通广大的网络权力。卡斯特把网络中的权力称为流动的权力,并告诫追逐实体权力的人们:"流动的权力胜过权力的流动!"

然而,网络权力是怎样在脱域空间扩散的?又是怎样延及地方空间所有领域的?它在缺场社会和在场社会中是如何生成壮大的?又是通过何种途径发挥作用的?《嘤其鸣矣,求其友声——网络社会中的权力建构》这本书就是努力探索和积极回答了这些问题的一部力作。在对权力的理论脉络进行了认真梳理和开展了大量田野调查的基础上,作者对网络社会中网络权力的生成路径和作用机理进行了丰富阐释。

《嘤其鸣矣，求其友声——网络社会中的权力建构》一书在网络社会深刻发展的今天，探索网络社会的权力运行轨迹及其演变，具有很强的学术创新性和现实应用性。书中运用四月网、元宇宙等鲜活的网络平台和网络空间案例，深刻剖析了网络权力在其中的生成、演变、成熟及其运行困境，并与传统社会权力的运行进行对比分析，由此凸显网络权力形式的独特性；将网络权力和实体社会权力结合展开分析，而非刻意强调二者的对立和差异。同时，运用框架分析视角，从横向建构和纵向建构两个过程，对网络权力的生产过程展开剖析，深刻揭示了这一权力形态的生成过程及其成效。更重要的是，该书将网络权力研究和中国社会治理议题加以结合，不仅对认识中国网络社会、治理网络运行具有启发意义，而且对实体社会的治理也具有思想理论的借鉴。

本书作者宋辰婷，是我指导的在中国人民大学社会学系硕博连读的学生。作者在硕士和博士学习期间，一直在网络社会学研究领域潜心攻读和刻苦研究，形成了关于网络社会和网络权力研究的深厚学术积累，为她毕业后到北京工业大学社会学专业从事教学科研奠定了坚实基础。

本书是宋辰婷博士在网络权力研究方面走过的路程印记。相信这些印记能对开展网络社会发展和网络权力运行研究的学者们有所借鉴。是为序。

刘少杰
（中国人民大学社会学理论与方法研究中心教授
安徽大学、中央民族大学特聘教授）
2024年11月于北京世纪城时雨园

目　录

前言 鸟鸣嘤嘤:网络权力崭露头角

截至2024年6月,我国网民规模近11亿人(10.9967亿人),互联网普及率达78%。[①]网络社会的到来,开辟了崭新的社会生活形态。

（万人）
（%）

图0-1 2014年6月至2024年6月中国网民规模和互联网普及率变化趋势图
（数据来源:中国互联网发展状况调查报告）

互联网,特别是移动互联网的发展,为世界带来了奇迹。它营造了广阔无边的、无时无处不在的网络交往空间,方便了广大网民间的沟通和交易,降低了沟通和交易的成本,极大地惠及了普通网民。同时,它自身的迅速发展,也在不断地拓展着互联网的服务与应用领域,包括微信、微博、社交网站、即时通信软件等社交网络的发展,使得网络数据与信息得以共享,为社会各领域的发展带来了机遇。互联网的发展,推动了包括经济、政治、文化、科技、教育在内的整个社会的全域发展。互联网不仅成为这个时代科学进

---

① 中国互联网络信息中心:《第54次中国互联网络发展状况统计报告》,2024年8月29日,https://cnnic.cn/n4/2024/0829/c88-11065.html。

1

步、技术革命和经济发展的有力推手,同时也深刻地改变了中国社会的权力格局。

从"温州动车事件"中互联网信息接力形成的强大社会影响力,到免费午餐、"大爱清尘"和壹基金等引领的网络"微公益"热潮,再到"网络反腐""网络抗疫"中彰显的网民草根正能量,网络化时代,个体普通网民开始拥有网络权力,并且这种网络权力不是仅仅适用于虚拟空间,在现实空间中同样具有巨大影响力。在网络权力实现的过程中,网民个体或者群体的意志得以实现,网民开始具备影响他人行为和改变社会秩序的能力。

正如卡斯特预言的那样,信息技术将带来深刻的社会转型,网络社会正在成为崭新的社会形态。[①]面对网络社会这一崭新社会形态中权力运作方式的变化,刘少杰指出,以社会认同为基础的来自基层社会的网络权力,成长为最富活力、最具影响力的新型权力形式。基层网民首次具备了自身成为权力主体的可能,他们可以掌握并使用具有现实影响力的网络权力。[②]在网络化时代,权力不再是一个结构化的支配性结果。网络权力体现为一个动态性的运作过程,这个特征,在普通网民这里体现得尤为明显。

"互联网2.0"的出现,使得网络交流的方式越来越凸显出社会化和人际交往化的特征。[③]尤其是微博、微信的出现,其"零进入壁垒"的特点,为个人参与到公共领域的讨论,甚至个人在公共领域内行动,提供了极大的可能性。在互联网2.0时代,普通网民开始成为互联网的主角。虽然在线下生活里,他们并不是经典社会学所界定的精英,但他们享有网络社会中分散的权力,并能够将网络权力延续到线下。

诸多经验事实显示,新型的权力形式,逐步在网络社会崭露头角。依附资源与位置优势的结构性权力形式,与工业社会基础上形成的社会秩序相适应。而在网络化时代,社会秩序与结构发生了重大变迁。刘少杰指出:"缺场交往快速扩展,传递经验地位提升,社会认同力量开始彰显,这三个方面的突出变化,构成了网络社会内在结构的深度变迁,预示着人类社会即将

---

① [美]曼纽尔·卡斯特:《认同的力量》,曹荣湘译,北京:社会科学文献出版社,2006年,第419页。

② 刘少杰:《网络化时代的权力结构变迁》,《江淮论坛》2011年第5期。

③ 在互联网1.0时代,互联网只是一个针对人的阅读的发布平台,互联网由一个个的超文本链接而成。在互联网2.0时代,互联网不仅仅是超文本标记语言(Html)的天下,而且成了交互的场所。而互联网2.0具备的要素有:"用户具有把数据在网站系统内外倒腾的能力;用户能够在网站系统内拥有自己的数据;所有的功能都能经由浏览器完成,完全是基于互联网。"这些要素归根结底都落在了"人"上,人机交互、用户体验成为主流。

发生一场如工业社会产生时那样深刻的社会内在结构转型。"①在网络化时代社会结构变迁的背景下,同样深刻的转型也发生在网络社会的权力结构之中。网络权力呈现出与传统实体权力不同的崭新形态。

"嘤其鸣矣,求其友声。"互联网权力的构建过程,是从网民的网上互动应答开始的。一鸟鸣之,百鸟呼应;一鸟高歌,百鸟和之。互联网上的任何一个节点发出有效信息,瞬间就有可能引发群体互动或群体共鸣。那些网络大咖一旦发声,还可能出现"百鸟朝凤"的热闹场面。这些群体互动或群体共鸣的过程,就可能孕育出新的网络权力。

究竟应该怎样理解网络权力这种新的权力形式?对于能够产生出网络权力的互联网,我们应如何看待?人们应该像对待传统媒体那样,只是将之视为一种传媒工具,还是应当跳出以往传媒视野的束缚,立足社会变迁、权力衍生的维度之上,重新认识互联网的作用?就普通网民而言,从"沉默的大多数"和权力的"失语者",跃升到今天网络权力的"主体",权力在其中究竟发生了怎样的变迁?网络权力是如何发挥作用的?对普通网民而言,网络权力运作和实现的过程究竟如何?

在与传统权力研究展开对话的过程中,笔者将进一步探讨这一经验问题背后蕴含的理论:经典权力理论强调位置和资源之于权力的核心作用,但是它们无法充分解释,网络空间中的权力格局和权力运行模式发生的变化。在位置和资源上处于劣势的普通网民,为何能够拥有强大的网络权力?对网络权力产生核心作用的要素是什么?基于此,笔者试图追问,在中国社会网络化程度不断深化的背景下,在位置和资源上处于劣势的网民拥有的网络权力之建构和运作过程是什么?其与实体社会中的权力建构和运作过程又有什么不同?这些正是理论层面上本书尝试解释和回答的问题。

虽然在经验层面不难注意到普通网民可以拥有网络权力这一事实,但是经典权力理论却无法解释,在位置和资源上处于劣势的网络草根为何能够运作产生自下而上的新的权力运行模式。对于这一问题的回答,需要在深入的田野调查的基础上,进行理论层面的抽象概括与总结。

本书期望通过微观的人类学民族志的研究方法,来观察和研究互联网中权力的建构过程。然而根据互联网的特性和网络权力的特征,"网络权力"这一概念需要以公共视野的角度加以理解,因为网络权力的生

---

① 缺场交往指的是,人们利用网络技术开展的、与传统的面对面的在场交往相区别的、隐匿了身体存在的一种交往行为;传递经验指的是,通过信息沟通而形成的超越身体经历和在场事物的缺场经验,是人们通过信息沟通而相互影响和持续传导的动态经验。刘少杰:《网络化时代的社会结构变迁》,《学术月刊》2012年第10期。

成过程,在多数情况下不仅仅体现为一种个体行为或者个人能力。这就意味着,必然要将"网络权力"整合进权力发展的历史中,甚至是整个社会的变迁史内进行分析。换言之,虽然本书研究的重点是网络权力的微观运作过程,但是若将权力完全等同于行动,就会陷入一个将复杂问题简单化的理论错误。

本书需要分析在行动中所蕴含的自然的、生理的、个人意志的权力,如何得以转变成为社会的、政治的、公共意志的权力的过程。其中存在着从微观向宏观拓展的问题。如此一来,沟通微观和宏观,就成为本书研究中不可回避的关注点。

面对"网络权力"这一研究对象,个案研究很容易受到质疑和批评。布洛维曾指出,对个案研究的批评主要集中于两个方面:一是普遍性和特殊性的关系问题,即认为个案自身得出的结果无法产生普遍性的结论;二是微观和宏观的关系问题,即认为带有微观性和反历史性的个案研究,其研究层次过低,容易忽略宏观因素的影响作用。①

而布洛维倡导的"拓展个案法"(extended case study)在一定程度上解决了如何沟通微观和宏观的问题。布洛维认为:"所谓拓展个案法,是一种通过参与观察的方式,把日常生活放置于历史性和超地方的情境之中进行考察的研究方法,其体现了'反思性'的原则。"②"拓展个案法"力图实现观察者与参与者、微观与宏观、描述现实的社会事件和持续重构理论之间的连接。布洛维的理论追求在于弥补微观与宏观之间的鸿沟。在论述"拓展个案法"的过程中,他还强调了米尔斯的"社会学的想象力",认为这是一种从日常生活实践拓展到宏观社会因素的能力。

需要注意的是,个案是"拓展个案法"的存在基础。对于本书力图沟通微观的权力建构过程和宏观的权力变迁过程的研究目的来说,调查的立足点还是对于个案的深描。这就要求对于个案的拓展要在保证叙事完整性的基础上,进行理论和时空的拓展。

同时,李猛提出:"(社会学研究应当)相对完整保留叙事的完整性,而不是将叙事割裂成为用来证实理论分析的例子。……保留叙事的完整性有助于克服单次社会分析中容易产生的唯智主义之'符号暴力'。……任何充满野心的社会学分析都难以彻底洞察研究面对的复杂实践过程,真正的社会

---

① 转引自卢晖临、李雪:《如何走出个案》,《中国社会科学》2007年第1期。
② [美]麦克·布洛维:《公共社会学》,沈原等译,北京:社会科学文献出版社,2007年,第77—78页。

学研究是在承认有限性分析的基础之上,哪怕分析不能穷尽,甚至面临挑战,也要尽可能保留实践过程的全貌。……叙事要素的缺席将导致批判潜力的流失。……社会学的科学性不会因为批判力量之出现而减弱,却往往会因为缺乏批判力量而陷入对既有社会符号秩序的偏见之中。事实上,批判的力量正是来自文章的叙事效果。"①

因此,笔者坚持对个案的深描和保证叙事的完整性,而不会超越个案进行理论概括,更不会用削足适履的方式,以个案来验证某个理论。在此基础上,笔者将对研究进行两个维度的拓展:一是在空间和时间的层面上进行拓展,二是将自身进行从观察者到参与者的拓展,以从社会的微观过程探究背后的社会力量。需要强调的是,本书虽然力图实现从描述简单的社会事实,到将网络权力整合进权力变迁的理论框架,以及认识整个社会变迁的过程,实现微观到宏观的拓展,但是笔者并没有意图建构一个关于"网络权力"的"科学"理论的野心。本书研究的目标在于对实证材料的合理解读和实现理论解释的逻辑自洽,笔者并不认为社会学研究有提供"正确"和"唯一"的理论解释的可能。

本书研究选取的第一个完整个案是四月网,希望通过对四月网形成和发展故事的梳理,展现一次完整成功的网络权力的建构过程。四月网的前身是Anti-CNN,针对2008年以美国有线电视新闻网(CNN)为代表的西方媒体对我国的不实报道,进行网络辟谣。Anti-CNN的工作在当时产生了巨大的反响和现实影响力。新加坡、德国、美国等国的媒体对Anti-CNN进行了访谈和报道,英国广播公司(BBC)、美国有线电视新闻网等西方媒体登出了对不实报道的澄清和道歉。在此之后,Anti-CNN的核心成员又将其转型为"四月网",现已发展成为四月网、四月青年社区和四月视频3个版块,成为爱国青年聚集和活动的一个互联网平台。

选择四月网作为主案例,主要基于以下几点原因:第一,事件具有完整性。第二,组织者和参与者对自己可以利用网络机会、拥有网络权力的情况,存在明确清楚的感知。第三,也是最为重要的一点,和大多数群体事件或者突发事件中网民的应激性反应不同,Anti-CNN的发起者和之后的参与者在心理上和行动上都有一定的准备。这种准备使得他们关于网络权力的实践历程,呈现为一个有明确意识的主动建构过程。在整个网络权力建构过程中,他们得以借助事件的发展,逐步建立起自身的权力主体地位,达成

① 李猛:《如何触及社会的实践生活?》,载张静主编:《国家与社会》,杭州:浙江人民出版社,1998年,第124—125页。

个人意志,实现了网络权力的现实效力。

不可否认的是,四月网有其特殊性。大型突发性事件创造的情境机会,和由此奠定的爱国主义基调和强意识形态色彩,为四月网的成功赢得了诸多便利条件和强大助力,加之由于与主流意识形态高度吻合而得到的后期政府支持等,这些特殊条件使得四月网的成功难以被简单复制。然而就普通网民进行网络权力建构的策略性行动来讲,四月网这一个案,具有很强的典型性。四月网网民在建立、运行和发展网站的过程中,以自主自发的策略性行动,展现了网络权力建构的全貌,他们的具体行动中包含着丰富而有效的权力建构策略。对四月网个案中普通网民建构网络权力的策略性行动的深入研究和全面把握,将为充分认识和理解网络权力开启一个直观、清晰的通道。

在深挖主案例四月网之外,笔者还收集了"免费午餐""东莞事件""天津爆炸事件"等相关网络事件的网络民族志田野资料,以及第五代移动通信技术时代的网络权力拓展、网络权力影响下的社会治理变革等实地调研的一手研究资料,将它们作为辅助案例。以辅助案例的形式,更多维、更深入地展现中国社会崭露头角的网络权力,最大限度地减少主案例四月网的特殊性影响,更加清楚地解释和分析网络权力的生成和运作过程,更加清晰地理解网络权力在新时代的影响力和价值。

根据田野调查,笔者意识到,面对网络权力的深刻变迁,若想解释网络空间中的权力运行模式变化、研究者的权力观,有必要完成从经典权力观向流动的关系性权力观的转换。网络权力不再仅仅体现为一种结构性的支配权,而是呈现为一种共享信息、共同行动的能力;它不是一个结构化的结果,而是一个不断生成、不断发展的动态过程。

同时,即使缺乏位置或资源的优势基础,网民也可以利用网络技术的特点和自身的策略性行动,在互联网平台上以自我的实践行动,搭建起网民间巨大规模的互动关系网络。这种经由个人所形成的社会关联或网络中蕴含的能量,首先塑造了基于特定情境的网络权力,即由特定网络事件引发,网民个体皆可能享有和达成,并通过在网络和现实空间中的策略性行动实施自身意志的影响力。其主体是关系网络中的个体网民,客体是事件涉及对象。

这种经由网民个体所形成的关系网络,会随着互联网具体情境中个人之间的不断接触而进一步延伸,从而形成互动的内化结构。而当其以一种高度的关注和情感驱动被不断重复时,一种相对稳定的互动仪式便自然而然地产生。互动仪式内化于网民个体的思维与行为之中,具有稳定网民关系网络的作用,同时也维系着蕴含巨大力量的网络权力。于是,具有相对稳定性的网络权力便应运而生。它主要表现为:一种关系性的能够作用于现实资源和规则,并能够影响某网络事件之后的类似政治进程和社会实践的具体发展和意义,进而改变事实存在状态、变革社会秩序的运行模式的支配力。

成功的策略运作可能创造新的权力关系,将特定的行动者造就为新的权力主体,在流动的网络中实现网络权力。而怎样的策略行动才能成功塑造网络权力呢?目前,对于网络权力的研究缺乏对权力运作过程的具体分析,本书将通过对网络空间中权力的微观运作过程之分析,尝试回答这一问题。

在实践中,网络时代新的权力关系格局和网络空间中网民拥有的网络权力建构的新起跑线,并不一定甚至不可能造就权力地位的平等。网络空间只是为普通网民提供了一个拥有网络权力的可能性机会,但最终只有部分网民成功成为网络权力的主体,实现了以往在现实社会中只有权力精英才能拥有的影响力。那么,网络权力的实现机制是什么?与实体社会中的权力实现机制有何不同?笔者试图在流动的权力关系网络模式的基础上,通过提炼"互动性策略"这一概念,对上述问题做出探索性回答。

"互动性策略"是指通过人与人、人与情境(包括网络情境和现实情境)之间的互动,达到获得并施加权力影响的策略性行动。具体来说,"互动性策略"分为两个维度,一是基于网络空间自身的权力生成策略,二是在现实和网络权力互动之中实现网络权力的实际运作策略。

成功的"互动性策略"可以搭建起网民间的人际互动和认同建构,而互动和认同的复制和累积,将逐步塑造出具有相对稳定形式的互动仪式。"鸟鸣嘤嘤,出自幽谷,迁于乔木。……神之听之,终和且平。"互动仪式将起到维系网络权力的作用。需要注意的是,虽然具备传统实体权力的效力,但是网络权力呈现为一张动态的关系网络,其主体是网民大众,其能量来自网民群体之间持续不断的互动。

在对网络权力建构的讨论基础之上,本书将进一步研究网络权力的拓展。在理论层面上,结合第五代移动通信技术和元宇宙等新信息技术的发展,本书将研究新技术赋能下网络权力拓展的可能性和新方向。在实践层面上,结合中国现实,本书研究如何在社会治理中充分纳入网络权力,发挥以普通网民为代表的多元主体的力量,实现网络权力背景下的中国社会治理转型。

第一章　网络权力研究的演化脉络

网络权力是一个新兴概念,直接就此展开研究的国内外学者并不是很多。但是,既有对于权力的社会学研究为本书研究提供了宝贵的理论资源,特别是当代权力研究的关系转向,成为网络权力研究的直接理论来源。因此,在展开对于网络权力的深度研究之前,有必要重回"权力"这一经典概念的社会学研究脉络之中,对之进行寻根问义。

第一节　社会学权力研究的经典理论

作为社会科学中错综复杂的概念之一,权力一直是充满歧义和争论的焦点。对于权力的含义及其来源,社会科学研究领域一直存在着广泛的分歧。这种分歧不仅仅表现在其概念的外延界定上,其核心的分歧在于对于权力实质内涵的观点差异。然而即使经典社会学理论的权力主张存在诸多分歧,但在以下一点上却具有令人惊奇的一致性,即:位置和资源位于权力分析的核心位置。

从基本立场来看,经典权力研究主要分为以下两种:一为基于马克思的阶级理论,视权力为一种稳定而持久的结构性关系,强调权力运行于意识和辨识的维度之下,重视其对群体而非个体的影响力;二为基于韦伯及其精英论的理论视点,强调权力的意向性属性,认为其肇始于精英的操控。

马克思将整个人类历史看作是一场围绕物质资源而进行斗争的图景。经济领域中产生的物质和权力差异,进一步塑造了政治与意识形态领域内的权力关系模式。在这一总体取向中,运用权力、体验权力的并不是特定的个体,而是各个阶级和群体。①概而言之,在马克思的理论体系中,对于阶级

---

① 《马克思恩格斯选集》(第二卷),北京:人民出版社,1972年。

斗争的论述处于核心地位，①"权力"这一概念则用来辅助性地论述经济关系何以能够从根本上决定社会形态。

与马克思不同，权力之于韦伯是一个基础性概念。韦伯将权力定义为"将个人之意志加诸他人之行动的可能性"②。在获得这种可能性方面，韦伯指出存在两种途径：一是"存在于事实之权力"，其以资源的独占性作为基础；二是"权威主义之权力"，其以支配者的意志作为基础。"存在于事实之权力"源自不平等的交换关系，在一方对另一方有所求的情况下，掌握某种资源的行动者能够对需求该资源的他人实现支配的效果；"权威主义之权力"则是对某些无条件的绝对服从关系之描述。可见，在韦伯对于权力的定义里，权力与权威在很大程度上相互重合，权威主义权力的基础，来源于人们对一定价值观的认同。甚至可以说，韦伯的权力理论就是权威理论。但是在此过程中，韦伯也认识到，对资源和位置的控制能够产生权力。

同时，对于权力研究在社会学视野中的重要性，韦伯也做出了说明。"就其最为一般性的意义而言，'支配'乃是共同体行动中最重要的环节之一"，而"支配乃是权力的一个特殊个案"。③权力作为一种潜在的可能性存在，当它能够发挥作用时，即权力的潜在可能性得以实现时，在实际的社会交往中，权力就产生了支配关系。

鉴于权威主义权力产生了一系列极为重要的社会学意义上的后果，韦伯在其后续研究中直接排除了市场类型的支配，将注意力放置于由三种不同形式的权威类型产生的行政方式与社会结构之中。由此，韦伯的权力研究主要聚焦于统治意义上的权力，也即政治权力。同时，韦伯的权力界定是一种基于理想类型的概括，所以他没有展开对于具体权力情境的细致分析。在这方面，韦伯本人也有所察觉，他也承认，实际上人们选择服从的动机往往很现实，"（服从）源于恐惧或期望这样最现实不过的动机：恐惧权力拥有者或魔法力量的报复，或者期望在今世或是来生得到报偿。抑或，（服从）是源于各式各样的利益"。④

---

① [法]阿尔都塞：《马克思主义与阶级斗争》，吴子枫译，原载《新史学》第14辑，http://www.douban.com/note/319598706/.

② [德]马克斯·韦伯：《支配社会学》，康乐、简惠美译，桂林：广西师范大学出版社，2010年，第5页。

③ [德]马克斯·韦伯：《支配社会学》，康乐、简惠美译，桂林：广西师范大学出版社，2010年，第2—3页。

④ [德]马克斯·韦伯：《学术与政治》，钱永祥等译，桂林：广西师范大学出版社，2010年，第199页。

在权力研究上,韦伯的关注点在于,虽然个体在支配关系当中不可避免地会进行理性算计,但是建立在交换关系基础上的权力与建立在权威基础上的权力之间依然不可通约。它们是两种不同类型的权力,作用方式也存在差异,前者立足于个体的工具理性,而后者则涉及某种意识形态或者价值观对个体的影响作用。

由于韦伯将权力视为类似于货币的资源性实体,继承其权力论衣钵的当数经典精英论学者。经典的精英论者指出,权力是一种产生于组织,特别是政府组织之中的独立资源,其对于社会的运作来说是不可或缺的。具体来说,精英论认为存在着一个完全独立并且居于支配地位的政治分层体系,即存在精英(elite)和非精英或大众(mass)的阶层区分。精英阶层人数稀少,却拥有与其人数不相匹配的强大的发号施令的特权身份,而其精英身份则依赖于他们控制大众的能力。精英论的代表有:帕累托基于"遗留物"的"投机者"和"食利者"的精英分类;[1]莫斯卡(Mosca)阐释的"独裁—贵族型"和"自由—民主型"的精英结构;[2]米尔斯的权力精英统治说,即米氏认为当代社会是由一个单一、整合和联合的精英,即权力精英统治的。[3]

虽然关于权力的经典社会学理论主张分持两种立场,但是无论是以马克思为代表的结构主义,还是以韦伯为代表的建构主义,都是从控制者的角度来解读权力,其关注的重点都是权力何以取得合法性地位。这导致了经典权力理论对于物质资源的集中关注,直接将权力定义为一种控制能力,即使在韦伯那里,权力也被视为一种类似于货币的促动性资源。与之对应,位置和资源成为权力分析的核心要素。

第二节　动态性权力研究的发端

就一般意义而言,权力被社会学家视为具备作用效力的社会力量。帕森斯对权力的论述就是其中典型代表之一。帕森斯倡导的结构功能论认为,每种结构或者子系统都有其功能,而功能实质上就是社会力量的外在表现方式。因此,在庞大的社会系统模型中,他具体论述了经济、政治、社会和

① [意]维尔弗雷多·帕累托:《精英的兴衰》,刘北成译,上海:上海人民出版社,2003年。

② Mosca, Gaetano. *The Ruling Class*. Caroline: Nabu Press. 2011.

③ [美]赖特·米尔斯:《权力精英》,许荣、王崑译,南京:南京大学出版社,2004年。

文化等四种权力。进一步,帕森斯赋予了权力以动态性。即,与经典权力理论相对应,帕森斯将权力理解为一种转换能力,而非单纯的控制。

帕森斯将权力视为一种类似于经济资源的、可以无限扩张的资源。提出这一观点的依据是,他注意到随着社会的复杂性加剧,人们改变物质世界的能力和改变社会世界的能力,即转换能力,也在显著增加。于是,帕森斯把权力理解成"做……的能力"而非"对……的权力"。[1]进一步,帕森斯将权力定义为政治系统赖以运作的媒介:"我将权力当作……一种一般化媒介,尽管在实质上存在很大差异,但是它在逻辑结构上类似于在经济过程中作为一般化媒介的货币。"[2]权力成为继货币、影响和认同之后,帕森斯定义的第四种一般化交换媒介。

进一步,迈克尔·曼主张权力具有二元性,即它既是"权威性的权力"(authoritative power),也是"弥散性的权力"(diffused power)。[3]换言之,权力既是马克思主义所认为的"分配性的",也是帕森斯主义所认为的"集体性的"。

与前人不同,帕森斯和迈克尔·曼将权力视为一种一般化的媒介。但是权力的本质在他们那里并未发生根本性的改变,依然体现为一种资源,而非关系的一个面向,仍旧被视为从特定社会组织中产生出来的资源。甚至,迈克尔·曼还具体分析了权力的四种组织来源:意识形态的权力、经济的权力、军事的权力和政治的权力(IEMP)。各种意识形态满足了人们的神圣性需要;经济权力源自生产、分配、交换和消费,即日常劳动模式;军事权力来源于为了物质生存和扩张进行的各种竞争;政治权力则来自借助中央的调控和制裁而对领土及其人口实施的控制,集中于国家。[4]

在赋予权力研究动态性这一层面,社会交换理论实现了重要突破,它突出强调了权力的可让渡性,并对之进行了论证。

从霍布斯开始的西方学术传统坚信国家权力的形成是多数人将权力让渡给少数人的结果,统治形成的基础是社会契约关系。以布劳和科尔曼作

① [美]帕森斯:《现代社会的结构与过程》,梁向阳译,北京:光明日报出版社,1988年,第123页。

② Parsons, Talcott. Power and the Social System. in S. Lukes (ed.), *Power*. Oxford: Blackwell.1986, pp. 94–143: 97.

③ [美]迈克尔·曼:《社会权力的来源》(第一卷),刘北成、李少军译,上海:上海人民出版社,2007年,第10页。

④ [美]迈克尔·曼:《社会权力的来源》(第一卷),刘北成、李少军译,上海:上海人民出版社,2007年。

为代表的社会交换理论,继承了社会契约论的传统,认为权力[在他们那里,权力(power)与权威(authority)并未作实质性区分]以个体出让控制权为基础而产生。社会交换论学者系统研究了权力转让的过程,认为权力通过社会交换中存在的非对等性得以实现,即,交换关系中一方对另一方的单向依赖导致了权力关系的产生。①

社会交换论的权力观呈现为经济学式的权力解读,它将个体的行动权力作为基本的分析出发点,将社会互动过程解读为社会交换过程,强调在社会交换过程当中个体的自由意志。因而,社会交换论将权力关系解释为行动者在情境中自愿选择的结果。

在社会交换论的视域中,即使是权力情境中的被动者,也依然保持一部分自主权,只是出于理性选择,当反抗成本远远大于服从成本的时候,大多数个体会选择服从。在最极端的权力情境中,即在那些非自愿建立的权威关系里,个体至少也拥有选择退出的权力(尽管存在失败的可能)。

因此,权威关系的形成和维持的可能性来源,有以下两种:一是行动者对自身权力的自愿出让,二是行动者对权威的合法性的承认。在前一种情况中,对于自身权力的自愿出让,源自社会系统中被支配者与支配者在利益上的一致性;通过转让控制权,作为被支配者的行动者能够提高自身的生存状况,从而形成了"共同的权威关系"。而在后一种情况中,被支配者与支配者的利益相悖,权力的运行是依靠其他额外补偿得以维系,从而形成了"分离的权威关系"。尤其需要注意的是,无论在何种情况下,行动者理性判断和自由选择的能力,都是权力分析的基础。

在总体分析视角上,社会交换理论出现了两种值得注意的变化:首先,权力被明确地视为一种实体性的客观对象,能够被分割和转让,这种预设在科尔曼的理性选择理论中表现得尤为明显;其次,社会交换理论中的权力已不再局限于国家层面统治者与被统治者之间的支配过程,而是成为社会交换过程的一种普遍形式和结果,出现在不同层面、多种多样的人际关系之中。尽管社会交换理论视野中的权力与社会互动紧密相连,从交换的非对等性到权威结构的维系,无不涉及行动者之间的具体互动过程,但是在其具体论述中,权力依然是互动关系背后的推动力,实质上体现为外在于社会交换过程的独立客体。并且,虽然社会交换理论之中权力被视为个体间可以转让的资源,但是转让本身却大体是单向行为。因此本书认为,社会交换理

① [美]詹姆斯·S.科尔曼:《社会理论的基础》,邓方译,北京:社会科学文献出版社,2008年。

12

论的权力观,仍然体现为一种静态的视角,动态的权力观虽然由此发端,却尚未形成。

第三节 关系性权力观:流动的权力网络

传统的权力分析模式多是建构于宏观的理论推演之上,几乎没有涉及对微观权力运作过程的具体分析。当代社会学权力研究的关系转向,在这一层面弥补了经典权力理论的缺陷。

经典精英论者普兰查斯(Poulantzas)曾经强调过权力的关系性,认为权力源于"特定行动个体在物质层面占有位置的关系体系"[1]。但是就本质来说,普兰查斯明显吸取了马克思思想中结构主义和唯物主义的成分,仍然将权力视为资源的一种。[2]对普兰查斯来说,一个阶级拥有的权力总量可以精确地定义为,该阶级在阶级斗争中相对于其他阶级获得了多大的成功。根据阶级在阶级关系体系中的位置,要么处于正权力(支配)的位置,要么处于负权力(服从)的位置,两者必居其一。

普兰查斯意义上的"关系论"权力观之突出问题在于,将权力视为一个"零和"概念:一个阶级所拥有的一定程度的支配,恰好为另一阶级所表现出的一定程度的服从所抵消,二者相加和为零。但实质上,权力的获得并不必然是一个"零和博弈"的结果。并且,这种权力观即使强调了权力的关系性,其本质仍然是静态的精英论,无法看到权力运作的动态过程。

当代社会学家实现了权力研究的突破,即切实实现了权力研究的动态"关系"转向。他们逐步重视权力运作的具体过程分析,强调权力支配中的个体能动性。

以动态关系性权力界定为指向,哈贝马斯在秉承阿伦特权力沟通论[3]的基础之上,将之定义为"通过旨在达成一致的沟通而实现的群体共同意志";他同时指出,其倡导的权力沟通论在有效说明个人、群体的权力获取过程上存在一定的局限。因为除了沟通互动以及关系网络的作用之外,若想获得

---

① Poulantzas, Nicos. *State, Power and Socialism*. London: New Left. 1978, p. 147.

② Poulantzas, Nicos. Class Power. in S. Lukes (ed.), *Power*. Oxford: Blackwell. 1986, pp. 144-155: 144.

③ 阿伦特认为权力产生于共同体的建立,权力的大小不仅取决于人类行动的能力,而且取决于人类协调行动的能力。[美]汉娜·阿伦特:《人的条件》,竺乾威等译,上海:上海人民出版社,1999年,第200—204页。

权力主体地位,人们还需要有效的策略性行动;策略性行动本身需要现有的强制性措施加以辅助,抑或对舆论进行操纵或者劝服。①

相较哈贝马斯对沟通性权力的强调,英国社会学家吉登斯对权力界定中的二重特性更为偏重。权力的二重特性主要体现在,既强调行动者的主观能动作用,即主体对权力的转换能力;又重视既有结构对行动主体自身的约束,即权力之于对象的支配作用。②在吉登斯笔下,当代社会背景之下的权力是一切行动的共有特征,是行动参与者在互动的具体情境中,相互之间惯例性的自主和依附性关系。③

以福柯为翘楚的后现代主义学者树旗为营,全面否定了预设固有结构、将权力作为总体对象的社会权力支配观,不再将权力视为单一中心以及同质性主导(homogeneous domination)④的支配、控制过程。作为一名典型的后现代理论家,福柯对权力进行了解构。福柯解构权力表象的理论尝试,从确立权力意义结构的历史起源和臣服者角度以解读权力。福柯真正关注的是权力主体实现自我意图的详细和真实的过程。他认为,权力首先体现的是实现特定意图的行动策略,而非对限定资源的占有,根本没有所谓的权力"本质"。

"关系"遂成为福柯权力观的核心概念之一。"人们首先必须将权力理解为多种多样的力量关系,这些力量关系内在于其运作的领域之中,构成了力量关系自身的组织。……正是这些多元力量关系的旋转柱石,永不休止地通过其不平等的关系,生成、引发各种局部的、缺乏稳定的权力形态。犹如人体毛细血管的权力无处不在:这并非因为权力拥有把一切都整合于自身无所不包的统一体之内的特权,而是由于权力在每时每刻、任何区域抑或在不同地点的相互关系中随时会产生、迸发。权力随处可见,这并不意味着它囊括一切,而是指它源于各处。……基于此,我们必须是唯名论者:权力自身既不是一种制度、一个结构,也非某些人天生具备的特殊力量,它更多体现为既定社会中的人们赋予某一复杂策略

① Habermas, J. Hannah Arendt's Communications Concept of Power. in S. Lukes(ed.), *Power*. Oxford: Blackwell, 1986, pp. 75-93: 76.

② 郭忠华:《转换与支配:吉登斯权力思想的诠释》,《学海》2004年第3期。

③ [英]安东尼·吉登斯:《社会的构成:结构化理论大纲》,李康、李猛译,北京:生活·读书·新知三联书店,1998年,第77—78页。

④ Foucault, Michel. *"Society Must Be Defended": Lectures at the College de France, 1975—1976.* St. Martin Press. Picador; Reprint. 2003, p.29.

性处境的名称。"①

福柯进一步指出:"一旦置身于生产关系和意义关系体系之中,人类主体将不可避免地同时被置入极端复杂的权力关系网络之中。"②由此可以看出,福柯理论体系中的权力难以单独存在,因为它不是一种实体性概念,而是体现为一个关系性概念;实现权力的途径也需源于具体情境的控制和反控制。权力之于福柯,不再是传统意义的权力,"它呈现出局部性特征,又是持续不断的、生产性的、毛细血管的,甚至详尽无遗的"③。由此可见,福柯笔下的权力,实质是一种具有主观意图性的关系;是种种持续变化的非对等关系的一个面向;亦是涵盖非政治关系的一切关系的一个面向。所有重大的社会关系都植根在日常的关系当中;并且任何权力关系都包含有反抗。④

需要指出的是,功利主义权力观也认为权力是关系性的存在,而不应当仅仅被看作一种资源。但是功利主义的权力取向与福柯有很大不同。功利主义学者主张权力的差异是力图实现自身需求的个人之间斗争的结果。而权力源自两种行为,一种是决策,另一种则是有意限制参与决策的渠道。⑤其关注的重点是个人逐利的互动过程中产生的权力差异。

区别于以往对于权力关系的论述,福柯笔下的权力呈现为一种动态的网络关系:"切勿认为权力体现为某一个体,抑或特定群体、阶级对他者由于非平等关系所强加的支配,似乎有着浑然一体的外表,同质均一的内核。……研究者分析当代社会中的权力时,必须将之视为某种循环流动的事物,进一步,视之为仅以具有特定关联性的链状形式实现效力的事物。权力既不会仅仅聚合于某一地点,为哪一个人所掌控,也不会如商品或财富般为特定主体享有。借助于某些特定网状组织,权力主体能够有效地使用、实施权力。社会行动个体既能在权力关系网络中持续循环流动,又总是位于适用和经受这一权力的某一特定位置。……换言之,从

---

① [法]米歇尔·福柯:《性经验史(第一卷):认知的意志》,佘碧平译,上海:上海人民出版社,2016年,第69页。

② [法]德赖弗斯、保罗·拉比诺:《超越结构主义与解释学》,张建超等译,北京:光明日报出版社,1992年,第272页。

③ [美]南希·弗雷泽:《福柯论现代权力》,载汪民安、陈永国、马海良编:《福柯的面孔》,北京:文化艺术出版社,2001年,第128页。

④ Foucault, Michel. *The History of Sexuality*. Vol. 1, Harmondsworth: Penguin. 1981, pp.94-95.

⑤ Lukes, S. *Power: A Radical View*. London: Macmillan. 1974, pp. 15-20.

权力实施过程来看,个人更多体现为权力的载体,而不是其作用点。"①

这就是之所以福柯没有试图对"权力是什么"进行回答,而是将注意力集中于"权力如何运行"之过程的原因。"权力是对各种可能行动产生影响的行动的总体结构,它激起,它导致,它诱发,它促进,它阻碍;其运行的极致之处就是约束抑或绝对的禁止行为;即便如此,它对行动中的主体发挥作用时,始终体现为借助于权力主体的行动本身或其行动能力。也就是说,是某一行动主体的一套行动施加于作用对象的相关行动。"②

进一步,福柯指出,借助话语体系的作用,权力将很快渗透到所有的关系之中,从而造就其不可避免的增长。"假如缺乏话语的生产、积累、流通和功能发挥,权力关系自身将很难建立起来,也难以加以巩固。"③福柯极为强调语言手段在权力实现中的作用,他指出,大多数人借助语言手段实现控制权力支配者的目的。借助话语行动(discursive action)体系,语言的选择和使用能够得以确定,由此,社会行动者的相关可能性思考也得以限定。与此同时,人们也可以借助规则和规章,通过对支配对象身体的控制,在特定时空中限定其行动。这样,话语的控制和反控制在其本质上就体现为关于权力的争夺。在福柯笔下,难以找到权力缺席的话语论述,因为"每一套话语体系都必然服务于特定权力意志的实现过程"④。于是,"关系的方式存在"的权力必然寄身于特定的话语体系之中。权力的争夺,最终必然转化为对话语本身的争夺。特定文化空间的说话资格,本质体现为一种话语权和言语者的支配地位。而那些处于"失语者"的群体,往往就成为权力支配的对象。

基于此,福柯倡导从权力发挥功能的边界上入手,去理解权力产生效能的"具体环境"——"它(权力)放置自身进而产生其真实效力的地方"。⑤这一权力观为权力的界定提供了一种富有启发的研究视角。在福柯那里,权力既非加以控制和转移的客观对象,也未必生成稳定的社会结构。毛细血管式且具有异质性的权力,逐渐在关系网络之中流动、交织。此时的社会个

---

① Foucault, Michel. *Power-Knowledge*. Brighton: Harvester. 1980, p. 98.

② Foucault, Michel. The Subject of Power. in Dreyfus, Huber L. and Paul Rabinbow(eds.), *Michel Foucault : Beyond Structuralism. and Hermeneutics*, Chicago: University of Chicago Press, 1983, pp. 206—226: 220.

③ [法]米歇尔·福柯:《权力的眼睛——福柯访谈录》,严锋译,上海:上海人民出版社,1997年,第228页。

④ [德]曼弗雷德·弗兰克:《论福柯的话语概念》,载汪民安、陈永国、马海良编:《福柯的面孔》,北京:文化艺术出版社,2001年,第96页。

⑤ Foucault, Michel. *"Society Must Be Defended": Lectures at the College de France, 1975—1976*. St. Martin Press.Picador; Reprint. 2003, p. 28.

体不仅不再是被强迫和压制的客体对象,而且在权力网络中俨然成为积极的行动者。正如福柯所言:"对权力机制本身的分析并非倾向于说明权力既匿名而又无往不胜;更重要的,是要确立一种业已占据的位置和各方势力的特定行为模式。这个模式对各个参与者而言,都存在一定程度的抵抗和反攻的可能性。"①

由此,当代社会学实现了权力研究的关系转向。以福柯、哈贝马斯和吉登斯等社会学者为代表,当代社会学权力的研究视角发生了从结构性的权力到流动的权力关系网模式的转换。尤其是福柯,直接将权力视为流动的毛细血管式的关系网络,将权力分析的重点从宏观的结构性分析转移到对权力微观运作过程的探究。对权力微观运作过程的考察,也因此获得了与对权力的宏观探究同等重要的地位。

第四节 网络权力:权力研究的新动向

权力的理论研究脉络与社会发展变迁紧密关联。经典权力理论研究随着现代社会的诞生与发展,一步步发展成熟起来。现今社会学权力研究对于网络权力的关注,也是在社会形态急剧变迁的背景之下应运而生。网络社会以一日千里的速度迅猛发展,当代社会学者在权力研究中实现了理论视角的转换,从不同维度对网络社会孕育出的崭新权力形态——网络权力,进行了剖析,展现出了社会学权力研究的新动向。

一、网络权力的西方研究溯源

虽然针对网络权力的具体研究刚刚起步,但是网络社会引发的权力结构变革业已引发众多学者的关注。阿尔温·托夫勒用"第三次浪潮"②,尼古拉·尼葛洛庞帝用"数字化生存"③,尼科·斯特尔用"知识社会"④,分别刻画了这场社会结构转型和由此带来的权力结构转向。史蒂夫·琼斯敏锐地指出,拥有"以电脑为中介"(computer-mediated)特征的"赛伯社会"(cyber-soci-

① [法]米歇尔·福柯:《权力的眼睛——福柯访谈录》,严锋译,上海:上海人民出版社,1997年,第166页。
② [美]阿尔温·托夫勒:《第三次浪潮》,朱志炎、潘琪、张焱译,北京:生活·读书·新知三联书店,1984年。
③ [美]尼古拉·尼葛洛庞帝:《数字化生存》,胡泳、范海燕译,海口:海南出版社,1997年。
④ [加拿大]尼科·斯特尔:《知识社会》,殷晓蓉译,上海:上海译文出版社,1998年。

ety)已然来临。①在《混乱的联线——因特网上的冲突与秩序》②和《大冲突：赛博空间和高科技对现实的威胁》③中，查尔斯·普拉特和马克·斯劳卡分别涉及了网络权力的概念，并各自阐述了网络权力在网络和现实空间中产生的矛盾与冲突。曼纽尔·卡斯特则首先给出了"网络社会"的概念，并对"网络社会的崛起"进行了阐述。④

在具体的研究中，网络权力首先引发了较为激进的社会运动学派的研究兴趣，梅鲁西是其中的典型代表。梅鲁西提出，在信息社会中，网民的行动具有"符号性挑战"的特征。网民不仅在其行动目标上表现出对信息社会的主导文化逻辑的挑战，而且在组织和结构上也体现了明显的符号性，行动的组织方式和结构，也具有反对信息社会支配逻辑的象征性意义。梅鲁西对普通网民的行动能力给予了充分的重视与肯定，认为网民之间的串联和协商，最大限度地减少了工业社会以权力不平等为基础的科层制组织结构的不良影响。⑤虽然梅鲁西没有直接对网络权力进行论述，但是他已经开始对信息社会与传统社会截然不同的权力主体和权力结构进行了关注，其信息社会论对西方社会运动领域的研究，产生了重大影响。

在《权力的转移》一书中，阿尔温·托夫勒提出，在网络社会中，知识的核心地位日渐突出，以知识为基础的"与以往迥然不同的权力结构"⑥开始形成，进一步，他认为，"知识在网络社会不仅成为具备最高质量的力量来源，而且成为直接影响财富和武力的最重要因素。……作为终端放大器，知识是未来力量转移中的关键"⑦。从阿尔温·托夫勒的论述中，可以看到他已经对网络社会中的权力高度重视，并进行了深入思考，但是他并未将网络社会

---

① Steve Jones. *Cybersociety: Computer Mediated Communication and Community*. CA: Sage Publications, 1995, p.1.

② [美]普拉特：《混乱的联线：因特网上的冲突与秩序》，郭立峰译，保定：河北大学出版社，1998年。

③ [美]马克·斯劳卡：《大冲突：赛博空间和高科技对现实的威胁》，黄锫坚译，汪明杰校，南昌：江西教育出版社，1999年。

④ [美]曼纽尔·卡斯特：《网络社会的崛起》，夏铸九、王志弘等译，北京：社会科学文献出版社，2006年。

⑤ Melucci, Alberto. A Strange Kind of Newness: What's "New" in New Social Movements? in *New Social Movements: From Ideology to Identity*, edited by E. Larana, H. Johnston, and J. R. Gusfield. Philadelphia: Temple University Press.1994, pp.101-130.

⑥ [美]阿尔温·托夫勒：《权力的转移》，刘红等译，北京：中共中央党校出版社，1991年，第9页。

⑦ [美]阿尔温·托夫勒：《权力的转移》，刘红等译，北京：中共中央党校出版社，1991年，第28页。

视为一个新社会形态,因此也未将网络权力界定为新型权力形态。这就导致阿尔温·托夫勒提出的知识为基础之权力结构,与布尔迪厄、哈贝马斯和贝克等在反思现代性的过程中产生的权力观,并无本质不同,尚未从真正意义上开启网络权力研究的新视野。

对网络权力概念的直接论述起始于1999年,由蒂姆·乔丹率先提出。在《网络权力——网络空间与因特网上的文化与政治》一书中,他指出,作为组织网络空间的政治和文化的权力形式,网络权力分别表现在数字王国、个人活动领地与社会空间三个层面。①虽然蒂姆·乔丹具有敏锐的理论觉察力,但没有对"网络权力"这一概念进行深入细致的论述。更重要的是,被蒂姆·乔丹归为网络权力的力量,实质是一种想象力量。于是,这种想象力崇拜虽然表达了网络社会中个体对自由和权力的渴望,却仍然是基于将网络社会理解为一种虚拟世界的基础之上。

较早研究网络权力的西方论著,多是将"网络权力"视为一种"技术权力"。例如,凯尔纳提出,互联网通过使用新技术以干预资本主义全球建构的运动和方法,展现了"技术政治"(technopolitics),实现了"权力下放"的效果。他认为,互联网技术的发展构建起一个新的民主政治领域,即赛博空间。与传统的资产阶级公共领域相比,赛博空间使越来越多的有色人种、女性和边缘人群能够参与其中,实现了网络化时代政治参与和权力分配的平等性。②

从全球化的层面,约瑟夫·奈提出了"软权力"概念,实现了网络权力研究的重要理论突破。软权力是网络化时代,"通过吸引力而非威压手段在国际事务中实现目标的能力"。"软权力"这一概念引发了众多学科的关注,成为研究网络权力之无法回避的重要概念之一。在约瑟夫·奈看来,"硬权力"指的是与具体物质资源关联的"硬性命令性权力";而同抽象资源相关的"软性同化式权力",则能够影响他人偏好以产生作用效果,是与"硬权力"相对应的"软权力"。软权力通过说服他人跟随自己,或使他人同意自己的规范或者制度,以此促使他人产生自己想要的行为。③

---

① Jordan, Tim. *Cyberpower: The Culture and Politics of Cyber-space and the Internet*. London: Routledge, 1999.

② Kellner, Donglas. Globalisation, Technopolitics and Revolution. *Theoria: A Journal of Social and Political Theory*, 48. 98(2001), pp.14-34.

③ Nye. Joseph S., and William A. Owens, America's Information Edge. *Foreign Affairs*, 1996, 75(2), p.21; Nye. Joseph S., *Bound to Lead: The Changing Nature of American Power*, New York: Basic Books, 1990.

约瑟夫·奈的软权力思想昭告人们,网络化时代中权力的来源和性质都发生了重大变迁。"丰富的信息"业已成为一种网络社会关键性的权力资源,其通过促使从"资本密集"(capital rich)向"信息密集"(information rich)的"权力转移"①的发生,深刻改变了传统意义的权力格局。约瑟夫·奈认为,从权力资源的角度来看,互联网新团体几乎没有强制性的硬权力,但信息革命极大地增强了其软权力——即与观念、文化和政策相关的吸引力。②需要指出的是,约瑟夫·奈谈论"软权力"基于的是国际政治视角,讨论的是宏观国家层面,并未对微观的权力运作层面展开具体研究。

概言之,在"软权力"概念提出之后,西方对于网络权力的研究逐步跳出"技术决定论"的视野,开始将网络权力作为一种以信息为中心的"社会权力"进行探索。例如,辛格将"网络权力"视为"元权力",即网络权力在逻辑上先在于其他所有权力。辛格认为,互联网重新塑造了人们认识世界和沟通交流的方式,这不仅决定了网络化时代中意义被建构的过程,还决定了网络权力的含义和行使方向。他进一步指出,约瑟夫·奈将网络权力称为"软权力",是将其作为工具性权力看待,即权力需要通过说服、宣传等手段以实现自身。经过深入剖析,他提出,行动者的目标和认同在网络权力实现之前,在网民的信息沟通之中,已经被确定。信息沟通中的意义系统,决定了权力关系的意义和方向。③

笔者认为,把网络权力作为社会权力而展开的西方社会学经典研究中,以卡斯特对网络权力本质的剖析最为细致和深刻。在其"信息时代:经济、社会与文化"三部曲——《网络社会的崛起》《认同的力量》和《千年的终结》之中,他充分展现了自身对于网络权力的理解。

卡斯特以信息技术革命为基础,对当代人类社会在经济、政治、文化和社会关系各个方面的变迁进行了深入研究。信息社会三部曲向人们宣告,信息技术革命给人类社会带来的不仅仅是在不同层面各种具体事物的变化,更重要的是人类社会因此形成了一种新的社会形态——网络社会。在网络社会中,社会的组织形式,人们的行为方式、思维模式、交流形式和工作形态,以及社会的权力结构和时空状态,都已经发生了总体变迁。

---

① [美]约瑟夫·S.奈:《硬权力与软权力》,门洪华译,北京:北京大学出版社,2005年,105页。

② [美]约瑟夫·S.奈:《硬权力与软权力》,门洪华译,北京:北京大学出版社,2005年,150页。

③ Singh, J. P.Information Technologies, Meta-power, and Transformations in Global Politics. *International Studies Review*, 2013, 15, pp.5-29.

卡斯特不仅直接宣告了网络社会的崛起,而且深入论述了社会生活的组织形式、展开关系、社会矛盾和时空结构所发生的明确变化。更具革命意义的是,他指出,社会认同已经在网络行为和网络关系中生成了一种巨大的社会力量。这种力量是广大基层社会成员在快捷的网络交往或信息沟通中形成的言论表达权力、价值评价权力和舆论声张权力,是来自民间基层、有着广泛而坚实的日常生活根基的社会信息权力。

卡斯特深刻地指出,网络化时代的权力主体发生了变化,普通网民联合起来的网民群体成为网络权力的主体。"在网络世界中,我认为权力的拥有者是网络本身,不是抽象的、无意识的网络,也不是自动控制:他们是根据其计划和兴趣被组织起来的人类。但是他们不是单个的参与者(个体、群体、阶级、宗教领导、政治领导),因为在网络社会中权力的行使要求一套复杂的联合行为,它超出了联盟而成为一种新形式的课题。"①

进一步讲,对于网络权力的本质和力量来源,卡斯特给出了自己的解释:"网络社会,权力存在于信息符码形成与再现的意向之中,社会根据网络权力进行制度组织,人们根据网络权力进行生活营造和行动抉择。网络权力的基础是人们的心灵。无论是谁,无论采用怎样的手段,只有赢得了人们心灵的战斗才能实现真正意义上的权力。"②作为一种新型权力,网络权力开始动摇传统的权力格局,甚至开始动摇民族国家的根基,而其力量的来源,正是人们的心灵,是基层大众的评价性认同。可见,在卡斯特的网络权力观中,网络权力的力量来源是认同。网络化时代的权力来源于普通网民精神或心灵的权力,是通过符码影像呈现出来的社会认同力量。③

二、网络权力的中国本土研究

近年来,网络权力也开始引发国内学者的关注。不同于以往网络民粹主义④或者网络文化暴力⑤等消极论断,中国学者多是从积极层面对网络权

① [美]曼纽尔·卡斯特:《信息论、网络和网络社会:理论蓝图》,载[美]曼纽尔·卡斯特主编:《网络社会:跨文化的视角》,周凯译,北京:社会科学文献出版社,2009年,第36页。

② [美]曼纽尔·卡斯特:《认同的力量(第二版)》,曹荣湘译,北京:社会科学文献出版社,2006年,第415页。

③ [美]曼纽尔·卡斯特:《认同的力量(第二版)》,曹荣湘译,北京:社会科学文献出版社,2006年,第419页。

④ 陶文昭:《互联网上的民粹主义思潮》,《探索与争鸣》2009年第5期。

⑤ 张勋宗、李华林:《网络文化暴力特征、类型及实现路径分析》,《西南大学学报(社会科学版)》2009年第5期。

力展开论述。网络权力在新闻学的视野中主要体现为监督性权力,互联网被新闻传播学视为继自由报刊作为对行政、立法、司法三权起制衡作用的"第四种权力"之后的"第五种权力"。"体制外"的互联网能够以完全的"他者"身份出现,确保了它作为"第五种权力"的独立性和有效性。①

社会学领域研究网络权力的中国学者,以社会运动的视角居多。他们认为,网络环境改变了群体性事件组织和动员的方式与机制,从范围和深度上扩大了群体性事件的影响。互联网时代的社会动员、集体行动以及权力的再分配,都发生了深刻的变化。②虽然群体性事件集中体现了网络权力,但是可以展现普通网民网络权力的事件和活动,却是多种多样的。普通网民在网络上的行动,并不都像网络社会运动学者认为的那样激进;网络活动也不一定都有明确集体行动的目标和行动战略,存在着千姿百态的表现方式。③

虽然没有直接论述网络权力,但很多学者从不同的侧面涉及了网络权力的研究。聚焦于"网络流行语",孙秋云、王戈和甘莅豪分别提出,"网络流行语"是民众与权力部门竞争、妥协、吸纳达成共识的产物,④以及在互联网语境中,流行语体现了对权力的"去中心化"。⑤从公共领域维度,王君平认为,互联网是一个公共权力的批判领域,具有现实的公共领域的特征。⑥着眼于政治权力,苗国厚认为,互联网对政治权力有解构性,冲击着国家政治权力结构,对国家政治权力的执行力有削弱作用。⑦白贵等学者则认为,网

① 刘畅:《作为"他者"的第五种权力》,《社会科学战线》2009年第10期;刘畅:《裁判员困境"与"第三方"入场——对第五种权力一种特性的剖析》,《南京社会科学》2009年第4期。

② 关凯:《互联网与文化转型:重构社会变革的形态》,《中山大学学报(社会科学版)》,2013年第3期;王君玲:《网络环境下群体性事件的新特点》,《甘肃社会科学》2011年第3期。

③ Damm, J. The Internet and the fragmentation of Chinese society. *Critical Asian Studies*, 2007, 39(2), pp. 273–294; Giese, Karsten, "Speaker's corner or virtual panopticon: Discursive construction of Chinese identities online", in Mengin, Francoise(ed.), *Cyber China: Reshaping National Identities in the Age of Information*, New York, NY: Palgrave, 2004, pp.19–36.

④ 孙秋云、王戈:《大众文化视野下的"网络流行语"》,《湖北社会科学》2012年第11期。

⑤ 甘莅豪:《去中心化:后现代性与媒介革新下的流行语》,《国际新闻界》2013年第7期。

⑥ 王君平:《公共领域:虚拟的网络社区现实的公共领域——浅谈强国论坛对公共领域的重构或转型》,《中国社会科学院研究生院学报》2004年第6期。

⑦ 苗国厚:《互联网对政治权力的解构及民主政治建设的促进》,《人民论坛》2014年11期。

络权力主要集中于网络意见领袖手中。①

王冬梅、刘贵占、宋红岩等学者则直接给出了网络权力的定义。王冬梅认为,信息权力"是指互联网技术赋予个人或群体的力量,是个人或群体通过互联网信息的传递以形成舆论,从而对他人乃至整个社会产生的影响力"②;刘贵占则认为,网络权力是社会行动者利用信息技术与信息资源对他人进行控制与支配的一种力量。③这两个网络权力的定义,关注的焦点都在于网络权力产生的技术影响力。宋红岩提出,网络权力主要是指网民大众,尤其是知识精英,凭借其在资本、技术、知识等方面的资源优势,通过互联网互动参与的政治实践,通过行动对他人和社会产生影响,以迂回达到自身利益的合法化和合理化的力量。④这一定义则兼具精英论和功利主义的色彩。

可以看到,国内对于网络权力研究的起步较晚,专门论述网络权力的文献很少,且远远没有形成系统性的论述。虽然有的学者总结出网络化时代的某些特征,但是其对于网络权力的论述仍然局限于经典的结构性权力观之中,没有充分重视网络权力的动态性和关系性。这就使得大多数对于网络权力的研究无法切中要害,其论述尚未真正涉及网络权力的本质,没有凸显网络权力区别于实体权力的特征,也没能揭示网络权力给实体权力带来的冲击与挑战。

虽然网络权力已经引发中国学术界的持续关注,但是如果不对网络权力的本质进行深入的研究,不对网络权力区别于传统的实体权力的特征进行清楚地辨析,就会陷入对现象的简单描述和"自说自话"的概念界定之中。与大多数停留在蜻蜓点水阶段的研究不同,杨国斌和胡泳对网络权力的生成、发展和现实影响力进行了深入的探讨;蔡文之对网络权力的出现带来的范式革命,做出了界定和诠释;更进一步,刘少杰对网络权力结构变迁,展开了本质性的研究。这些研究将有助于我们清楚地认识网络权力的本质。

从众多网络抗争事件中,杨国斌看到了来自中国普通网民的网络权力,并认为充满着网络权力的网络抗争行为将塑造中国社会的未来。⑤笔者认为,杨国斌对于网络抗争的论述明显受到社会运动理论的影响,在其研究视

① 白贵、王秋菊:《微博意见领袖影响力与其构成要素间的关系》,《河北学刊》2013年第2期;王艳:《民意表达与公共参与:微博意见领袖研究》,中国社会科学院研究生院博士学位论文,2014年。
② 王冬梅:《信息权力:形塑社会秩序的重要力量》,《天津社会科学》2010年第4期。
③ 刘贵占:《网络空间的权力:技术与话语》,《东北大学学报(社会科学版)》2015年第2期。
④ 宋红岩:《网络权力的生成、冲突与道义》,《江淮论坛》2013年第3期。
⑤ 杨国斌:《连线力:中国网民在行动》,邓燕华译,桂林:广西师范大学出版社,2013年。

野中,普通网民的日常行动充满了抗争性,这种抗争性则集中体现了网络权力。胡泳对网络空间中的公域和私域进行了辨析和探讨,但是其结论是悲观的,他认为互联网创造出的网络公共领域只是一种公共生活"假面化",由于政府权力在公共领域仍然占有绝对的优势地位,这将导致"公开的谎言"与"私下的真实"并行不悖。因此,互联网并没有促成中国社会大幅转变的可能。①

值得注意的是,在对网络权力展开深入分析的过程中,杨国斌和胡泳得出了截然相反的结论。这不仅与两人分析的理论逻辑不同有关,也与两人展开论述的时间背景不同密切相关。信息技术以其一日千里的发展速度改变着整个社会,带来了人们无法想象的各种变局,其中就包括社会权力格局的改变。网络化时代发展到今天,人们看到了传统权力格局发生改变的可能,也看到了普通网民能够拥有网络权力的可能。笔者认可杨国斌的基本理论立场,但是认为他对网络权力的论述有偏激之嫌。将普通网民和政府间的对立行为作为网络社会日常生活的常态,这种现实判断含有夸大的成分;并且网络权力并不一定只能借助激烈的网络抗争才能生成。

蔡文之直接提出了网络时代的权力范式革命和信息权力的概念。他在《网络:21世纪的权力与挑战》一书中提出,网络化时代的来临,引起权力概念的变化,引发了世界范围内以信息本位和信息权力为主要特征的范式革命。②在网络时代权力范式革命的理论视野下,蔡文之就权力内涵的变化、互联网革命与网络空间的兴起、网络的运作机制和结构特性等具体问题进行了探讨。在《网络传播革命:权力与规制》一书中,他进一步形成了"网络赋权—权力特征—权力关系—权力要素—权力博弈—权力规制—权力制衡"的理论主线,并将与网络社会有关的矛盾、问题和现象都纳入这一主线,进行了解读和分析。③但是在蔡文之的网络权力观中,所有权力的核心概念都与传播直接相关,④这与其学科视野存在直接的关联——他将互联网引发的社会结构变迁,直接视为一场"网络传播的革命"。⑤

从社会学的视野出发,刘少杰对网络权力结构进行了本质性的分析。他指出,相较实体权力,网络权力在权力主体和实现路径上发生了本质性

---

① 胡泳:《众声喧哗——网络时代的个人表达和公共讨论》,桂林:广西师范大学出版社,
　2008年。
② 蔡文之:《网络:21世纪的权力与挑战》,上海:上海人民出版社,2007年。
③ 蔡文之:《网络传播革命:权力与规制》,上海:上海人民出版社,2011年。
④ 蔡文之:《网络传播革命:权力与规制》,上海:上海人民出版社,2011年,第15页。
⑤ 蔡文之:《网络传播革命:权力与规制》,上海:上海人民出版社,2011年,自序第1页。

变化,给传统实体权力带来了冲击与挑战。他认为,首先,在网络化时代,精英的权力主体地位被普通民众所取代,信息权力(网络权力)的主体变成了普通民众,信息权力(网络权力)主体发生了改变;其次,信息权力(网络权力)打破了自上而下的单一运行路径,运行方式出现了逆转,普通民众掌握的信息权力(网络权力)有可能直接影响社会上层,形成自下而上的强大力量。①

可见,当代学者对网络权力的相关研究,尤其是对网络权力本质的认识,呈现了与经典权力观的显著差异性,却与当代社会学权力研究的"关系转向"一脉相承,即对于权力的认识,不再仅仅局限于位置和资源,而是把权力理解成为一种动态的网络关系。网络权力能够为网民大众享有,而不再是精英的专利;网络权力也呈现为一种关系的面向,而非是简单的资源性存在。

---

① 刘少杰:《网络化时代的权力结构变迁》,《江淮论坛》2011年第5期。

第二章 网络权力：
网络化时代的权力新形式

在具有前瞻性的社会学研究者那里，网络社会已经逐步被看作是一个区别于工业社会的崭新社会形态，但是网络权力这一网络社会的核心研究议题，却并未得到应有的重视。网络权力是网络社会权力的新形式，与以往的权力类型相比，存在着明显的不同。因此，本章将明确解释网络权力的理论视角。该理论视角不是简单地将网络权力视作在网络社会背景下对传统权力形式的延续，而是将网络权力作为新的权力形式进行研究，对其进行界定和分析，并将进一步明确网络权力与传统实体权力的差异，网络权力给传统实体权力带来的冲击与挑战，以及研究网络权力的可能路径。

第一节 网络权力的内涵

刘少杰敏锐地观察到网络化时代发生了深刻的权力结构变迁。他指出，网络社会中权力的主体发生了变化。与传统实体权力不同，网络权力不再是权力精英的"专利"。"信息权力（网络权力）不再仅仅被神职人员、政治领袖或思想家所掌握，普通民众也开始拥有信息权力（网络权力）。普通民众人数众多，他们通过快速便捷的互联网发出的信息权力（网络权力），显得阵容庞大甚至有气吞山河之势。"①信息的扩散使得权力变得更加分散，同时使得网络权力的主体下移，普通网民有了享有网络权力的可能。

根据中国互联网络信息中心（CNNIC）公布的报告，中国网民的发展呈现出明显的多元化发展态势，开始有了向各年龄段、低收入人群和低

---

① 刘少杰：《网络化时代的权力结构变迁》，《江淮论坛》2011年第5期。

学历人群渗透,乃至近乎全民普及的趋势。截至2024年6月,我国网民规模近11亿人(10.9967亿人),互联网普及率达78%。手机网民规模达10.96亿人,网民中使用手机上网的比例为99.7%。其中,我国城镇网民规模达7.95亿人,占网民整体的72.3%;农村网民规模达3.04亿人,占网民整体的27.7%。10~19岁、20~29岁、30~39岁和40~49岁网民占比分别为13.6%、13.5%、19.3%和16.7%;50岁及以上网民群体占比由2023年12月的32.5%提升至2024年6月的33.3%,互联网进一步向中老年群体渗透。同时,互联网应用持续多样化发展,已经深入到普通网民日常生活的方方面面。截至2024年6月,我国即时通信用户规模达10.78亿人,占网民整体的98%;我国网络视频(包含微短剧用户)用户规模10.68亿人,占网民整体的97.1%;我国短视频用户规模10.5亿,占网民整体的95.5%;我国网络支付用户规模9.69亿人,占网民整体的88.1%;我国网络购物用户规模9.05亿人,占网民整体的82.3%;我国网络直播用户规模达7.77亿人,占网民整体的70.6%。[①]这一情况表明,中国的网络社会呈现出丰富的多元性,并且,基数庞大的草根群体正在逐渐成为中国网络社会的主体。中国社会中下层群体具备特有的传播实践方式和人际互动模式,这些特质将逐渐塑造出中国互联网空间新的传播生态。基于此,某些学者提出的"将中国网络社会看作为信息拥有者和信息匮乏者之二元对立的'数码鸿沟'"[②]的观点,已经不再符合中国的现实;中国社会的主体——社会中下阶层——已经成为网络空间的主体,甚至将进一步成为互联网的主导力量。"中国的社会信息化过程,已由20世纪90年代精英垄断的局面,进入到更广社会内的中下阶层和中低端信息传播技术紧密结合的新阶段。"[③]普通网民成为网络社会和网络权力的主体。

刘少杰进一步指出,网络权力是区别于传统实体权力的崭新权力类型。"在网络社会中,权力结构发生的变化不仅是权力结构内部力量对比发生了明显的改变,更为重要的是由于信息权力的出现,权力结构发生了改变,形成了网络社会背景下新的权力结构格局。传统的视域当中,权力是作为有形实体的支配权,也叫做实体权力。"[④]基于互联网得以生成并迅速成长的网络权力与实体权力存在明显的不同,它在本质上属于

① 中国互联网络信息中心,《第54次中国互联网络发展状况统计报告》,2024年8月29日,https://cnnic.cn/n4/2024/0829/c88-11065.html。
② 闫慧:《中国数字化社会阶层研究》,北京:国家图书馆出版社,2013年,第11—13页。
③ 邱林川:《信息社会:理论、现实、模式、反思》,《传播与社会学刊》2008年第5期。
④ 刘少杰:《网络化时代的权力结构变迁》,《江淮论坛》2011年第5期。

信息权力。这种信息权力，是"通过网民群体利用网络发布观点、传递信息、开展时事评论等行为，进行相互的互动交流沟通等活动而凸显出的权力。"①

网络社会中，这种来源于信息交流、关系交往和共同行动的权力，体现得更加明显。正如曼纽尔·卡斯特所言："以往所有社会形态都以知识和信息作为基础，并将知识和信息作为权力与财富的源泉。……从技术和社会两个层面来看，真正意义的新事物是围绕信息技术建立起来的社会。"②可见，理解网络社会（或言信息社会）的关键问题，不是对于信息本身的关注，而是信息在互联网时代背景下引发的社会变革和由此带来的社会意义。

进一步，卡斯特强调了互联网信息中的权力特征："我被迫接受了将我们这一历史时期定义为'信息时代'。我们实际上是说我们的社会是以扎根于信息技术中的权力为特征的……在这个基础上，一个新的社会结构正被扩展成我们社会的基础：网络社会。"③这也就清楚地解释了卡斯特为什么执着于"网络社会"这一概念，而不愿使用大众更为习惯的"信息时代"。就是因为他清楚地认识到，信息自古有之，而信息崭新的生命力来自互联网的给予；信息也并非互联网带来的新时代的本质特征，孕育在网络信息之中的权力，才是互联网的真正价值所在。也正是在这种权力的基础上，一个崭新的社会形态——网络社会正在逐渐崛起。从这个意义上，本书将网络社会的权力新形式称为"网络权力"，而非"信息权力"。

权力一词，最本质的含义就是力量。权力研究的理论脉络展现的就是众多社会学者理解这种力量的不同维度。研究的维度千变万化，无论是从资源、功能、关系，抑或其他维度来研究权力，权力的本质都应当被理解为有实际作用效力的社会力量。网络权力也不例外。因此，基于前文对于网络权力研究的理论溯源，以及经由田野中对网络权力认知感受的理论升华，本书对"网络权力"界定如下：网络权力是流动于网民关系网络之中，网民个体或群体用以执行自身意志的社会力量。

具体来说，笔者将网络权力理解为，流动于网络群体之间、作用于现实和网络空间，可以实现个体或群体的意志、影响他人行为（思维和行动），进

---

① 刘少杰：《网络化时代的权力结构变迁》，《江淮论坛》2011年第5期。

② ［美］曼纽尔·卡斯特主编：《网络社会：跨文化视角》，周凯译，北京：社会科学文献出版社，2009年，第7—8页。

③ ［美］曼纽尔·卡斯特主编：《网络社会：跨文化视角》，周凯译，北京：社会科学文献出版社，2009年，第7—8页。

而改变社会事实之存在状态、变革社会秩序之运行模式的关系型社会力量。网络权力呈现出动态的毛细血管式分布,具备实体权力的效力,同时体现出关系性、流动性、符号性和感性化等特征。网络权力被理解成一种转换能力,而非控制;网络权力是一个关系的面向,而非仅仅是一种资源;网络权力是一个建构性的过程,而非结构性的结果。

本书对网络权力概念的界定,符合当代社会学家对于权力的解读。阿伦特认为,权力属于群体,存在于群体团结之中,公民群体协力行动之时就会产生权力,[①]即权力是从行动中发出的唯一力量,它来自一群人的共同行动,对应于群体协同行动的能力。[②]遵循类似的理论逻辑,福柯对于权力的关注点在于其关系性,哈贝马斯对于权力的关注点在于其交往性。并且,两位当代社会学理论大师都不约而同地指出话语在建构权力中的关键性作用。[③]在当代社会学家那里,权力不存在预设的固定结构,也不再被作为一个整体的实体对象进行分析。在当代社会,尤其是网络社会中,权力不再像传统权力那样,被当作单一中心和精英主导的支配过程。网络权力的主体是普通网民,其实现体现在信息流动、关系营造和意义分享的动态过程中。

互联网技术为人们的沟通和交往方式带来了革命性的变化。通过数以万计乃至数以亿计的网民对信息的传播和意义的分享,一张庞大的网民关系网络正在形成。而这张关系网络就是一种潜在的权力生成机制,它将为网络社会的权力结构变迁,乃至社会结构变迁带来重大影响。于是在网络社会中,我们看到的权力不再是结构性的支配权,而是一种蕴于网民关系网络之中,普通网民共享信息、自愿参与、共同行动,以实现自身意志的能力。正如刘少杰指出的那样:"能够改变社会事实之存在状态,变革社会秩序之运行模式的社会力量就是社会权力……在互联网时代,网络权力来源自社会基层,流动于关系网络,是传递于普通网民群体日常生活实践之中的社会权力的新形式。"[④]

---

① Arendt, Hannah. *Crises in the Republic*. New York: Harcourt Brace Jovanich, 1972. p.143.

② 阿伦特的权力观是和他人一起行使权力,而不是对他人行使权力。[美]汉娜·阿伦特:《人的条件》,竺乾威等译,上海:上海人民出版社,1999年,第200—204页。

③ 福柯强调"话语行动"(discursive action)在建构权力中的关键作用,哈贝马斯则发展出一套关于"话语伦理"(discourse ethics)与交往理性的理论。

④ 刘少杰:《网络化时代的社会结构变迁》,《学术月刊》2012年第10期。

第二节　网络权力的外在特征

网络权力是网络社会中新的权力形式,与传统的实体权力存在明显区别。这种区别集中体现在网络权力的关系性、流动性、符号性和感性化等特征上。正是具备了这些特征的网络权力,对实体权力构成了实质性的冲击与挑战。

一、网络权力运行的关系性

不同于以物质和组织资源为基础的传统实体性权力,网络权力呈现动态的关系性运作。不可否认,社会实体机构也可以掌握和利用网络权力,它们甚至在这方面具有从现实空间中继承而来的优势。但是,普通网民同样从网络社会中获得了宝贵的权力机会。从整个社会而言,广大网民是网络社会的主体,广大网民对网络权力的掌握与运行自然也就占据主体地位。因此,网络权力的主体,是通过关系网络连接起来的普通网民;网络权力的建构,是网民编织关系网络和实施策略性行动的过程;而网络权力的实现,则是资源和力量在网民关系网络中流动、积聚和迸发的结果。网络权力之所以能够成为网络化时代实现网民意志的重要社会力量,与网络权力的关系性特征息息相关。

互联网为普通网民建构关系网络提供了强有力的技术支持。人类社会中,在群体中与他人共享、互动、合作、协调一致地行动,这是人的本能。而在网络社会之前,这种本能一直受到交易成本等经济因素和社会地位等社会因素的限制。互联网的出现和普及,为人们建立广阔的关系网络、组织有效的群体行动提供了平台。自此,人际交往和人际互动不再必须诉诸层级结构。普通大众借助互联网平台,获得了前所未有的在交往和互动上的能力和自由。同时,网络化时代的电邮地址、微信账号等,不再是一种索引,它提供了瞬时到达客体的保证,建构关系拥有了随时被实现的可能。互联网新媒体为人与人之间关系的物质存在提供了技术支持,让人们感受到了网络化时代的崭新变化。在网络化时代,关系的重要性急剧增强。没有关系,不再意味着两者之间没有任何影响,而更多的是冲突和排斥。正如克莱·舍基(Clay Shirky)的观点,互联网的力量在于它使网民构建群体成为一件简单得无法想象的事情。①

---

① [美]克莱·舍基:《未来是湿的》,胡泳、沈满琳译,北京:中国人民大学出版社,2009年,译者序。

而网络社会的价值,绝不仅仅在于它提供的互联网技术本身,更在于其带来的时代精神与观念。在技术层面,互联网使普通网民便捷有效地建构关系网络成为可能;在观念和精神层面,网民关系网络在倡导沟通与共享价值的网络社会中亦是必不可少,"网络社会文化在网络权力中的共同信念,以及通过给予别人和从别人那里获得而形成的协同的基础上进行发展。这个网络社会文化的物质构建进程正在进行中。但是,这不是由从工业社会中传承下来的统治精英在全球网络中行使权力而进行的资本主义思想的传播。它也不是哲学家梦想建立抽象世界的理想议题。这是一个进程,多种来源的有意识的社会参与者将他们的资源和信仰通过这一进程带给他人,也期望能获取相同的回报,或者更进一步地:共享多样化的世界,结束对外人产生的由来已久的恐惧"①。

正如卡斯特指出的那样,"在网络社会,如果权力来源是单个实体,那么它就成为一个毫无结果的分析"②。网络化时代,在共享权力和权力共享之间具备了直接的关联。因此,为了网络而联网,人们利用互联网建立关系网络,从其他人那里获得信息和力量支持,同时,也将自己拥有的信息和力量与他人一起分享,这就是网络社会的精神与价值:对网络权力拥有足够的信任,通过向他人开放而得到个体的需要,从网络多样性中获得乐趣和满足。也就是在这种关系与权力的深度结合之下,与传统的实体权力相比,关系性的网络权力呈现出迥然不同的气象,它被赋予了更多的时代内涵,自身价值也得到了充分的提升。

二、网络权力形态的流动性

网络权力呈现为动态的关系网络,其孕育于网络空间之中,在表现状态和呈现形式上拥有较之实体权力更加显著的流动性特征。

卡斯特把网络空间描述为"流动的空间",即"因特网由处理从位置产生信息流动的网络和节点组成,从而导致了流动空间这一崭新空间形态的诞生。……互联网重新定义了距离,但是并没有取消地理。新的领土结构从全球信息流动的几何学来同时处理空间的集中、分散和连接的

---

① [美]曼纽尔·卡斯特:《信息论、网络和网络社会:理论蓝图》,载[美]曼纽尔·卡斯特主编:《网络社会:跨文化的视角》,周凯译,北京:社会科学文献出版社,2009年,第45页。

② [美]曼纽尔·卡斯特:《信息论、网络和网络社会:理论蓝图》,载[美]曼纽尔·卡斯特主编:《网络社会:跨文化的视角》,周凯译,北京:社会科学文献出版社,2009年。

过程中出现"①。"流动空间"这一新概念引发的空间变革，产生了与传统空间概念——"位置"的相互作用；而个体就是在所属的具体网络中、从其占据"位置"的角色中获得意义和功能。进一步讲，空间不能从实践中独立出来。正因为网络实践是网格化的，网络空间才呈现为网格化的形态；正因为网络权力不停地流动于各个网格"位置"之间，网络空间才成为"流动的空间"。

进一步讲，卡斯特指出，"流动的权力优先于权力的流动"②。他认为，在网络社会中，流动的空间是支配性的空间逻辑，谁占据了流动空间本身以及其中的信息和节点，或者掌握了组织流动空间的话语权，谁就拥有了强大的权力。这意味着空间的流动特质冲击着传统的权力支配逻辑，互联网空间中权力的表现状态和呈现形式因此发生了重要转变：网络权力体现为一种流动的权力，即流动性已经转变为网络权力形态上的特征。

而网络权力这种流动的形态，是现代化和全球化进程中的必然过程。鲍曼对当代的社会形态做出了"流动的现代性"③的比喻。与笨重和迟缓相对，流动意味着轻灵与快速。虽然鲍曼的本意是，对比迟缓的传统农业社会中的农耕劳作与笨重的大工业时代机器生产，当代资本主义精确、快速、灵活化、定制化的生产方式，产生了速度加快与质量减轻的效果，使得社会朝着一个"轻若无物"的方向发展；但是，"流动的现代性"对权力的生产同样适用。互联网的出现，无疑是目前"轻量"与"速度"发展到了最高程度的体现。在现实和网络紧密结合的空间之中，信息传递最快可以达到光速；信息技术的出现，使得人与人之间互动的中介轻到极点。从这个意义看，网络社会是将鲍曼的上述比喻发展到极致的崭新社会形态。

"流动的现代性"不仅给予了重量与速度以崭新的定义，还使得行动

① ［美］曼纽尔·卡斯特：《网络星河：对互联网、商业和社会的反思》，郑波、武炜译，北京：社会科学文献出版社，2007年，第224页。

② ［美］曼纽尔·卡斯特：《网络社会的崛起》，夏铸九、王志弘等译，北京：社会科学文献出版社，2001年，第383页。在《网络社会的崛起》英文原文中，"流动的权力胜于权力的流动"一句的表达是："The power of flows takes precedence over the flows of power"。可见，卡斯特的权力观和当代社会学的关系性权力观是一致的。但是，卡斯特对网络权力的论述更进一步。他提出了"流动的权力"(the power of flows)，意指网络权力中的"网格化逻辑"(the networking logic)展现出了权力的强大能量，并直接用流动性定义了网络权力这种权力的新形式。之后，卡斯特直接给出了如下判断：这种以流动性为特征的网络权力，明显地超越了经由网络流动表现出来的其他权力形式。

③ ［波］齐格蒙特·鲍曼：《流动的现代性》，欧阳景根译，上海：上海三联书店，2002年。

者的日常活动场景的范围得以大大拓展,由此,缺场事物与缺场行动也就愈发常见。于是,在信息技术高速发展的背景下,传统的地理边界被打破,信息以前所未有的"速度"和"轻量"进行传递和分享,权力的运作可以普遍地以一种"缺场"的方式存在。不仅在空间维度和时间维度上网络权力实现了其流动性,网络权力还不停地流动于各个网络"位置"之间。网络权力以光速在人与人之间的互动中生成、流转和聚集,比实体权力更具生命力、更富有效性,也更有号召力,往往会比实体权力产生更大的爆发力和现实能量。

三、网络权力传递的符号性

网络权力不仅具有关系性和流动性的特征,网络社会中的权力载体本身,还在经历着从实体到符号的变化。符号化的结果是:符号意义可以被建构,权力重新被定义,符号化的权力呈现出空前未有的动态性。

刘少杰指出,缺场交往,成为网络社会主要的交往方式,人们在互联网上开展的交往行为,是一种隐身的缺场交往。①随着网络化时代引发的缺场交往的广泛展开,网络符号赋予了网络权力更加广阔、更加便利的作用空间,增强了网络权力的亲和力和渗透力。互联网的优势在于,它提供了网民与缺场的行动主体和社会过程建立起某种连接的机会。缺场的权力发挥效力成为可能,权力的作用范围也因此更加广阔。这使得符号在能够恣意流动的过程中,重塑个体认知图示和感知图示,从而使网络权力有了更强的渗透力和影响力。

值得注意的是,符号性的生命力和时代价值在网民的互动之中得以充分彰显。与传统的面对面交流不同,网络社会的信息传递和意义传达,不再被局限于当地狭小的社会结构和文化意义结构之中;在网络空间的缺场交往中,社会结构和文化意义结构变成了扁平状的宏大整体,观众也由此失去了实体性,需要信息传递者对其进行想象。更为重要的是,普通网民获得了表达和选择的自由,可以自主地筛选信息和进行自我表达,实现了网络空间的双向交流。这就为普通网民创造和传播网络符号提供了充足的空间和强大的动力。

于是,在网络空间之内,符号显现出了前所未有的生命力,这也给普通网民建构权力提供了便利,激发了网民大众主动参与的热情。于是在网络空间中,网民不再是被动的权力被支配者,以结构性和支配性姿态出现在

---

① 刘少杰:《网络化时代的社会结构变迁》,《学术月刊》2012年第10期。

网络空间中的传统权力也会被排斥、屏蔽,使之再无大众媒体时代的绝对霸权地位。在这种情况下,符号性权力的优势逐步显露出来。符号需要带有个体能动性的创造与想象,也可以恣意流动,它们却不具备实体强制力。网络符号的创造和传递,是一个由网民个体共同塑造认知图示和感知图示的过程。

因此,符号是网络空间内用于表达和意义共享的首选。创造和传递网络符号的过程,是网民为传递信息创造便捷路径的过程,是网民主动营造关系网络的过程,更是一个意义不断赋予和叠加,引发共同行动,以产生改变社会事实和社会秩序的力量的过程。这样创造和传递的网络符号,就不再仅仅体现为符号自身,它们俨然成为网络权力存在的载体。

与实体权力不同的是,网络权力在网络空间中虽然无处不在、无孔不入,但没有实体的存在;然而就是通过网络符号的创造和传递过程,信息和意义不断赋予和叠加进入网络权力之中,网民的力量得以积累迸发,从而集中呈现网络权力这一存在。

四、网络权力表达的感性化

除了关系性、流动性和符号性,网络权力还具有明显的感性化特征。这一特征往往容易被忽视,然而正是网络权力表达中的这一感性化特征,赋予了它区别于传统实体权力的强大感染力和凝聚力。

网络社会的感性化趋势,刘少杰给出了准确的判断:"在互联网快速发展的今天,传统文字文化在信息传播方面的作用,在很大的程度上被视觉文化所取代。借助互联网的优势,意识形态尤其是和人们生活密切相关的作为价值伦理取向和道德信仰习惯的感性意识形态,迅速向社会生活的各领域各层面散播开来,其散播的速度、广度、效度是传统文字文化媒体难以企及的。"[①]网络社会感性的重要性日益凸显,并广泛存在于网络空间的每一个角落,感性对理性的统治霸权地位提出了有力的挑战。

在理性占据着绝对统治地位的传统文字文化时代,感性一直作为一个缺乏思想性、逻辑性和稳定性的文化半成品,不受人们的重视。感性被当作一种表层的、肤浅的、不成熟的和充当理性之基础的思想意识活动,感性需要通过理性来规约与指导,否则它就只能处在原始蒙昧的阶段。然而网络化时代的来临,凸显了感性的重要地位,彻底改变了人们对感性的态度,感性不再被忽略与遗忘,感性也不再被压抑与删减,感性被重新带回分析

---

① 刘少杰:《当代中国意识形态变迁》,北京:中央编译出版社,2012年,第43页。

的中心。

在网络化时代,感性传播策略较之于理性传播策略更为有效。①虽然通过互联网也可以传播那些理论化和体系化的东西,但很少有网民能够耐心地在互联网上阅读具有很强系统性、逻辑性的理性内容;而富有情感性的、带有强烈生活气息的感性符号却常常能够吸引大量网民。在网络空间中,感性的地位非常突出,其具有的传播优势和影响力,明显优于理性。互联网传播的内容很广泛,文字、图片、语音、视频和各种各样的符号都在其列,这种内容及形式上的丰富性,是过去那种言传口述、著书立传及传统的平面媒体等传播手段所无法达到的。而这种具有感性特征的符号形式,更受广大网民的青睐,更为广大网民所接受,因此也更容易在网民之间达成价值上和情感上的强烈共鸣,进而为在网络空间中构建和实施网络权力奠定了很好的基础。

不仅网络空间的信息传播策略、传播内容和网络符号出现了感性化转向,网络权力自身也具有感性化特征。感性源于感官,感官来自身体,在本质上感性体现为个体在自己所处时空的具体身心体验与感受,而这种体验与感受为个体思维和行动提供了重要来源。网络化时代的感性权力,通过互联网传播图像、视频等形象具体且可直接感知的感性中介形式,重塑网民个体认识、思考和评价世界的基础意识框架,并在此框架基础上形成网民具体的意愿诉求和行动策略。

刘少杰指出,网络社会感性化的突出表现之一,就是互联网思维活动的表象化。"在具体的互联网交往活动之中,表象思维不仅表现为对于图像的关注和表达,还表现为在陈述和语词上的感性化趋势,即网络语言呈现的生动性、具体性与直接性特征。"②在表象思维的作用下,网络表达、网络交往方式和网络行为,都呈现出明显的表象化特征。

于是在网络空间中,网民的思维和行动往往是遵从内化于自己心灵的道德习惯、文化价值的结果,其往往是在知觉、感觉和表象等感性认知过程之中自然地进行网络交往,形成网络表达。普通网民极少刻意遵循概念化的要素、系统化的思路来形成理性意识,然后以此来进行价值判断;同样,普通网民也不可能利用周密严谨的理性结论来指导自己的行动。信息的传播、认同的达成以及个体或群体的行动,在普通网民那里,多表现为一种感

① 宋辰婷:《网络时代的感性意识形态传播和社会认同建构》,《安徽大学学报(哲学社会科学版)》2015年第1期。

② 刘少杰:《网络社会的感性化趋势》,《天津社会科学》2016年第3期。

性过程。这种感性认识和行动,呈现的是一种多向建构网民内心的过程。权力蕴于普通网民的内心之中,其表达出来的即为潜力巨大的、有着感性内核的网络权力。

第三节　网络权力的现实效力

作为网络化时代权力的新形式,网络权力的理论价值和时代意义,不仅在于它较之传统实体权力的外在特征,还在于其基于网民关系网络产生的强大现实效力,以及对传统实体权力带来的巨大冲击与挑战。

刘少杰指出,互联网不但产生了信息权力(网络权力),互联网还使得信息权力(网络权力)的地位不断提升,作用不断放大。信息权力(网络权力)以其特有的横向传递方式和特有的运行模式,向传统权力提出了挑战。这里的传统权力,既包括政治的、经济的权力,也包括思想文化的权力。[①]在网络权力构建的过程中,以及网络权力发挥自身效力的过程中,传递经验在其中发挥了重要的作用。在工业社会和前工业社会时期,各民族权力体系的构成,主要是各种实体机构所掌握的权力。其中既有属于政治集团的政治权力,也有政府具有的行政权力,还包括宗教权力、各文化机构具有的思想意识权力、企业和市场具有的经济权力,以及武装集团具有的军事权力等。而在网络社会,由于缺场经验可以在网络空间中快速地汇聚和传递,这就使得信息权力(网络权力)以及认同力量和评价舆论等这些非实体权力得以快速壮大。尽管会受到实体权力的管控甚至限制,但网络权力的产生发展依然不可阻挡。实体权力再强大,它传递和作用的时空范围也是有限度的。而在这一方面,靠传递经验运作的网络权力却具有明显的优势。[②]

事实上,互联网是一个分散的、多节点分布的无边界网络结构,这使得传统社会的权力精英很难控制在线活动。互联网可以快速实现一对一、一对多甚至多对多的网络传播与交流。虽然互联网并不是向所有想表达自身观点的人都开放了机会,但它却明显降低了信息传播在时间、地位和资金上的成本,显著提高了想把地方性信息转化为能被更广泛人群接受的网络信

---

① 刘少杰:《网络化时代的权力结构变迁》,《江淮论坛》2011年第5期。

② 刘少杰:《网络化的缺场空间与社会学研究方法的调整》,《中国社会科学评价》2015年第1期。

息的网民个体的数量。总之,互联网使得个人和社会团体缩小了自身与正式组织、传统权力精英之间影响力的差距。普通网民借此有了实现自身意志、发挥权力现实影响力的可能。互联网有着可以自下而上地传播、网民大众参与度高、传播和沟通速度快等优势,普通网民凭借着这种优势,可以在网上迅速地传播消息和构建关系网络,快捷地汇集各种社会资源。基于此,普通网民可以在极短的时间内,通过互联网编织起庞大的关系网络,将成千上万个体的微力量、微资源迅速地汇集起来。而这种成千上万的微力量、微资源一旦聚集起来,就会变成一种势不可挡的、能够撼动现实的巨大力量,给传统权力带来巨大的冲击与挑战。

刘少杰以图示的形式展现出,网络权力产生现实效力的作用路径。如图2-1所示。

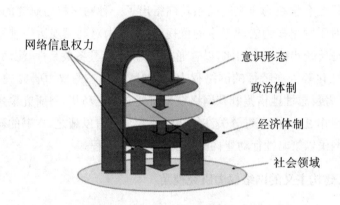

图中标注:
网络信息权力
意识形态
政治体制
经济体制
社会领域

图2-1　网络社会的权力结构[①]

从图2-1可以看到,区别于传统实体权力自上而下的结构性支配形式,网络权力能够直达社会结构的各个层面。从社会领域出发,普通网民采用策略性行动能够调动起业已积聚在关系网络中的"巨力量",可以越过传统的层级式结构,分别直接影响经济体制、政治体制,甚至意识形态。该图直观地显示了网络权力对于传统实体权力的冲击与挑战。网络社会中,权力主体不仅发生了下移,权力结构和发挥现实效力的路径也产生了根本性改变。"信息权力(网络权力)的实现路径不再只是自上而下的方向,普通网民实现的信息权力(网络权力)获得了直接影响社会上层的能力,从而形成了自下而上的崭新权力实现路径。"[②]

在网络技术支持之下,普通网民个体可以通过互联网集结成有力的关

---

① 刘少杰:《全球化、信息化、网络化与中国经济社会变迁》,发言稿,2011年11月5日。
② 刘少杰:《网络化时代的权力结构变迁》,《江淮论坛》2011年第5期。

系网络,切实发挥自身的力量,实现自己的意志。由此展望,随着网络社会的不断发展,普通网民发起并主导的网络行动以及由网民群体构建起的网络权力,将会在社会生活的各个领域发挥巨大的作用,这种网络行动和网络权力会在社会各领域的各种社会力量的角逐中扮演重要的角色,其在未来社会发展过程中的地位和作用不可低估。中国的网络空间乃至整个中国社会的未来走向,将会受到这些由网民大众参与的复杂的网络互动和网络互动过程中构建起的网络权力的影响和制约。

第四节　网络权力的建构策略

当代社会学权力研究的关系转向指出了一种网络权力研究的新取向:从以往对于网络权力宏观考察的重视,转变成为对其微观运作过程的深入探究。与传统实体权力相比,以普通网民为主体,具备关系性、流动性、符号性和感性化等外在特征的网络权力,更加适应动态的权力研究关系转向。因此,笔者反思性地借鉴既有网络权力研究文献之精华,将研究聚焦于权力的微观运作过程,而非过分关注结构性要素。一言以蔽之,本书的研究重点是普通网民以策略性行动建构网络权力的微观过程。

一、建构主义的网络权力研究视角

在传统的权力观中,权力的研究和对其结构的认识密不可分。掌握权力,意味着在权力结构当中占据了某种特定位置,掌握了某些特殊资源。换言之,传统的权力观是一种结构主义的视角,权力在结构中得以体现。冲突主义的视角与结构主义相对,但在本质上,冲突理论并没有在研究视角上取代结构主义。因为冲突理论虽然强调冲突是社会生活的核心环节,却仍然将社会结构看作外在于行动者的客体,而这并没有脱离结构主义的根本框架。

建构主义与结构主义存在本质的区别。相较于结构主义强调客观的结构框架,认为人的行动源于社会结构的塑造;建构主义强调的是对社会结构生成过程的分析。吉登斯的结构二重性理论、布尔迪厄的实践理论及源自现象学的常人方法学,或为建构主义的社会学研究提供了理论基础,或给出了具体的实践证明。

布尔指出了建构主义的共同特征是,强调文化和历史的特殊性,批判常识性知识,认为共有知识系统由社会维系,知识系统与社会行动之间存在互动。①国内学者文军则直接将建构主义视为一种批判性的生产理论,认为建构主义对理论维度和实践层面都产生了意义性的颠覆,他归纳出建构主义的三大特征:本体论意义上的相对主义态度、认识论意义上的对行动者交往互动的主张、方法论意义上的阐释与辩证的取向。②

与结构主义相比,建构主义不仅解构了知识体系中人们对现有结构的固化认知;③还将社会结构生成过程中行动者的力量和作用放到了重要位置;甚至在极端的建构主义那里,社会结构被认为是方法论误置的谬误,被当作是一种集体想象,而提出真正需要研究的是行动者的行动本身。虽然笔者不赞同极端的建构主义的观点,却接受其强调行动者的社会互动的观点,即个人是行动的主体。从理论推演的逻辑,不应当直接将社会结构作为外在于行动者的客体,而应当是行动者的社会互动,对社会结构进行了创造和维持。在多次重复的社会交往中,社会中的结构性因素得以形成。但是结构性并非等同于固定不变,结构也不是简单地由双方的力量对比直接决定的结果。结构性因素在行动者的社会互动过程中被塑造,并不断发生着或大或小的变化;而真实的社会结构,也只能在行动者的社会互动过程中得到观察。

就权力研究而言,结构主义权力观把权力视为特定结构所固有的功能,而建构主义权力观则把权力看作行动者在实践中表现出的动态关系性力量。前者强调的是权力的客观性和确定性,而后者强调的则是关系的主观性和可变性。

因此,在对中国网络权力运作和实现过程的研究中,本书将采用建构主义的视角。本书不再将权力作为一种结构性和支配性的概念,而是认为网络权力是在网民的互动过程中被塑造产生的;网络权力不是一个结构化的结果,而是一个不断生成、持续发展的过程。而这种建构主义的网络权力视角,恰好符合网络权力关系性、流动性、符号性和感性化的时代特征。

二、建构网络权力的互动性策略

微观的关系性权力遵循的是建构主义,而非结构主义;微观的权力分

---

① Burr, V. *Social Constructionism* (2nd ed). London: Routledge, 2003.

② 文军:《制度建构的理性构成及其困境》,《社会科学》2010年第4期。

③ 例如,在"性别"的建构主义研究中,"社会性别"理论的提出,解构了人们对于"性别"一词的固化认知,认为"性别"并非天然存在,更无天然的区分作用。其提出,在人们日常话语系统中,"性别"是一种由社会定义和塑造、后天形成的产物。

析注重的是对权力运作过程的分析,而非对权力结果的描述。因此,个体或群体的行动和策略取代结构性因素成为微观的权力分析的重点。据此,本书提炼出"互动性策略"①这一概念,用来解释在网络社会中个体或群体如何运用行动和策略成功建构起网络权力。综合相关理论和以往研究,结合田野调查,本书将"互动性策略"分为两个维度,一是基于网络空间自身的权力生成策略,二是在现实和网络权力互动之中实现网络权力的实际运作策略。

需要注意的是,虽然"互动性策略"可以帮助我们分析微观的权力运作过程,但是行动策略与权力之间,尤其与相对常态化的权力之间,并不能约为同等事物。因此,本书需要一个恰当的理论工具,由此建立起"网络权力"与"互动性策略"之间的逻辑关系。必须强调,本书意义上的理论工具,并非将抽象的理论直接作为解释具体社会现象的框架,也不会将理论直接应用于对"网络权力"与"互动性策略"之间的串联。笔者认为,理论工具是一种用以分析行动者如何在社会情境中建构起网络权力的工具,其实质是观察和解释网络权力建构过程的基本思维方式。

柯林斯的"互动仪式链"理论是本书研究的直接理论借鉴。笔者将以"互动仪式链"理论的相关概念作为串联"网络权力"与"互动性策略"之间逻辑关系的理论工具。同时,这一理论也具有实现布洛维意义上将微观的人类学描述拓展到宏观的社会结构分析的能力。

柯林斯继承了美国社会学对于"实证手段"的崇拜,但同时,他却是为数不多的拥有宏伟理论抱负的美国社会学者。柯林斯提出的"互动仪式链"分析范式,尝试给出的是一种抽象层次的理论,而不是具体的应用层次的理论。因此,"互动仪式链"不能提供一个"拿来即用"的解释具体社会现象的理论框架。然而,"互动仪式链"在沟通微观与宏观方面进行了有效的尝试。柯林斯认为,微观与宏观之间的矛盾,是之前的社会学理论论述当中出现的一个严重缺陷。"互动仪式链"理论为我们提供了一种思维层面的理论工具,一种用来分析微观层面的互动和策略性运作如何延伸,最终建构成为网络权力的更抽象层次的理论工具。

"互动仪式链"理论,首先是对于互动性情境的强调。柯林斯指出:"微

---

① 在前文,笔者给出了对于"互动性策略"的概念界定:"互动性策略"是指通过人与人、人与情境(包括网络情境和现实情境)之间的互动,达到获得并施加权力影响的策略性行动。

观社会学解释的核心不是个体而是情境。"①权力网络往往是不可见的,或者说是不完全可见的。经验材料当中可被感知的往往就是片段式的权力情境。所以在微观意义上,对权力情境的定义和研究是权力网络研究的出发点。

互动性是情境的本质特征,即"随时随地触境而发的面对面互动,是社会行动的基本情境,也是行动者的基点"②。进一步,柯林斯指出,能动是从互动中产生的能量表现,而互动的局部结构就是产生和形成情境能量的结构。他解释道:"能动不能简单地等同于个体。关于能动,我更喜欢把它描述为表现在人身和情感中的能量,描述为在局部的面对面情境互动中产生的人的意识的强度和焦点,或者描述为情境链的积淀物。"③

正是源于互动,微观情景中产生的能量才得以传递,并逐渐形成了表达意义的程序化活动——仪式,而仪式正是柯林斯理论框架中联系微观与宏观的关键所在。仪式可以形成一种瞬间共有的实在,形成群体团结和群体成员身份的符号,从而建构一种联系微观情境和宏观结构的机制。因为按照柯林斯的观点,仪式是人们各种行为相对定型化的结果。换言之,形成仪式的相对定型化的行动,可以形成并且维持特定的社会关系。因此柯林斯认为,多数社会现象都是通过个体间的相互交流,经过互动仪式从而达到形成和维持的效果。

对仪式的集中关注,并不决定柯林斯的理论是结构化的或是静态的;恰好相反,在"互动仪式链"理论中,仪式的力量处在时时刻刻动态变化进程中。"互动仪式链"理论说明了仪式如何在维护原有社会关系与符号的同时,又可以形成新的社会关系与符号。互动仪式的核心机制是相互关注和情感连带。仪式不可能在时间维度上实现无条件的持续性,只有被以共同情感和高度关注的方式不断重复,才会真正拥有力量。当关注消失和情感减弱时,旧仪式走向衰落,新仪式逐步兴起,因为新的关注点和新的情感正在被群体创造出来。

由上所述,"互动仪式链"理论为本书串联"网络权力"与"互动性策略"之间逻辑关系,提供了富有启发性的理论工具。但是需要指出的是,柯林斯

① [美]兰德尔·柯林斯:《互动仪式链》,林聚任、王鹏、宋丽君译,北京:商务印书馆,2009年,第31—32页。

② [美]兰德尔·柯林斯:《互动仪式链》,林聚任、王鹏、宋丽君译,北京:商务印书馆,2009年,第31页。

③ [美]兰德尔·柯林斯:《互动仪式链》,林聚任、王鹏、宋丽君译,北京:商务印书馆,2009年,第35页。

认为"身体的共同在场"是实现"互动仪式链"的必要条件之一。①对此,笔者不太认同。因为衡量一个仪式成功与失败的重要标准,是互动仪式中相互关注的程度和情感连带的紧密度。在柯林斯的时代,他可能无法体会,在很多情况下,互联网时代的缺场互动带来的关注和情感连带,相较面对面的在场互动,其实现过程更加容易,实现结果更加有效。因此,笔者认为"互动仪式链"理论在网络社会中并不存在柯林斯认为的"应用的不适"。

借鉴"互动仪式链"理论,中国网络空间中权力的运作过程,不能被简单地视为个别网民微观层面上的行动与策略,而应当被理解为,一个在情境中建构策略,策略中编织网络、产生权力,网络中个体互动的重复和积累演变成仪式,仪式又进一步维系和稳定社会权力关系,甚至建构新的权力关系的过程。具体如图2-2所示。

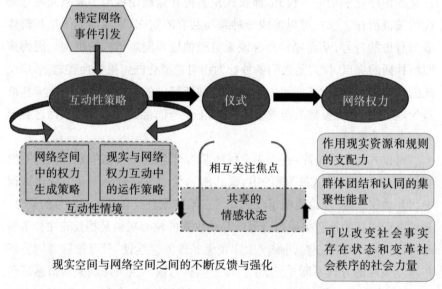

图2-2 从互动性策略到网络权力的逻辑框架

---

① 柯林斯认为,互动仪式(IR)具有四种主要的组成要素或起始条件:①两个或两个以上的人聚集在同一场所,因此不管他们是否会特别有意识地关注对方,都能通过其身体在场而相互影响;②对局外人设定了界限,因此参与者知道谁在参加,而谁被排除在外;③人们将其注意力集中在共同的对象或活动上,并通过相互传达该关注焦点,而彼此知道了关注的焦点;④人们分享共同的情绪或情感体验。([美]兰德尔·柯林斯:《互动仪式链》,林聚任、王鹏、宋丽君译,北京:商务印书馆,2009年,第86页。)但是就互联网上的互动而言,其明显不符合互动仪式的第一个条件,同时,第二个条件也不一定满足。不过笔者以为,这并不表明互联网上的互动就无法实现柯林斯意义上的互动仪式。互动仪式不仅在网络空间中能够出现,而且网络空间还使得互动仪式的表现更加明显,效果更加突出。详见本书第六章的具体论述。

这一理论框架虽不能解释网络权力产生的直接原因,也不旨在分析网络权力的支配性结果或者结构性特征,但是却能成为理解网络权力建构过程的概念工具。具体来说,这一理论框架是在对"网络空间中的权力生成策略"和"现实和网络权力互动中的运作策略"两个维度的互动性策略深描的基础上,进行"个案拓展"。互动性策略产生能量之后,在现实空间和网络空间之间的不断反馈与强化中,通过相互关注和情感连带的累积,互动进一步发展成为仪式。在仪式的作用之下,新的社会权力关系网络逐渐形成并稳固,于是,瞬时的权力影响力得以形成相对常态化的网络权力。由此,互动性策略到网络权力的逻辑联系得以构建,进而实现了微观叙事和宏观理论之间的沟通。

第三章　网民的权力建构实践：
四月网浮沉录①

网络权力建构过程是一个动态互动的过程，要理解和解释网络权力，就必须进入网络权力建构的实践过程中进行观察与分析。为了了解网络权力建构实践过程的真实情况，笔者以四月网为主案例，在线上线下进行了多次参与式观察和访谈，以虚拟民族志的方式展开了田野调查，以此展现一次微观的网络权力建构过程的全貌。

虽然对于权力策略的详细解读和对于权力关系的具体分析是本书的核心任务，但是本章过程性的叙事将为本书之后各章具体解释网络权力的建构过程夯实基础。在这一章中，笔者想要尽可能地保存叙事的完整性，以期最大限度地克服"唯智主义的符号暴力"和降低"批判潜力的流失"。②

第一节　Anti-CNN 的产生与发展

四月网的前身是 Anti-CNN。2008 年，Anti-CNN 的出现在国内外产生了巨大影响。Anti-CNN 时期是其发展的辉煌期。时至今日，网民乃至四月网的工作人员自己还习惯称其为 AC 团队。因此，笔者对四月网产生和发展的描述是以 Anti-CNN 作为起点，本节将对 Anti-CNN 的产生与发展进行历时性的回顾。

---

① 本章的资料主要来自四月网站内资料、与四月网发起人 RJ 的访谈录音整理和 RJ 提供的四月网内部资料；为保护受访者个人隐私，本文在写作中提及被访者时，将采用被访者的姓名首字母缩写或者网络 ID 名称。

② 李猛：《如何触及社会的实践生活？》，载张静主编：《国家与社会》，杭州：浙江人民出版社，1998 年，第 124—125 页。

一、Anti-CNN的建立

2008年3月18日晚,清华大学毕业生RJ注册了Anti-CNN.com这一域名。[①]20日,Anti-CNN.com(以下简称AC网站)正式上线,网页打出了标题:西方媒体污蔑中国报道全记录。

网站上线的第一天,AC网站发布的视频和真相对比照片,来自RJ的国外留学生朋友。在AC网站上线之后,网站链接和相关网站内容迅速被水木社区、中华网等网站转载,QQ群、QQ签名和MSN签名等也在互联网上对其进行传播。同时,RJ和身边的朋友也开始组织热心的网友和志愿者建立QQ群。仅3月20日当天,AC网站收到的声援Anti-CNN或直接举报西方媒体不实报道的电子邮件就达数百封。

RJ创建了AC网站,而AC网站的发展和运作则更多依靠的是来自海内外志愿者群策群力的力量。AC网站管理层——版主和站务委员会——是由普通网民志愿者组成。在AC网站发展过程中,广大海内外网民组成了庞大的AC团队:前后有近300人作为志愿者参与了网站的工作;近2000人为网站提供了各种证据;网站的注册会员超过10万。他们在AC平台上交流互动,时时关注网站,为网站的发展出谋划策、贡献力量。

在AC团队的协力运作下,AC网站从出现到初步成功,主要经历了以下事件:

表3-1 AC网站大事记

时间	内容
2008年3月18日	RJ注册Anti-CNN.com域名
2008年3月20日	Anti-CNN.com正式上线,发布题目为《西方媒体污蔑中国报道全记录》的单张网页,公布西方主流媒体不实报道的文字、图片和视频
2008年3月21日	AC网站发表中国海外留学生致西方媒体的公开信,《新加坡联合早报》报道了此次事件,并刊登公开信全文
2008年3月23日	德国RTL电视台在其网站上发表声明,承认对中国的报道存在失实问题; 德国电视新闻频道N-TV表示正在对相关报道进行核查; 《华盛顿邮报》报道AC网站,同时更正其网站上一张照片的说明文字,纠正了事件发生的地点,并刊登编者声明做出正式道歉

---

① 同一时间,RJ注册了多个域名,不仅有Anti-CNN.com(CNN为美国有线电视新闻网的英文缩写),还有Anti-BBC.com(BBC为英国广播公司的英文缩写)、Anti-VOA.com(VOA为美国之音的英文缩写)等域名。其中,最终发展成为网站的是Anti-CNN.com。

时间	内容
2008年3月25日	德国N-TV电视台在一份声明中承认该电视台使用的一些图片有误，并已进行了更正； 英国广播公司私下修改对救护车照片的文字说明，但是文章显示的最后升级时间却依然是3月17日，导致国外网友质疑英国广播公司原报道的错误图片是AC网站伪造用以诬陷英国广播公司，AC网站通过展示谷歌(google)的网页快照和视频证据回应了英国广播公司，化解了此次危机
2008年3月26日	《华尔街日报》电话采访Anti-CNN并发专稿报道； 法新社对Anti-CNN做出报道； 中文网络媒体和传统媒体开始对西方媒体不实报道发起反击，《中国青年报》《国际先驱导报》等媒体纷纷报道Anti-CNN； "做人不能太CNN"开始成为网络流行语
2008年3月28日	美国有线电视新闻网回应AC网站，就相关报道发表声明，坚持自己的报道"准确和公平"，并称"截至目前，在我们数十个报道的事件中，我们意识到只有两处错误"； Anti-CNN开放在线论坛：http://bbs.m4.cn/forum，论坛注册会员在两个月内突破10万人
2008年4月1日	中央电视台《东方时空》播出专题《正告CNN：网民为什么愤怒？》，AC网站首次在主流电视媒体亮相

二、从Anti-CNN到四月网的转型

AC网站从诞生伊始便迅速走红网络，它于2008年3月20日上线，在4月20日访问量就达到峰值。根据AC网站内部数据，其中IP数为530万（其中40%的IP来自国外，约有212万），点击量更是高达9800万。AC网站的快速成功与网络热点事件紧密相关，随着网络热点事件逐渐淡出公众视野，AC网站应当何去何从？

针对由突发性事件引发的网络力量之不稳定性和非持久性，AC网站解决其持续发展问题的策略是，在AC网站的基础上，建立一个稳定的组织。于是，AC网站的参与者——从发起者到管理者，再到志愿者团队亟须一个机会，一个将AC网站发展成为组织，避免其"昙花一现"的发展机会。而他们等到了这个机会，这就是2008年4月发生的"北京奥运火炬境外传递"事件。借此事件，"四月青年"的群体被建构出来，AC网站开启了向四月网的转型。

第二节　四月网的转型过程

四月网彻底取代AC网站，使之退出历史舞台是在2010年10月。自此，Anti-CNN.com这一域名不再使用，开始使用新的域名m4.com.cn。这也标志着四月网告别了非营利的草根网站阶段，开始成为商业化网络企业的文化产品。但是从本质上看，自2008年4月开始，AC网站就开始了向四月网的转型，参与者从此开始以"四月青年"自居。向四月网的转型是AC网站对自身的维续和发展的尝试，本节将对四月网的转型过程和运行现状进行描述与分析。

一、转型的发端："四月青年"的定位

2008年北京奥运会的火炬境外传递活动从4月的第一天开始，到4月的最后一天结束。整个4月份的火炬传递，造就了一个新的群体名词"四月青年"。其中，"最美丽的火炬手"金晶[1]就是"四月青年"的典型代表。

AC团队认识到，"北京奥运火炬境外传递"引发的一系列事件和事件造就的"四月青年"群体符号与AC网站的发展定位吻合一致，也为AC网站的进一步发展提供了很好的契机。

于是，一方面，AC团队利用从海外志愿者那里获得的第一手信息，在AC论坛上持续报道奥运圣火在海外的传递情况。他们还以"四月青年"的姿态，倡导网民热爱国家；号召海外华人在火炬传递到该国时，时刻做好维护祖国和奥运尊严任务的准备。另一方面，在海外华人保护奥运圣火传递的过程中，各种反对西方媒体不真实报道的游行活动也在积极展开。借助4月份这种爱国活动的热潮，AC团队策划开展了"星火行动"[2]的宣传活动。

---

① 2008年4月7日，作为北京奥运会火炬传递巴黎站的第三棒火炬手，金晶坐在轮椅上，手持火炬，静候在火炬交接点。恐怖分子在此时冲上前去，试图抢夺她手中的火炬。金晶用身体护住火炬，在对方的持续殴打和抢夺中，没有松手，坚持着成功地传递了奥运圣火。

② "星火行动"是2008年4月—5月，AC网站的一个资料推广计划。其制作出一整套系统的视频及文字资料，通过多种渠道，利用海外志愿者的力量，以向以英国为主的西方国家的民众发放宣传单和宣传光碟的形式来进行对中国的正面宣传。

在AC团队的发展思路中,随着网络热点事件的逐渐逝去,西方媒体的注意力也将随之转移,国内民众的关注度也会因此下降,但是"四月青年"却不会就此消失。因为,"四月青年"定义了新时代的爱国青年群体,在奥运火炬传递过程中成就了一个时代符号。"四月青年"这个群体符号会以其强大的凝聚能力,将本是"松散不聚"的海外留学生和华人华侨的力量充分调动起来,产生了惊人的集体力量。因此,"四月青年"这一符号对于AC网站的长远发展具有重要意义。

在获得的声望还未降温之际,AC团队抓住奥运火炬海外传递这个机会,努力通过自身的宣传和活动,再度获得了众多网民的认可与支持,并成功地将"四月青年"的符号标签转移到了AC网站之上。至此,AC网站开启了其向四月网转型的第一步。

二、进一步发展与多元化生存

有了"四月青年"的标签,迈出转型的第一步之后,AC网站进一步明确了自身架构,制订了更具体的发展策略。在进一步发展的过程中,除了网站之外,AC网站着手建设论坛和四月社区。网站仍然作为主体,作用是:"编辑新闻,主动发出我们的声音,也易于对舆论方向的掌控。论坛用于倾听网民的声音,并将论坛的精华汇集在网站。新建的四月社区作为汇集人气的另一种方式。"(AC网站内部QQ聊天记录集锦)

2008年7月,"Anti-CNN"论坛进行了改版。论坛在6个方面进行了优化:"①优化版面,将访问量较小、发帖数少的版块进行整合,以形成几大块具有一定影响力的讨论区,拥有固定的群体;②更加突出主题,将影响力大的文章、消息等作为大标题吸引网民,加大反映西方对华偏见的版面;③加入新的网站主题语,包括'倾听世界的声音,倾听中国的声音,倾听事实的声音''用事实说真相''ONE WORLD ONE TRUTH'等;④设置搜索栏,推出热门词、热门话题;⑤对论坛成员进行每日投票调查;⑥建立全球即时滚动新闻专栏。"(2008年6月3日,AC网站内部会议记录)

为了能够维持AC网站的长远发展,进一步实现AC网站向四月网的转型,AC网站核心团队在很短的时间内开展了大量的工作,努力维持AC网站的生命力。具体见表3-2。

表3-2　转型期,AC网站大事记

时间	内容
2008年5月13日	5·12汶川地震发生后,AC网站发布第一部赈灾视频,呼吁全世界华人向灾区伸出援手,并翻译成多国语言向各网络媒体如油管网(Youtube)等发布,在一月内获得网友为地震灾区制作的视频近百部; 在论坛设立"爱心勋章",以奖励为灾区捐款捐物和亲身到灾区义务服务的网友
2008年5月20日	AC网站发起"一人一卡一关怀"和"记得我们永远在一起"的活动,爱心卡陆续送交灾区小朋友
2008年7月3日	AC网站披露大赦国际与跨国广告公司辱华丑化奥运之作获得戛纳广告节铜奖,并制作抗议视频和发送抗议信给涉案的TBWA公司
2008年7月14日	TBWA中国董事总经理洪永慧回复AC网站网友抗议信,称"我们承诺将从此次事件中吸取深刻的教训,并确保以后此类事件绝不会再次发生。我们已经对中国人民致歉,并正在准备正式向中国政府及相关机构进行道歉"
2008年7月21日	AC网站网友发现美国对外援助总署在其网站上,使用丢失了海南岛和台湾岛的中国地图,AC网站迅速向该网站发送抗议邮件。后该网站在接到AC网站的抗议邮件后修正了地图错误,并且回信对这次错误表示歉意
2008年7月31日	AC网站首发题目为《揭秘:一张"历久弥新"的BBC图片》的帖子,对英国广播公司的又一次造假报道发起反击[①]
2008年8月7日	四月青年SNS社区(April Youth Club)正式开通,开始通过比论坛功能更丰富的交流空间,提供日志、相册、交友、迷你博客等服务。网址为http://my.anti-cnn.com/
2008年9月3日	戛纳国际广告节组委会明确撤回已授予TBWA巴黎公司辱华广告的奖项

---

① 事件源于英国广播公司中文网7月29日一篇题目为《美议员:中国秘密监控奥运饭店宾客》的新闻报道,在文字说明为"中国加强监控奥运会来宾活动"的图片中,两位身穿警服的中国警察正在查看电脑。AC网站披露这张图片至少是八年前的旧照,而英国广播公司在过去的八年时间里,至少七次反复使用它充作证据对中国进行不公指责。环球时报8月1日对此事做出跟进,发表了题目为《英国BBC用假照片诬华长达8年》的头条新闻。AC网站的帖子和环球网的新闻被全球中文网站转载达数万次。

时间	内容
2008年9月13日	AC团队正式发起"捍卫中国版图"专项行动,发动中国网民的力量去发现国外媒体或政府信手"涂鸦"中国地图的现象,并通过严正抗议和交涉得以解决
2008年10月23日—26日	AC网站参展第六届中国国际网络文化博览会
2008年12月10日	AC网站发起人RJ做客人民网传媒沙龙,就"反外媒歪曲报道——一个草根的爱国征程"话题与网友进行在线交流
2008年12月31日	经历2个月的筹备,四月青年社区论坛新版首页正式上线

从上述事件可以看出,在网络热点事件带来的网民爱国精神余温还没有散去之时,AC网站便开始进一步搜集西方媒体对华的不实报道,组织网友进行反击,持续造势,保持网站的影响力。同时,AC网站开始组织多元化活动,如网络公益、定向越野摄影大赛等,以多元化的方式维系网站的生存。并且,AC网站开始有意识地将网站的名称向"四月网"转变,力图扩大网站的影响范围,为AC网站拓展继续存活的空间。

三、四月网的重新定向

以"四月青年"自居2年之后,AC网站才正式更名为四月网。2010年10月,第一个"四月网"测试版发布,并开始采用新的域名m4.com.cn。2011年1月,经历了4个月的内测和多次改版,四月网正式成立,正式采用新的域名m4.cn。2011年3月,原来的Anti-CNN论坛也正式更名为AC四月青年社区,更换了新的网站标识,也彻底替代Anti-CNN成为新的域名,旧的域名Anti-CNN仅作为跳转域名使用。

更名后的四月网成为四月华文(北京)文化传媒有限公司旗下的一个文化产品。四月华文(北京)文化传媒有限公司,简称四月传媒,是一家集网络媒体、影视制作、民间智库、国际交流、文化推广于一体的新媒体传播机构。公司正式成立于2010年,注册资金2100万元,目前的商业运营体系主要包括战略咨询、影视制作与投资、互动营销、文化推广、图书出版策划、海外人才服务等。而四月网并不是四月传媒旗下的唯一文化产品。

> 现在四月网只是我们公司旗下的一个产品而已,我们还有龙腾网。龙腾网没有那么强的意识形态色彩,它就是翻译外媒,促进中外交流。信息总是有需要的。但是意识形态就不好说了。你像我们现在还做定制旅行、高端旅行。我们上次去朝鲜就是四月传媒旗下的步

行家项目,步行家就是我们的旅游品牌。(RJ访谈记录)

目前,四月网最为突出的特色还是它的"传统优势",在反击谣言方面,四月网下设有专门的辟谣版块"媒体批判"和辟谣联盟官方网站。同时,四月传媒还开展了大量公益性的文化推广活动,如"四月书社"读书会、四月传媒时代论坛、青年创业大讲堂等;制作了大量网络文化产品,如动画片《四分钟让你了解毛泽东的一生》《五分钟让你爱上中国》,音乐MV《中国的复兴不可阻挡》《钓鱼岛在我家》等,2014年的反占中主题曲《不要太任性》,2015年共青团中央出品、四月网制作的《新版少先队队歌》MV和摇滚版《黄河》MV。此外,四月网还与共青团中央、中央网信办、清华大学、北京大学等单位密切合作,力图将自身打造成为舆情监控、媒体战略研究、学术研究的一支民间智库。

四月网提供了中、英、俄、韩四种语言的门户网站版面。外文网站的目标读者是境外读者,旨在从民间角度为中国争夺国际话语权,维护国家利益。英文网站的读者遍布全球数十个国家,以美国和加拿大为主。俄语网站的主要读者在俄罗斯。韩语网站的主要读者在韩国,朝鲜也有少量访问者。外文网站发表的主要是一些国际上对中国、俄罗斯友好的学者的观点和学术分析文章,以及四月网的原创文章、中国国内学者的观点和相关文章,还有少量的俄罗斯官方的智库的投稿。

四月集团的成立,标志着四月网开始了其商业化模式,即四月网正式转型成为一个商业组织旗下的文化产品,它的网络草根组织形态正在逐步成为历史。

第三节　四月网实践中网络权力的现实影响力

从Anti-CNN的产生发展到商业化模式运作之前的四月网,[1]通过自身的策略性行动,普通网民群体在四月网的权力实践中实现了自我的意志,获得了强大的权力影响力,达到了令其欣喜却又始料未及的权力效果。具体来说,四月网实践中网络权力的现实效力体现在以下三个层面:权力主体的

---

① 商业化之后的四月网不在本章"四月网成功权力实践"的讨论范围内。笔者认为,在网络权力的维度上,四月网的商业化转型的一种维系网络权力的尝试,但是结果并不理想。对于其具体讨论见第五章第三节与第六章。

身份获取,权力运行过程的影响力展现,以及对权力对象的支配效果。

一、权力主体的身份获取:普通网民的地位提升

2008年3月20日,在创办者RJ的推动下,AC网站上线。而AC网站的快速发展和壮大,更多依靠的是在千千万万普通网民的互动交流和协力行动之中产生的力量。

> 最开始,是我注册域名做的网站。这个对我来说是比较简单的,我本身就是做这一块的(RJ毕业于清华大学工程物理系)。域名注册是实时的,网站我自己有服务器,就直接做了一个很简单的网页。把这些图片放上去,但是这些图片的来源是海外留学的朋友。很多志愿者,像你说的小齐,他们都是在我们建立论坛之后加入进来的。第一天做了个网页,把那些错误的图片,介绍还有真相,对比照(放上来)。我们的首页就是一个slogan,叫作"我们并不反对媒体本身,我们只反对某些媒体的不客观报道;我们并不反对西方人民,但是我们反对偏见",下面就是几组照片,非常简陋,但是当时确实没想到很快就被病毒式地传播了,因为当时大家QQ群和签名档里都在传这个东西。不断有国内外网友向我们公布的邮箱中发送各种证据,给网站提各种意见建议。还有很多网友直接提出愿意做志愿者,做了很多整理材料、翻译证据等工作,很多人都素不相识,都是无偿奉献。其中有些更有经验也更踊跃的志愿者,直接和我一起共同管理网站,就是AC最初的40(余)名版主。我们的站务委员会也是从这些志愿者里评选产生的。(RJ访谈记录)

来自普通网民共同行动的力量让创办者RJ始料未及,AC网站由此也带来了震动中外的巨大现实影响力,产生了使100余家政府机构、全球知名媒体、跨国公司和非政府组织"低头认错"的效果,引发了数以百计的国内外知名媒体对它进行专门报道。

AC网站之所以能快速发展和壮大,其力量来源于普通网民。与之对应,在Anti-CNN网站和商业化之前的四月网运行过程中,普通网民群体起到了主导作用,占据了主体地位。AC网站不是媒体,没有固定的网站资料来源,其照片和视频材料全部来自普通网民。在具体的网站管理工作中负责重大决策的站务委员会以及负责网站、论坛日常运作的40余名版主,也全部是普通网民中的积极分子。AC网站呈现的是典型的网络社会扁平化

组织结构,其组织的运作发展不是由权威或是精英以自上而下的支配路径决定的,而是依靠近15万注册会员在网络互动交往中产生的共同意志和协同行动推动的。在这个意义上,AC网站成为普通网民自我发展、自我建构并可以自我控制的网络组织。由此,在四月网发展壮大的过程中建构产生的网络权力,自然而然地被普通网民群体所掌握。普通网民的地位在四月网的实践中得以提升,成为网络权力的主体。

二、网民集群力量的跨时空整合与助推

从发展过程来看。AC网站的成长与壮大依赖于普通网民群体的力量。虽然来自普通网民个体的力量微弱且分散,然而互联网平台使来自普通网民个体的力量具备了跨时空整合的可能。

2008年3月20日,AC网站被水木社区、中华网和德国萍聚社区等网站迅速转载,网友们也自发通过QQ群、MSN签名等,为AC网站造势。当天,AC网站收到的声援及提供外媒不实报道证据的电子邮件就达数百封。5天后,网站浏览量超过20万人次,网站拥有了超过300名网民志愿者,收到了近2000封提供证据的邮件。20天后,网站日浏览量达到50万,网站日发帖数量超过6000篇,回复超过5万条,形成了40余人的志愿者版主核心管理团队。创办7个月之后,注册会员近15万,累计浏览量数十亿次,网站拥有了数以万计遍布全球的“草根记者”。

米切尔认为:“无线互联和便携式存储设备不断地扩大它们所涉及的领域,已经扩展到各种各样的空间之中,并急剧压缩了时间,对人类活动的空间和时间分布具有深远意义。”[1]AC网站的网民实践充分印证了互联网对网民个体力量的跨时空整合效力。在短短的几个月甚至几天的时间内,AC网站得到了数以十万计的来自世界各地网民的支持与参与,其中还有300多个“每周至少义务工作”一次的志愿者网民,他们来自中国、美国、英国、德国、澳大利亚等40多个国家与地区。这种对网民力量的跨时空整合在传统媒介时代难以想象,这是互联网时代赋予人们的宝贵机会。作为草根的普通网民,很少被当作一支单独的社会力量,但在互联网的魔力之下,以前所未有的方式发育和成长,以权力主体的身份凝聚成为一个强大的整体。

在这种跨时空的整合作用之下,来自普通网民个体微弱而分散的资源和力量被最大限度地凝聚起来,产生了强大的网民集群力量。正如RJ在访

---

① Mitchell, William J. *ME++: The Cyborg Self and the Networked City*. Cambridge, MA: MIT Press, 2003, p. 144.

谈中所说的那样："西方主流媒体'科班出身''资金充足''装备精良',传播影响巨大,他们是正规的集团军。相比之下,我们的爱国网友则更像是'土八路'。但是大家团结了起来,拧成了一股绳,力量就变得很强大。"

这种网民集群力量有效地助推了网络权力的运行,实现了以小搏大、撼动现实的强大影响力。中国网民群体有力地反击了西方主流媒体的不实报道,成就了中国公共外交史上草根民众反抗西方主流媒体的第一个重大胜利。这种网民集群力量流动于网民联盟中,依托AC网站积聚下来,使得AC网站成为国内外知名的中国爱国青年网络基地,并在之后的奥运、赈灾公益等重大网络社会事件中持续有效地发挥其效力。

三、外媒道歉:超越实体权力的支配效果

通过前文对AC网站发展中"大事"的罗列,我们可以在经验层面上感受到AC网站网民权力实践对作用对象造成的强大支配效果。AC网站通过自组织展现的"巨能量",迫使德国RTL电视台、《华尔街日报》、德国N-TV电视台、英国广播公司和美国有线电视新闻网等西方媒体,或是对其不实报道进行了修改,或是直接对此致歉,甚至还引发了国外媒体对AC网站的关注与报道。

与之形成对比的是,虽然在事件发生之后的十几天内,中华人民共和国外交部前后共召开了6次新闻发布会,中国主流媒体每日都有关于事件的大篇幅报道,但是对于纠正西方媒体不实报道却收效甚微。由此可见,具体到对做出不实报道的西方媒体这一对象而言,AC网站网民的权力实践显示出了超越实体权力的支配效果。

之后,在网民的共同意志和协同行动下,AC网站在其发展过程中持续产生了对权力对象的有力支配效果。比如,2008年7—9月,AC网站制作抗议视频和发送抗议信,披露获得夏纳广告节铜奖的大赦国际与跨国广告公司之广告存在不实的辱华和丑化奥运成分,迫使TBWA代表公开发表对中国人民的致歉信,夏纳国际广告节组委会因此撤回了颁发给TBWA的奖项。再比如,在"茉莉花革命"的热潮下,中国互联网上出现了动员中国群众于2011年2月20日,采用海外指挥、网络联动的方式,在国内各大城市进行游行示威的帖子。当天,中国网友在王府井现场发现了美国驻华大使洪博培,对其进行质问,并将视频制作上传,被网友和境外主流媒体大量转载点击,造成了较大影响。

第四节 四月网发展的挑战与困境

四月网发展到今天，其发起者 RJ 自己的评价是"比较成功"；但是四月网当下面临的问题也不得不加以直视。一个明显的事实是，虽然由 Anti-CNN 转型到了四月网，但是四月网却很难回到 Anti-CNN 时期的辉煌，其浏览量和下载量已经呈现出大幅度下降的态势。本节将对四月网目前发展所面临的困境和挑战进行梳理和分析。

一、事件平息后的参与者维系挑战

源于网络热点事件，AC 网站迅速成为互联网上的热点，关注度和参与度在短时间内呈现爆发式的增长。不同于大多数因突发性事件聚集的互联网临时群体，AC 网站经过其成员的经营得以维续，没有出现"昙花一现"的局面。虽然 2008 年 4 月"北京奥运火炬境外传递"事件，又为 AC 网站的发展注入了一剂"强心剂"，但这种借突发事件吸引注意力的方式"治标不治本"。之后，AC 网站的浏览量、发帖数和收到的邮件数，都出现了大幅度的下降。

不仅是普通网民参与程度大不如前，以志愿者身份参与其中的积极分子的热情也出现了消退的情况。有很多参与到 AC 网站材料整理、论坛管理和翻译工作的志愿者逐渐退出了 AC 团队；就连经过层层选拔、晋级到论坛版主地位的志愿者，也有不少退出了 AC 论坛的工作。前 AC 网站志愿者版主"千哥儿"说道："毕竟做好一件事情，特别是 AC 这种本身就没有娱乐的事，是应该有一种责任感的……社会责任感……一时的热情可以，长久维持太难了！"

而对于目前四月网的发展困境，前 AC 网站志愿者版主、现四月网管理人员之一的"红狼雪狼"，给出了他的答案："Anti-CNN，已经是个符号和标志了，要知道反驳不良媒体不良报道的热情是坚持不了很久的，反驳容易煽起热情，但这热情如果没有内在的实质的内涵，很容易就退烧了。"

每天都有海量的突发事件或公共议题进入中国网络空间，但是只有很少一部分网络议题引发了网民大众的关注乃至共鸣。那些与更多人日常经历相关、能激起判断好坏的道德感、有着具体责任归因的议题，具有更高的共鸣度。AC 网站就是通过有效地抓住了两次能够产生网民强烈共鸣感的爱国事件，得以快速发展。可是，依靠突发性事件维续的参与者热情和积聚的力量，都具有明显的时效性。事过境迁之后，如果没有有效的措施维系已经产生的热情与力量，那么它们便会逐渐消散。

可以看到,事件平息后参与者的热情消退,是四月网后续发展面临的重要困境之一。AC网站有着长远发展的志向,对于事件平息后的参与者维系的挑战也早有预知,并在这方面采取了多元化的发展措施。然而措施的有效性并不令人满意。加之本节后面将分析的意识形态和资金上的困境,转型之后的四月网已经出现了参与者的大量流失,只剩下了一部分在价值和意识形态上与四月网保持一致的"四月青年"。

二、强意识形态导向下的反作用力

凭借着对爱国精神和民族责任感的渲染与强调,AC网站迅速吸引了海内外网民的眼球,得以快速成长。强烈的意识形态色彩,成为AC网站的特色乃至标签。但在某种程度上,强意识形态的导向也成为AC网站长远发展的阻碍因素,AC网站的后续发展因此受到了很大限制。除非能够继续结合一些可以激发起全民爱国情感的特殊事件,如"北京奥运火炬境外传递"事件等,否则,AC网站能够面对的对象及开展的活动就极其有限。

早在2008年6月,发起者RJ就发现并力图解决AC网站的强意识形态问题:"我们为什么要做中外交流?为什么要开创业、时尚等版块?就是要淡化政治色彩,不一定非得空谈政治。"(2008年6月3日,AC站务委员会会议)

但是,努力淡化AC网站政治色彩的目的却一直没有达到。在之后的私下QQ聊天中,AC版主也对AC网站的强意识形态问题进行过讨论。

强意识形态导向会导致话语单一,"替官方背书"的色彩过于明显。同时,这也使得AC网站的发展受到局限。从志愿者版主们的讨论中,可以看到四月网的核心团队也意识到了这个问题,并在努力采取策略扭转强意识形态导向下的反作用力。

但是四月网正是以强意识形态而闻名,因此它就很难摆脱人们对其"刻板印象",并且后续改革的策略并没有为四月网增添新的特色或者亮点,就像网友Happy在四月论坛留言中写的那样:

> 既然有的人给了你"高帽子"(中国的希望,中国新生的力量,四月青年,一夜之间打败了别人30年,诸如此类),既然有的人对你充满期待,既然有无数国内外怀着各种心态来看这个论坛发展的人,那么AC就要更加小心和更加负责任了,管理者定位要高,做事也需要谨慎。

强意识形态导向下的反作用力并没有得到彻底抑制和扭转。"强意识形态"宛如四月网头上一顶摘不去的帽子,如影随形地伴随着四月网发展的每一步。

针对四月网的强意识形态性,在谈及其未来发展走向时,RJ说道:

> 要长远地走下去,(四月网的)定位和内容都要有所转变。现在,四月网已经不只停留在反对西方媒体不实报道这个层面了,我们追求的是有深度的、能反映中国民间智慧的帖子,而不是那些冲动的过激的言论。以后我们想走的是智库的路子。四月网,我们是贴钱在运转,靠别的项目贴钱。政府现在从我们这里购买服务,团中央出钱让我们做青年智库,觉得我们能做好。

强烈的意识形态导向成就了四月网,也为四月网的进一步发展制造了诸多限制条件。面对事件后网民参与热情的消退和强烈意识形态的限制,四月网想继续发展下去,无论在内部力量的汲取方面,还是在对外部资源的借力方面,都面临棘手的困境和严峻的挑战。在这些面临的问题和挑战中,首当其冲的就是:继续发展的资金从何而来?

三、非商业化发展中的资金运转困境

从2008年3月AC网站成立到2010年10月正式更名为四月网,AC网站一直保持非商业化的发展模式。

> 很多志愿者都跟我说,钱不能总让站长(RJ)一个人出。还有版主向我提议,插广告吧,这样最稳妥,因为其他方法都有很多论坛和法律条文需要避开。但是我都拒绝了,当时是一腔激情,觉得以爱国面貌出现的网站,商业化就变味了,连广告都不愿意,现在确实有些后悔。……那段时间很忙,不得已。(AC)网站方方面面的事情太多。我身边人不多。我是创业者,除了AC还要解决兄弟们的吃饭问题。所以我把80%的精力放在AC,20%的精力放在公司。我每个月能赚几万块钱,发完工资以后全部投入AC。公司的正常业务,下面的人会做。所以还算正常。但是公司的人不能胜任AC的工作,尤其是网站运营这块,的确要求比较高的觉悟和素质。当然,公司的技术也把80%的精力放在AC了。网站、论坛的内容,得靠非常专业的编辑来支撑,这块也是我们的弱项。(RJ访谈记录)

维持一个网站的生存和发展需要实实在在的资金支持,每年仅AC网站

的维护费用就是一笔很大的支出,然而非商业化的运营模式不能带来任何盈利。在经济上完全靠发起者RJ自筹资金和志愿者帮助,这种半公益化的运行模式,使得AC网站的发展举步维艰。同时,随着互联网经济的快速发展,不断涌现的互联网营利组织对AC网站这种民间非营利组织构成了外在的挑战。在吸引力下降、参与者部分流失,网站本身又面临资金运作困境的情况下,"要不要商业化"这一问题再度摆上了AC网站的议事日程。

最终,RJ在AC网站高管的会议上表态,支持AC网站的商业化:

> 要不要商业化? 我想在座都想得很清楚了,毫无疑问要商业化!我们必须有钱、挖技术、挖博客(blog)高手,等等,都需要。千方百计为AC的重生积累资源。手里有钱,心里不慌。目前是我自己公司的其他业务收入来养AC,所幸最近公司业务也在上升期,所以能维持一段时间,但是限于小作坊式+志愿者。但是扩张、做大、拉专家、拉写手,这些可能还需要巨大的投入。

AC网站商业化的这一决定,直接导致了四月华文(北京)文化传媒有限公司的成立。与此同时,AC网站正式更名为四月网,成为四月传媒旗下的一个文化产品。即使如此,四月网在资金运转方面的困难也没有完全得到解决。现在,四月网依然是在贴钱运转。AC团队目前对于四月网的定位是把它当作一个品牌"养"起来。除了来自政府购买服务的少量资金来源外,主要是靠四月传媒旗下的其他项目,如"步行家"旅游和龙腾网等,提供资金以维持四月网的正常运转。

通过对四月网发展过程的历时性描述和对其面临的主要困境与挑战的分析,本章力图展现四月网建构自身的完整过程。虽然四月网存在着无法克服的不足,但在中国,它仍是一个相对成功和典型的建构网络权力的案例。在对其全貌进行呈现之后,本书将进入到对权力建构策略和权力关系的具体分析。

第四章 框架建构：网络空间中的
权力生成策略

在建构主义的视角下,四月网的出现和发展,绝非一个简单或者偶然的互联网现象,而是一个在多方互动过程中建构网络权力的过程。在权力微观运作过程的分析视角下,个体或群体的行动和策略,是本书分析网络权力建构的重点。框架建构作为互联网中个体或群体构建网络权力的策略之一,在四月网的运作过程中发挥着不可忽视的重要作用。本章将对四月网的框架建构策略进行深描,揭示这一策略在定义情境和组织意义的基础上,使网民在认知和行动上达成一致性,并最终产生新的网络权力关系的具体过程。

第一节 框架分析的传统

框架赋予了事件以意义,从而得以发挥其引领行动的功能。需要注意的是,戈夫曼笔下的框架建构过程不是一个单向的传播过程,而是一个双向的互动反馈过程。要深入地理解这一点,我们还需梳理戈夫曼的另一个重要概念——"假定"(presupposition)。

戈夫曼将"假定"定义为:"我们在日常行为中对情势的一种理所当然的估计。"①戈夫曼对于社会假定的理所当然加以强调,认为这种假定是不假思索的。在戈夫曼的社会语言学中,他探讨了言说者的一种"幸福的状态"(felicity's condition)②,即言说者可以肯定听众有参与到聆听过程中的能力和意愿。

---

① 原文为"A presupposition (or assumption, or implication, or background expectation) can be defined very broadly as a state of affairs we take for granted in pursuing a course of action"具体见 Goffman, Erving. Felicity's Condition. *American Journal of Sociology*, 1983. 99. pp.1–53.

② Goffman, Erving. Felicity's Condition. *American Journal of Sociology*. 1983, pp.1–53.

通过对"假定"的强调，戈夫曼试图说明，个体在面对文化对象的时候，总会带着基于他假定的某种预期。文化意义基于个体与文化对象之间的互动。文化对象可以是实物，也可以是某种文本或者象征。个体也不仅仅是文化对象的创造者，也包括文化对象的接收者。也就是说，任何经历过与文化对象互动的个体，都有可能产生这种互动。当达到了一种文化上的"幸福的状态"，当一种文化对象开始占据某些个体的"假定"时，意义就开始被制造了。而这种制造的过程，是人为的制造和再制造的过程。这种制造，不是简单地存在于文化对象之中，而是一种个体基于自身文化话语和设计假定，加之其对文化对象的理解，交织而成的产物。

受到生物的和心理的影响，根据社会类型的不同，比如阶级、性别、民族等，"假定"会具有不同的外在展现形式。而每一种社会类型，都会因为其不同的历史经验，形成不同的看待事物的方式，形成不同的"假定"。而文化经历和社会经历，都会形塑一个群体的知觉。所以，不同社会类别的人在知觉上有差别，对同一件文化对象的理解和解释也不同。这并不是说，文化的意义就存在于个体意识中。文化对象也有其自身的象征能力，但是文化意义的显现，必须通过具体的互动过程，即，创造者与文化对象的互动，以及文化对象与其接收者之间的互动。

在具体的理论应用层面，框架分析在社会运动研究方面的发展较为成熟，已经成为与资源动员论和政治过程论并列的西方社会运动三大理论支柱之一。[1]但是社会运动研究的框架建构论者，往往只关心"框架"本身，即"框架"是什么，是怎么建构出来的。而人们是怎样解读"框架"和对"框架"里面的内容进行分析，则在框架建构论者的视野之外。也就是说，框架建构论有明显的"静态化倾向"（static tendencies）（即研究关注的焦点"是框架本身而不是框架建构的过程"）和"具象化问题"（reification problem）（即把框架看成一个个具体的事物，比如文本、语词、活动，而非解读性的、建构性的过程）。[2]于是我们可以看到，在框架建构论者的论述中，有一种精英主义倾向，其往往将研究重点放在框架创造者等精英分子的身上，只重视其框架建构活动，而忽视普通民众的作用，基本上是把框架的建构过程看作一个单向的精英传播过程，而不是一个双向的反馈互动过程。而社会运动框架建构论者忽略了的普通民众的互动性，正是我们利用框架分析进行网络权力建

---

① 冯仕政：《西方社会运动研究：现状和范式》，《国外社会科学》2003年第5期。

② Benford, Robert D. An Insider's Critique of the Social Movement Framing Perspective. *Sociological Inquiry*, 1997. 67, pp.409–430.

构研究的重点问题。

借鉴社会运动的框架分析研究,我们可以掌握网络权力实现背后的意义赋予过程,解释为何在某些特定的时间和环境下,选择契合的符号和话语能够获得成功。但是同时,我们有必要回归戈夫曼的框架分析的概念本源,重拾"框架"的动态性,重视框架建构过程中创造者与文化对象,以及文化对象与其接收者之间的双向互动过程。

于是,在梳理了框架分析的传统之后,对于"框架建构",本章形成了如图4-1所示的逻辑框架。

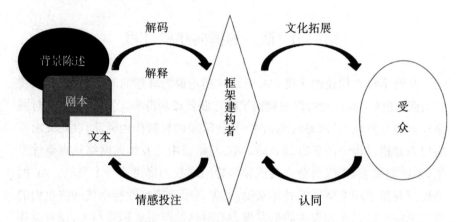

图4-1　成功的框架建构:融合重建

任何框架建构都产生于一定的文化和社会背景之下,网络权力的框架建构也不例外。现实的社会结构、文化和意识形态,以及网络环境,都会对框架建构产生影响,而这种影响是通过作用于框架建构互动的双方来实现。斯维德勒关于"行动中的文化"(culture in action)的论述,对我们理解框架建构的互动过程有启发意义。她认为,对人类的行动来说,文化具有两种基本功能:一是作为一种信仰系统,规定着人们社会行动的轨迹;二是作为一种资源来源,影响着人们社会行动的策略。在后一种功能意义上,文化只是一个用来填充各种符号和故事的"工具箱",人们可以选择性地使用其中的工具,"在不同的情境下,使用它来承载不同的行动风格和习惯"[1]。

于是,在框架建构者的层面上,在价值和意识形态的基础上,他们将文化作为"剧本"和"文本"来对受众进行展示;同时,文化作为其"工具箱",他们在工具箱内可以选择恰当的工具或者改造某些工具,以形成有效的策略。对于

① Swidler, Ann. Culture in Action: Symbols and Strategies. *American Sociological Review*, 1986.51, pp.273−286.

框架建构者的策略建构和文化拓展,普通网民以是否认同作为回应。在认同的基础上,框架建构者和网民之间才能形成有效的互动,进行进一步的文化加固和策略延伸,而正是在这种动态的互动中,网络权力的建构才成为可能。

具体到四月网的框架建构实践中,其框架建构分成了横向与纵向两个维度。从横向来看,其网络权力的框架建构过程分为情感导向、道德导向和科学话语导向三个方面;从纵向来看,过程大致分为主导框架、中层框架和底层框架三个部分。

第二节 框架的横向建构过程

从网络权力构建的角度,AC网站时期是最为辉煌的时期,较之之后转型的四月网时期,在网络权力建构策略方面要成功得多。鉴于此,本文对网络权力的分析以AC网站时期为主,其他阶段的材料作为辅助,以此突出网络权力建构过程中的各方的互动。AC网站借由突发性的网络热点事件产生,事件的发生,为吸引公众关注和构建网络权力提供了一个契机。AC网站如何利用了这个契机? 具体来说,其如何采取策略性行动使网络权力的建构变成可能? 在调查中我们发现,AC网站的组织者和参与者,在有意和无意之间实践了框架建构的步骤,而构建起的框架,成功地吸引了公众注意、组织起关系网络、积聚了有效资源,发挥出强大影响力。

从横向来看,AC网站网络权力的框架建构过程分为情感导向、道德导向和科学话语导向三个维度。

一、事件引起的共鸣:情感维度的激发

> 2007年、2008年我认为是中国互联网最好的时候。那时候论坛里面是最活跃的,就像那时候的天涯(论坛),现在天涯不行了,都成了八卦集中地了。你别看现在网上的人多,但是鱼龙混杂。那时候在论坛上活跃的那是真活跃,是真正走在时代前列的一批人,他们知道自己想要什么。(网民MQ访谈记录)[①]

[①] 网民MQ的网龄接近20年,在2008年就注册了AC网站的会员,见证了AC网站的发展历程,是AC网站的"资深"用户。为了保护访谈对象的隐私,笔者对访谈对象的姓名进行了技术化处理,特此说明。

互联网时代，普通网民能够充分调动自身的积极性，对于网络热点事件，他们能够借助互联网，以论坛作为平台，互动讨论彼此间的看法。曾任水木清华论坛版主，并已经依靠互联网平台创业三年之久的RJ，较之一般网民，拥有对互联网更高的敏感度和更强的积极性。他敏锐地发现，很多西方媒体的报道，与中国国内网民发布的现场情况并不一样，甚至是杜撰和虚构的，RJ随即通过QQ群联系了在国外留学的朋友，他们中的一些人同样发现了西方媒体不实报道的问题。西方媒体的报道与网民在中国当地发回的图片和文字消息形成了鲜明的对比，这种对比给RJ带来了强烈的情感冲击。当然，受到情感冲击的并不仅是RJ一人，这同样刺痛了海外华人和留学生的情感神经。他们开始自发搜集西方媒体不实报道的证据，在当地的论坛上贴出并驳斥。

于是，2008年3月18日，RJ注册了Anti-CNN.com这一域名，萌生出在国内的一些论坛上贴出以AC网站作为平台收集整理这些揭露西方媒体的帖子的想法，并发邮件给一些海外网友征集证据。3月20日，AC网站的网页正式上线。仅在上线当天，AC网站的点击量就接近2万，并收到了几百封邮件。可以说，网络热点事件引发的情感上的共鸣，是AC网站产生的直接原因。

20世纪70年代以来，情感社会学逐步兴起。与心理学等其他学科不同，情感社会学不关注个体情感产生的过程，而是把人置于一定的背景中，考察情感怎样塑造互动过程，情感怎样保持或改变社会结构和文化符号，以及社会结构和文化符号怎样限制情感体验和表达。①情感社会学强调，情感在构建社会结构和文化符号系统中发挥着重要作用，同时认为情感也能动员人们打破社会结构，挑战文化传统。

卡斯特更是将情感维度抬高到本体的地位，指出情感共鸣是在互联网时代将个体进行结合的基础。卡斯特在《愤怒和希望之网：互联网时代的社会运动》一书中指出，是权力的傲慢和玩世不恭给人带来的羞辱将人们联合起来，人们将恐惧转化为愤怒，将愤怒转化为对更好人性的希望。通过在互联网这一自由的公共空间中分享失望和希望形成情感共鸣，通过相互之间的连接，人们结合在一起，这种结合帮助他们战胜恐惧。②

① ［美］乔纳森·特纳、［美］简·斯戴兹：《情感社会学》，孙俊才、文军译，上海：上海人民出版社，2007年，第1—19页。

② Castells, Manuel. *Networks of Outrage and Hope: Social Movements in the Internet Age*. Cambridge: Polity Press. 2012, pp.2—15.

杨国斌则结合中国网络行动的实例指出,在中国,网络话题在内容上倾向于以下问题,如维护国家和民族利益,弱势群体和被剥夺者的维权,权力阶层和富裕阶层造成的社会不公,①更容易激发起普通网民的情感,使话题进入公共领域,引发网民的行动;而"集体行动中的情感,不是简单的资源或工具,而是斗争的动力"②。

具体到 AC 网站的产生,其既受到短暂的、情境性的情感的影响,也受到稳定的感情联系和忠诚感的作用。情感根植于文化,受到文化规则的控制,也与认知信念、道德价值等联系在一起。爱国情感、怜悯弱者的同情心,是中国社会普通个体的基本情感趋向,它们之前就已经存在。网络热点事件中受害者血淋淋的遭遇,唤起了这些潜在的情感;而在西方媒体不实报道的情境刺激下,这些情感又进一步得到强化。也就是说,以西方媒体不实报道为"导火索",网民的在情感层面已经达成共鸣。这些共同的情感,在网络空间中大量积聚,一触即发。

但是传统媒介的单向传播方式,没有给予网民任何互动的机会。在当时,尽管各大主流媒体的门户网站纷纷推出了关于事件的宣传报道,但是都反应平平。因为被动的单向传播,没有为网民们提供适合的场域,以抒发业已产生和积聚的情感,所以对于网民而言,没有实质性的意义。网民情感的共鸣,需要其共同的行动来抒发和实现。而此时应时而生的 AC 网站,就成为网民们抒发和实现情感共鸣的有效渠道。于是,在情感导向的维度,AC 网站可以说是"不费吹灰之力"就达成了框架建构的目标。情感共鸣业已存在,AC 网站需要做的只是因时因势地给予产生情感共鸣的个体一个参与互动的机会,做到了这一点,情感导向的框架建构便自然而然地达成了。

二、爱国精神:道德维度的提升

情感导向的框架往往最具感染力,最能打动人心,因此也最容易在网民当中产生共鸣,常常被作为框架建构的首选。但是情感导向会受到持续时间和所处情境的限制,这不利于实现框架的稳定性和持续性。道德与情感的关系密切,且道德内化于人们的思想与心灵之中,并在文化和意识形态之中享有合法性,由此,道德导向的框架是对情感维度必要的横向补充。

2008 年 3 月 21 日,也就是 AC 网站网页上线的第二天,AC 网站发表了中

---

① 杨国斌:《网络空间的抗争》,载刘春荣、陈周旺主编:《集体行动的中国逻辑》,上海:上海人民出版社,2012 年,第 63 页。

② 杨国斌:《悲情与戏谑:网络事件中的情感动员》,《传播与社会学刊》2009 年第 9 期。

国海外留学生致西方媒体的公开信。公开信写道：

> 我们是新一代的中国青年,我们怀着美好的理想来到西方世界,学习西方的先进科学技术,也学习西方的民主和法治制度,同时希望促进中国和西方各国的友好关系,促进中国现代化的进程。……今天的我们,海外中国人,以西方为师的中国人,希望向你们请教民主人权的 ABC,同时也希望你们对你们的报道进行反省,并诚恳地向中国人民谢罪,为了不践踏你们每天挂在嘴上的"民主""人权"和"自由",我们海外华人诚恳希望得到你们真诚的回答。

公开信的署名是海外华人留学生。

在对常人方法学的探索过程中,加芬克尔提出了"索引性表达"的概念,认为一项表达的意义需要在对其他表达的意义有所认知的基础上,才能被充分理解,而这种意义的追溯是没有尽头的。任何一项表达都是其意义的"索引链"中的一环,很多举动或者言论可能具有简略性,但其背后往往带有更复杂的交往规则和社会背景。交流要依靠表达者对这些背景性知识的使用和接受者对同样的背景材料的熟知和领会来完成。[①]

爱国主义的道德观一直处于中国传统文化的核心地位,当网民看到西方媒体对中国民族问题的不实报道之后,在中国的社会背景中,他们对其的意义定位伤害了"爱国主义"的感情,而非西方媒体简单认为的新闻失实问题。

在 AC 论坛网友讨论中就可以明显看到这种来自爱国"索引链"中的意义表达。AC 论坛 ID 名为"索朗汪杰"的网友写道：

> 什么是理性发言?理性发言就是不说脏话、不把空洞的狂呼当成慷慨激昂。不以谩骂为武器,不把盲目地跟从当成无条件的爱国。我们有句谚语(汗一个,好像我天天都在说谚语):三十头牛六十只角,三十个人三十种想法。大家都有自己的头脑和自己的看法,但是我们只有一个共同的基点,就是爱国!

于是,AC 网站发表的中国海外留学生致西方媒体的公开信,进一步加

---

① ［美］乔纳森·H. 特纳:《社会学理论的结构》,邱泽奇、张茂元等译,北京:华夏出版社,2006年,第396—397页。

深了网民们在对西方媒体索引性表达的理解。虽然其中的言辞不乏情感类的话语，但是其明显已经从情感维度上升到了爱国精神的道德维度。此外，充满爱国情怀的较为激烈的话语，和作为上进爱国的中国青年形象代表的"海外华人留学生"的署名，更进一步激发了中国网民基于传统道德的爱国主义情怀，为框架建构在道德层面创造了稳固的合法性基础。

而在AC网站后续的建设过程中，爱国精神的激励，成为其框架建构的持续性策略。在《致每一个热爱AC的人》的网站公开信中，AC网站写道：

> 这个来自五湖四海的志愿团队，我们只有一个共同的目标：用真实的声音，去捍卫祖国的尊严。……我们这个志愿者团队的奇迹，我不必说大家也体会得到。不管我们怎么进来，来了以后在做什么，我们这个论坛，会员十几万，志愿者们倾情倾力付出业余时间撑起来，实在是个奇迹！

在之后倡导保护2008年北京奥运会境外圣火传递的活动中，AC网站发布了《海外爱国活动组织者致国内同胞的联名信》，联名信中写道：

> 为什么我们去保卫奥运圣火？为什么我们选择和西方的民众做沟通，而不是对抗？为什么我们没有去揭发西方政府的阴谋，没有和妖魔化中国的西方人直接抗议？同胞们！我们不是为了告诉世界中国人是所向披靡的；不是为了向世界炫耀中国是强大不可欺负的；不是因为受到委屈，要发泄自己的不满！！！因为我们知道——西方的某些势力不愿意看到中国的崛起，不希望奥运会展示一个和平的中国，不希望他们多年来精心妖魔化中国的成果在西方民众心目中毁于一旦。

这种以爱国精神为核心的道德层面上的框架架构，明显得到了网友的积极回应。愤青广州（圈内昵称为"青青"）是AC网站的志愿者，在2008年担任AC论坛其中一个版块的版主工作。她在回忆起AC网站的工作时，说道："我累的时候就想，我是为了祖国在战斗，祖国的形象光辉了，里面也有我小小的一份功劳，我想想就感到很满足很高兴，就不难过了。"

从情感框架到道德框架的过渡，是一个寻求合法性的过程。不论是在中国的传统社会还是现代社会，道德在中国人的思想体系和话语体系中都占据着非同寻常，甚至是不可或缺的地位。在这个意义上，道德优势是中国社会的个体和组织建构框架、实现权力的必要舆论基础。因此，AC网站占据道德制高点的位置,尤其还事关爱国精神的道德层面,为其在舆论价值层面奠定了合法性基础,也为框架能够进一步建构,引发网民的认同和互动,创造了有利条件。

三、理性分析:科学话语的引入

如果说道德框架的引入,为AC网站的框架建构提供了价值上的合法性;那么框架中科学话语的适时运用,则为框架建构进一步增添了理性层面的合法性。

对理性的天然"合法性"的质疑和对理性的批判,是社会学思想延续至今的主题。甚至可以说,社会学正是在这一主题下,一步步发展壮大起来。马克思对异化、对意识形态的批判,涂尔干的社会分工论,韦伯的铁笼之喻等经典社会学论述,都是对这一主题进行研究的代表。但是我们不得不承认,普通大众的感知和思维,仍然深刻地受到启蒙运动思想的影响。

自启蒙运动以来,理性被认作一种历史建构的普遍性。布尔迪厄指出,理性的渊源就存在于各个场域中,"在这些社会小宇宙里,行动者以普遍概念的名义为合法垄断普遍概念而斗争"①。之所以会存在这种争夺,是因为"普遍性是合法化的普遍策略"②。正是支配者在对普遍性的争夺中,普遍性被推进了,而对理性普遍性的坚持成就了其合法性。而在普通民众的感性思维中,具备科学性和普遍性的理性话语是一种更为高级的存在。理性分析有证据可以支撑,是"科学"的,是"正确"的。这样一来,当框架包含了科学话语维度,理性层面的合法性会明显地增强网民对这一框架的信任度和接受程度,也会有效增强框架本身的吸引力。

值得注意的是,在横向的框架建构过程中,情感维度的框架是由于事件发生而自然生成的共鸣,而以爱国精神为核心的道德框架和以科学话语为核心的理性框架,都显示了有意识的策略建构。

在发表了中国海外留学生致西方媒体的公开信之后,AC网站不再专注于打"情感牌",而是将主要精力放在了搜集西方媒体不实报道的证据上,并将其标注分析,进行"科学证伪"。

比如,匿名网友向AC网站发送"证据视频",之后AC网站将该段视频和邮件发布在网站上,并将视频中的不实之处进行截屏,截屏也被发布于AC

---

① [法]布尔迪厄:《实践理性》,谭立德译,北京:生活·读书·新知三联书店,2007年,第213页。

② [法]布尔迪厄:《实践理性》,谭立德译,北京:生活·读书·新知三联书店,2007年,第217页。

网站。

再比如,《纽约时报》发布了一张照片,标注"这是一个维吾尔人在接受政府安排媒体的采访"。细心的网友发现,在照片的墙壁上挂的是一个汉族人的名字,叫刘永和,这张照片存在问题。AC网站和网友一起追踪这张照片,发现该照片来自路透社,其本身的注释为"一个汉族同胞受伤之后在医院治疗"。之后,AC网站将两张照片和注释进行了标注说明,并将其放于网站上。

作为AC网站的发起者,RJ本人也早已意识到这种"证据"式的揭露方式和科学话语式的分析方式的优势所在。

> 我们Anti-CNN是一个求真务实、理性交流的空间,而且我们调查过,在我们网站上,20到40岁的网友是主力,他们之中绝大多数接受过高等教育,有很大一部分是海外的华人和留学生。像我们这些80后是接触了一些东方和西方不同的思想碰撞成长起来的,有很复杂的思想经历。……其实就像一个网友的发言,让西方人恐惧的并不是出现了一代爱国的中国青年,而是出现了一代有独立的思辨能力、有理性的爱国青年,所以说最近我们在广大网友的呼吁下,为了维护正常的版面秩序,我们版主也是加大了对版面的管理力度,对一些过激的煽动的帖子进行适当的删除和屏蔽,有很多网友通宵守夜,给我们的版主举报煽动帖和不理性帖。在第一阶段海外华人的怒斥收到效果以后,我们需要思考下一个阶段应该用什么样的方法来斗争,我觉得面对伤害,我们应该更加冷静、坚强,独立思考,判断是非。①

选取更具说服力、看起来更具科学性的方式,对西方媒体的不实报道进行展现和分析。这种科学的形式,展现了以RJ为代表的"科学"式的严谨态度,增强了框架的可信度和说服力。同时,采用这样的方式对报道的图片和文本进行质疑,可能在新闻媒体的专业圈中并不新鲜,但是对于普通网民来说,他们既觉得新鲜,感觉见所未见,更能够感受到AC网站工作人员和志愿者辛勤工作中包含的诚意。这又引发了新一轮的认同和互动的高潮,更多的志愿者参与到搜集和翻译西方媒体不实报道的队伍中,AC网站的访问量由此进入了更快一轮的上升。

---

① CCTV新闻会客厅:《理性让爱国更有力》,2008年04月20日,http://news.cctv.com/china/20080420/102581_4.shtml。

第三节　框架的纵向建构过程

框架的横向建构重在对文化这一"工具箱"内恰当材料的选取,在框架建构的过程中发挥情感、道德和科学话语等材料各自的优势。相较而言,框架建构的纵向维度,更凸显过程的动态性。从纵向来看,框架建构大致分为主导框架、中层框架和底层框架三个阶段。

主导框架,构建起网络行动的主要议题和意义导向,是支撑网络权力实现的一整套文化价值体系和意义基础;中层框架,是在网络权力实现过程中,处理每个阶段具体任务的参照框架;底层框架,是由具备不同意涵容纳较多元素的符号构成的文本类型,将完善框架的细节构成。这三个阶段的框架建构依次推进,每进入一个新的阶段都会推动新的行动高峰,吸引新的网民进入、认同并参与互动,共同进入到框架的建构之中。

一、基于感性意识形态的主导框架

主导框架是支撑起整个框架的一套文化价值体系和意义基础,反映了框架建构中行动者的终极追求。作为纵向建构的第一步,主导框架起到的是奠定基础的作用,它规定了框架建构过程的主要议题和意义导向。因此,能起到基础性作用的主导框架,必须深刻嵌入在目标群体共享的社会文化体系之中,建立在目标群体认同的基本意义和价值之上。唯有这样,目标群体深入的共鸣才有产生的可能。而作为人类建构基本观念的基础和人类思想观念的思想本源,意识形态是最根本和最稳定的意义和价值基础。

基于此,本文认为,主导框架的建构过程是一个在诸多意义和价值的基础上,尤其是在意识形态的基础上建构主体意义、营造主体共鸣的过程。值得注意的是,在网络社会主导框架的建构中,起到基础性和关键性作用的意识形态形式,不再是意识形态的理论形式,而是实践中的意识形态的感性形式。在网络社会中,个体认同和群体认同往往呈现出非结构性和碎片化,网络事件千变万化,而存在于网络事件背后的感性意识形态,则可以为个体和群体提供具有相对连续性和稳定性的参照点。根据这个参照点,人们被不同的身份归属、社会角色和生活经验撕裂了的个体认同和群体认同,便有了重新归拢和建立起来的可能性。

按照学界的普遍共识,"意识形态"一词最早是由法国哲学家A.D.特拉西(A. D. Tracy),于1801年至1815年的《意识形态原理》一书中提出的。特拉西认为,意识形态是一种不包含价值观的"观念科学"(idealogy),是对周围环境的反映,是所有其他科学的基础。①虽然明确的意识形态概念和关于意识形态理论的直接论述,只出现了短短的两个世纪,但是关于意识形态的研究,却展现了极其丰富复杂的内容。可以说,意识形态是在当代人文社会科学研究中出现频率很高的概念之一,其内涵是丰富但充满歧义的。甚至可以说,意识形态是整个社会科学中最难把握的概念之一,因为它是人类建构基本观念的基础,是人类观念的思想本源。

虽然目前对于意识形态概念还存在很多明显的分歧,但在指向各异的意识形态概念中,还是能够找到一个共同具有的含义:意识形态是一组相对稳定的价值信念。②尤其值得注意的是,意识形态作为一组相互联系、相对稳定的价值信念,并不一定达到理论化、体系化的程度,或者说意识形态并非都呈现理论化和体系化的形态。③国内学术界通常将意识形态理解成为系统化、理论化的意识或者思想观点,这一观点就忽视了意识形态的感性存在形式。例如,"意识形态中的宗教、道德、文学和艺术部分,虽然它们也包含理论内容,但其主要内容并不是以概念形式和逻辑推论表现出来的理论,而是以表象、信念、风俗和形象等非概念非逻辑形式展开自身的感性意识"④。

基层大众的意识形态有明显的感性特点,大多表现为具体的形象的感性认识。这并不是说来自基层社会的意识形态没有理性形式,每个个体的意识形态系统必定是感性与理性的统一,只是相比经过周密逻辑思维形成的理性意识形态,在日常生活之中,人们更习惯于"自然而然"的感性意识形态。⑤但是以感觉、知觉、表象形式存在的感性意识形态,其意义并不一定低于以理论体系形式存在的理性意识形态。从生活实践出发去观察和理解意识形态现象,认真去认识意识形态丰富多样的真实表现形式,就一定能发现,真实的意识形态形式,虽然包含着理性思维,但主要是以生动的感性形象表现出来的;并且支配广大社会成员行为的主要意识形态,也往往不是那些体系化、抽象化的价值或道德理论,而是通过文化传承、心理积淀和风俗习惯的继承等"原生态"的感性方式,形成的生活信念和价值规

① 刘少杰:《当代中国意识形态变迁》,北京:中央编译出版社,2012年,第1—2页。
② 刘少杰:《当代中国意识形态变迁》,北京:中央编译出版社,2012年,第5页。
③ 刘少杰:《当代中国意识形态变迁》,北京:中央编译出版社,2012年,第5页。
④ 刘少杰:《当代中国意识形态变迁》,北京:中央编译出版社,2012年,第35页。
⑤ 刘少杰:《网络化时代的社会结构变迁》,《学术月刊》2012年第10期。

范。而且,相比理性意识形态,感性意识形态对于个体来说更加内化,也更加稳定。

重视感性意识形态,在当今网络化时代有着更加重要的意义。"在依靠印刷技术取得思想文化统治地位的文字文化时代,意识形态主要依靠印刷品中的语词、语句来表达和传播,而语词、语句的思想内容就是概念和判断,所以由语词、语句表达出来的价值道德准则和理想信念,也就必然呈现为概念体系和逻辑推论,因而也就必然具有了间接性和抽象性的理论形式,理论意识形态由此获得了统治地位。在网络技术快速发展的当代,视觉文化正在大规模地取代传统文字文化的传播作用,意识形态特别是与日常生活直接统一的那些作为价值伦理和道德信仰的感性意识形态,借助网络媒体,以传统文字文化无法与之相比的传播广度和传播效度向社会生活的每个层面传播开来。"①在网络化时代,感性意识形态的重要性正在逐步显现,其充斥于网络场域的各个角落,已经向理论意识形态的统治霸权地位提出了有力的挑战。

可以说,在理论意识形态占据统治地位的文字文化时代,从来都是将感性看作是一个没有思想、逻辑,缺乏稳定性的文化半成品生产阶段。感性是一种表层化、浅薄化的,低于理性的思想意识活动,如果没有理性的规约与指导,感性就只能永远处于原始的蒙昧的阶段。然而网络化时代的到来,却扭转了忽略与遗忘感性的态度,去除了对感性的压抑与删减,释放了感性的核心地位,实现了意识形态的感性转向。

具体到 AC 网站,在建立之初,就有清楚的感性意识形态定位。2008年3月20日,AC 网站正式上线,只有一个网页,编排非常简单。但是,就在如此简陋的初始条件下,AC 网站在其网页上鲜明地标注:"我们并不反对媒体本身,我们只反对某些媒体的不客观报道;我们并不反对西方人民,但是我们反对偏见。"这句话后来成为 AC 网站和后来的四月网标志性的口号。

这句口号的外在表现克制有礼,但在表象之后蕴藏着的,却是基于爱国情结的对于西方媒体的不满。这种爱国情结正是深刻蕴于中华民族传统文化之中。而中华民族的传统文化有其自身的特殊性,确切来说,中华民族并不是单纯的一个国家或者民族,而是一个只有中国人才能理解的文化概念。中华民族的传统与中国社会的风俗伦理传承、社会心理积淀,甚至与漫长五千年政治文化教化紧密相连,已深入每个中国人的心灵和骨髓,复杂难言,

---

① 刘少杰:《当代中国意识形态变迁》,北京:中央编译出版社,2012年,第43页。

却又人人心领神会。而基于中华民族传统的爱国情结,也不仅仅是热爱一个国家和民族那么简单,而是对中国共有的社会文化价值传承的一种保护和热爱。因此,抓住爱国情结是在感性意识形态层面,刺激和调动中国网民神经的有效方式。

此外,这句口号的表达方式,也起到了唤起中国网民感性意识形态共鸣的作用。AC网站将西方媒体不实报道的视频和图片发布在网页上,并且进行了对比分析,强调了西方媒体的"反华"意图和对中华民族的敌意。与此同时,口号的基本表达方式却是友好的,并力图站在平等公正的高姿态上。中国传统文化讲究"中庸",讲究"君子气度",AC网站此举无疑大大增加了中国网民的好感,并在感性意识形态层面与其产生共鸣。这种共鸣,会经由感性意识形态自发性的简化与压缩之后,集结成"我们—他们"的解释框架。网民在不自觉中就形成了自己的立场,站到了西方媒体的对立面,与AC网站站在了一起。这样一来,貌似温和的表达方式,达到了比怒斥谩骂更好的效果,唤起了中国网民感性意识形态的共鸣。

类似的基于感性意识形态的主导框架建构,还有AC论坛上的宣传语:

> 我们的使命:站在全球化和中国崛起的历史视野,构建新媒体,争夺国际上对中国问题的话语权;致力于在一个真实的中国与一个真实的西方世界之间,构建一个纯民间思想交流的桥梁;用求真、务实的态度,以客观、理性的声音,促进中国与世界的进一步融合。

正是这些基于感性意识形态的主导框架建构,使得广大网民达成了价值和情感上的共鸣,从而有效地建构起网络行动的主要议题和意义导向,并汇集起大批网民认可并且进入框架。

二、网络共意的形成与提升

中层框架建立的是实现网络权力每个阶段中具体任务的参照框架,其目标是实现"网络共意"的形成和提升。克兰德尔曼(Klandermans)等学者将"共意动员"①分为三个层次:其一,公共话语层次;其二,劝说性沟

---

① 共意动员指的是大多数人都赞同的动员形式,"它的目标受到了某个地理社区内全体人口的广泛支持,并且在追求社会变迁时,很少或根本没有碰到什么有组织的反对"。[美]约翰·D.麦卡锡、马克·沃尔夫森:《共意性运动、冲突性运动及其对基础设施的占用》,载[美]艾尔东·莫里斯、卡洛尔·麦克拉吉·缪勒主编:《社会运动理论的前沿领域》,刘能译,北京:北京大学出版社,2002年,第314—315页。

通层次;其三,通过与对手的竞争形成意识提升。基于这三个层次,笔者将中层框架建构分为三个阶段:网络共意形成、网络共意动员和网络共意提升。在AC网站的中层框架建构过程中,这三个层次之间的区分度很高。

首先,在网络共意形成阶段,AC网站以"爱国青年"的姿态,采用"中西之争"的公共话语吸引了大量可能形成共意的网民对象,达到了聚集潜在的网络行动参与者的效果。

共意的形成以网民群体原来的共有价值观和信仰作为基础。网络热点事件引发的情感共鸣和蕴藏在感性意识形态中的爱国情结业已存在,已经为共意形成做好了铺垫。同时,对于2008年3月的网络热点事件,虽然中央电视台进行了报道,但是报道滞后,加之官媒在报道当中坚持传统媒体的定位,仍然以电视和报纸报道为主;在网络平台上,官媒的门户网站上也给出了报道,却与传统媒体在本质上并无区别,只起到了"布告板"的作用,没有给予网民任何互动和参与的机会。而这些大大降低了普通民众对于官媒和官媒所代表的政府的好感。

既存的情感和价值铺垫,加上官媒的缺位,为AC网站在网民之中形成网络共意提供了难得的契机。虽然AC网站作为草根网站,一开始的设计极为简单,但这并不影响网民的热情,这是由于AC网站在第一时间公布了邮箱,希望聚集可能发动的力量,与网民共同揭露西方媒体的不实报道。并且在此之后,AC论坛快速上线,成为网民围绕网络热点事件进行交流和互动的平台,为聚集潜在的网络行动参与者、形成网络共意创造了空间。因此,作为一个草根网站,AC网站抓住了契机,在网络热点事件爆发之际,就迅速达成了网络共意形成这一目标。

我们从AC网站的志愿者、论坛版主hhxx1ttxs对于AC论坛的评价中,就能看出AC网站在网络共意形成方面的优势。

我认为在网络热点事件发生后为什么论坛的人气这么高,除了Anti-CNN在当时开创了反对声音的先河外,我觉得最为重要的是在这里我们可以看到一些实实在在的活动,我们通过图片或者视频可以看到海外华人的行动,这里面我觉得有一个心理因素,因为海外的华人能够把第一时间的活动情况发到我们的网站上,使得我们的网友在上Anti-CNN时能够有一种归属感,网友上Anti-CNN能看到活动的现场,他激动、感动、自豪,内心的潜意识是,我要是也能够参加类似的活动并发布到网站上那该多有意义。

其次，在网络共意动员阶段，AC网站以科学话语作为工具，伴之以社会网络的传播和联系，逐步形成群体认同感。

对于AC网站的定位，RJ说道：

> 网上太多低俗的东西，八卦新闻"标题党"，像搜狐、新浪所谓的社会新闻无非是80岁老汉强奸16岁少女之类的，靠这些来吸引眼球，我觉得非常无聊，很低级，而且靠这个来吸引流量，包括中小网站都是为了流量，靠搜索引擎作弊来吸引人，而且抄写非常泛滥，盗版也非常严重，所以我们希望改变这种现象，包括网民普遍的情绪化，脏话也比较多。但是我们倡导理性、理智地探讨问题，而且希望我们的网站是一个非常严肃的思考问题的地方，我们肯定不会放"标题党"、八卦新闻。

在与网民沟通和互动的过程中，AC网站一直将自己定位成为一个理性的网站。RJ和几个朋友最早发布在AC网站上的照片都是对比图，即西方媒体发布的照片和原始照片的对比。无论是照片还是视频，失实或者错误的地方一定要准确标注；发布的信息也必须要标明准确来源。而这种理性的沟通方式，明显也得到了大量网友的认可。这种发布照片、视频等信息的方式也在AC网站和现在的四月网上延续了下来。认可之后，便是网民的积极参与，在网民的积极参与之下，共意范围扩大的速度和规模，使发起者RJ本人都感到十分惊讶。

> 严格来说，Anti-CNN并不是一个媒体，我没有自己的信息来源，网站上的信息都是海外的朋友和网友提供的。……（AC网站网页上线之后，）很快就被病毒式地传播了，因为当时大家QQ群和签名档里都在传这个东西。大多数人应该还是看了央视的报道之后才认识的我，就加入了进来。当时还有几位我自己的朋友，前期参与了一些工作。有了论坛这个平台之后，有很多人就注册了，也有很多人进了我们QQ群，其中有很多成为我们管理员，他们来帮忙维持这个论坛。实际上，论坛是我们的核心，因为它是一个信息的交流平台。（RJ访谈记录）

共意动员的背后是群体认同的激发。只有人们对某些事物和某些群体产生积极的情感反应,即建立在认同基础上的"我们感"①,才能有效地将个人和群体联结起来。依靠互联网,这种联结会以前所未有的速度和广度发展,从而形成强大的群体基础,继而为关系网络的形成提供可能,为共意群体的扩大和巩固提供基础。

传统社会学视角中的认同强调个体的社会归属感,而在建构主义的视角中,认同不是自动在群体身份中生成,而是沟通过程和社会环境的产物。库里洛(Kurylo)指出,认同建构不是一个自我内在过程,而是沟通的副产品。②而史密斯-朗文则认为,人们会成为什么样的人本质上取决于他们所嵌入的社会网络。③互联网是网络化时代一种重要的沟通渠道和一种新型的社会网络,所以它必然会在认同的建构中发挥重要作用。它的作用包括扩展人们与其他成员的社会关系,改变其对认同的想法和感受,以及提供认同建构的材料。④

因此,网络化时代社会认同的形成过程,是一个自主性建构过程。而AC网站建构的这种源于公共的情感和价值,又加以科学话语和关系网络巩固的共意,能够有效地在网民的"生活世界"中激起共鸣,产生自主性的群体认同。群体认同感产生之际,即为共意群体形成之时。共意群体的形成,使得网络共意动员的目标得以达成。

再次,在网络共意提升阶段,AC网站通过为共意群体营造"志同道合"的氛围,以凸显自身的特色,对已经形成的网民群体进行巩固,拓展共意内容的深度和广度,以及提升共意的格调。

网络热点事件为AC网站的产生和发展提供了契机,但是这种借由突发性事件产生的共意群体,往往并不稳定。随着事件在公众视野中逐渐淡化,如何保持原有的共意群体,甚至能在此基础上实现在共意内容深度和广度上的提升,是构建中层框架的最后一步,也是最困难的一步。

RJ在谈到四月网日后的发展方向时,这样说道:

---

① Melucci, Alberto. *Challenging codes: Collective action in the information age*. Cambridge: Cambridge University Press. 1996, p.83.

② Kurylo, Anastacia. "Linsanity: The Construction of (Asian) Identity in an Online New York Knicks Basketball Forum." *China Media Research*. 2012, 8.

③ Smith-Lovin, Lynn. "The Strength of Weak Identities: Social Structural Sources of Self, Situation and Emotional Experience." *Social Psychology Quarterly*. 2007, 2.

④ Wang, Wei-Ching etc.. "Internet Use, Group Identity, and Political Participation among Taiwanese Americans." *China Media Research*. 2009, 5.

慢慢地,肯定会有志同道合的人沉淀下来,这些人聚在一起,思想会越来越影响更多的人,它必然有一个爆发的过程。慢慢地,随着事情过去,会有一个下降的过程,西方媒体很明显的错误,他们可能会藏在隐性的价值观、文化等潜移默化的东西里,必须得有一批比较深的水平的思想家、评论家来到这个网站,做一些很基础的工作,不是说光挑这些很显性的东西,显性的东西肯定越来越少,深层次的偏见和看法肯定还会存在,所以我们只能说是刚开了一个头,还是任重道远的。我们下一步在网站改版以后,前台一定是中英文对照的,点进具体的文章还可以选择其他的语言。这样中国的记者和评论家有价值的文字可以让全世界人都看到,翻译成各种语言。西方媒体的文章也可以翻译成中文,让中国人也可以看到。

可以看到,AC网站在网络共意提升方面采用的策略是,通过加强网站的思想性,在深度上下功夫,以形成自己区别于一般网站和论坛的特色。这种"志同道合"的营造策略,确实起到了一定的巩固和提升网络共意的效果,四月网到现在还有一批"死忠粉"①,并戏称自己为老资历的"自干五"。但是这种网络共意提升的策略,在提升网络共意的稳定性和共意群体的忠诚度的同时,也提高了对于共意群体的要求。这势必在深化共意内容的同时,会起到缩减共意群体规模的作用。就像RJ自己说的那样:"四月网的相对标签就在那里了,就是一个形象了,我们以后走的就是智库和深度。它(四月网)不可能走得特别大众化。"

三、符号策略:框架细节的完善

经由网络共意形成、共意动员和共意提升三个阶段,AC网站完成了富有自身特色的中层框架构建。接下来的底层框架建构,主要是对框架的细节构成进行完善,以使整个框架更富弹性,从细节上创造吸引和容纳更多网民群体的条件。AC网站在实现底层框架建构时采用的是符号策略。

符号包含着人们的选择、设定和赋予。符号中没有确定的客观本质与必然性的规律,却包含着理解者和被理解者共同赋予的意义。符号是可能性,是被创造的动态过程。符号在不同的时间和地点获得了不同的意义。

---

① "死忠粉"是网络用词,其中,"粉"源自英文fans,意思是崇拜某明星或者某种对象的一种群体,前面加上"死忠",表达了这个"粉"对他热衷对象的崇拜达到了死心塌地的程度。

面对符号,社会学发现世界是一个不确定的,随着限制它的条件变化而不断流动和重组的世界。①

而符号表达,正是网络行动重要的组成部分。网络行动是通过词语、符号、画面和声音而进行的较为激进的交往活动。语言、故事、符号经常是基层民众发起行动,甚至运动的重要组成部分,但在网络化时代,它们有了新的用武之地。中国网络行动的主要形式,是建立倡导网站,群发有关活动预告的邮件,在网络论坛(BBS)上发布或者转载信息,在个人博客、微博或是QQ等即时通信工具上发布或者转发信息和评论,等等。②正如马克·博斯特(Mark Poster)所说,物质资源对工业时代马克思主义生产方式是最重要的,而在网络化时代最重要的话语资源。③

AC网站建构的最成功的符号就是2008年网络排名第一的流行语——"做人不能太CNN"。这句流行语来源于AC网站网页上的一段话:

> 羞耻! 著名的西方媒体!
> 真相和谎言
> 我们的理念:"做人不能太CNN",意思是做人不能做像CNN(和下面将提到的其他类似名字)那样的大骗子。

一时间,CNN成了以偏概全、混淆视听、张冠李戴、恶意栽赃、颠倒黑白等的代名词。"做人不能太CNN"成为"做人不要太信口雌黄,不顾事实"的网络表达方式,甚至还被网友编成说唱风格的歌谣风靡网络。

符号有着和其他人类文明一样悠久的历史,但是这一古已有之的意义承载形式,却从来没有像在当今中国网络空间中那样得到复兴。从来没有一个像互联网这样广阔的交流平台,也从来没有一个像网络符号这样有如此庞大创造者和参与者队伍的大众文化表达。"在线条明晰的艺术中表现普通的情感是多么美妙的事情啊! ……(感性的)语言更加形象、生动,有着一股大地的气息。"④网络符号在传播和使用过程中,不断地被赋予新的意义。严格来说,每个网民都是网络符号的创造者,网络符号淋漓尽致地展现着来

① 刘少杰:《社会学的语言学转向》,《社会学研究》1999年第4期。
② 杨国斌:《连线力:中国网民在行动》,邓燕华译,桂林:广西师范大学出版社,2013年,第36页。
③ Poster, Mark. *The Mode of Information: Poststructuralism and Social Context.* Chicago: University of Chicago Press, 1990.
④ [法]罗曼·罗兰:《名人传》,陈筱卿译,北京:北京燕山出版社,2001年,第296、299页。

自普罗大众多元化的思想与价值。

符号作为网络"缺场"交往中的重要工具,许多"在场"交往中的语言被浓缩编译成文字、图形、字符等多样化的象征形式,置于网络空间中被加以传递与解读。一方面,网络符号是对现实世界中真实感的再现。浓缩的符号可以被解读出丰富且真实的内涵,借由种种组合,通过指代的形式,实现着自我真实意义的表达、传递和跨时空的共享。①另一方面,网络符号也为隐喻性表达提供了可能。这些隐喻性象征较为抽象,甚至模糊,只有在对特定网络语境了解的情况下,才能被很好地解读和运用。②而网络的存档永久性、可搜索性、可复制性和可拓展性,在规模、范围、内容等方面,为网络符号的形成和积累提供了有力支持。

对于网络符号,人们关注的不仅仅是承载话语意义的符号形式上的变异,更是其语言背后所代表的深层含义。按照索绪尔对于"能指"和"所指"的划分,"能指"和"所指"的联系并不必然存在。在网络符号中,"所指"的内涵被广大网民在特定的社会语境中加以重新建构,赋予了在当下特定环境中新的意义,而符号背后新的意义的获得,却是因为特定的社会事件所引发。也就是说,每一个网络符号的背后,都隐含着一个具体的社会热点事件。以"做人不能太CNN"为例,其能够在网络上流行,是基于网民对背后社会事件的共同体会,而不了解当时的网络热点事件和西方媒体不实报道的来龙去脉的"外人",无法理解此话语的真实含义,也无法在网民使用此网络符号互动之时参与其中。这类似于现象学社会学中的共有知识。③处在相同社会情境中的网民个体,对某一社会事件产生了共同的理解,以一种意会的方式,将对社会事件的看法表达出来。而这种表达,往往由于外部社会环境的制约,多采用一种带有娱乐性质的隐喻的方式加以表述,这就体现为网络符号。

而在符号和语言的风格上,AC网站坚持的是"温和"的路线。以温和的语言配之以强有力的事实,AC网站认为这样的符号搭配是吸引和说服网友的最有效的方式。

---

① 例如orz,是网络通用的表情符号,象征失意或者沮丧的心情,象征意义来自其形状酷似一个人被事情击垮,跪倒在地上的样子。

② 例如"河蟹"常常在网络上被代指"和谐",且伴有讽刺意义,其象征意义来自网络审查制度严格执行时"和谐"二字在一些论坛被禁止使用。

③ [英]安东尼·吉登斯:《社会学方法的新规则——一种对解释社会学的建设性批判》,田佑中、刘江涛译,北京:社会科学文献出版社,2003年,第105—110页。

78

CNN和一些其他的媒体,虽然用错误的事实支撑在了温和的语言外衣之下,但是人们却仍然买了它的账。可想而知,如果我们报道真相,可以产生多么好的效果。然而当我们将目光投向中国媒体的时候,就会发现,无论报道是否为真相,中国媒体总是倾向于使用强硬的措辞。这样一来,无论它报道的是事实与否,都没人买账,甚至中国人自己都不屑一顾。在某些时候,尽管中国是极其正确的,但是人们却仍然把中国的报道当成是谎言。所以,温和的语言,对于促进中国声音为人所闻,是最具裨益的。(RJ访谈记录)

网友Sarah也持有同样的观点,她认为强硬措辞和极端色彩不能在真正意义上说服某人,反而会给有自主思考能力的网友以偏执和缺乏理智的感觉。因而她向AC网站发送了邮件,对网站名称的更改提出了建议:"如果有可能,我想不要选择anti-xxx这样的域名,因为一般说来,自身就比较极端的人,别人不太倾向于相信他。如果是我的话,会用westernmediabias,saynoto-bias,等等(或此类缩写)比较中立的域名。"这封邮件正是AC网站更名为四月网的直接原因。

AC网站的符号策略,还包括对互联网新媒体传播方式新特点的充分理解和有效利用。充分利用互联网技术的优势,AC网站采用了低成本、高效率的互联网传播,使用了多样的传播媒介,包括多国文字、图片和视频等,在短时间内就积聚了大量网络人气。相比传统大众媒体,互联网上的信息具有移时性,能够长时间存在于网络空间,网民可以反复观看、评论、转帖和口头推荐等,因此,互联网传播帮助AC网站打破了在传统传播中的时间与空间限制。

同时,要使框架能够吸引和容纳更多的网民,就需要使网民对于框架产生认可和共鸣。对于一种意义系统的把握,一般来说,普通大众都会根据自身的社会阅历、知识积累和具体的生活需求,将之转化为某种可操作、易理解的形象化指标。因此,宣传是使公众产生共鸣的好方法,特别是诉诸具体的形象和故事来进行宣传。

作为宣传的平台,互联网在最大程度上降低了进入的门槛。任何个体和组织都有充当媒体角色的机会,都有在网络平台上发布宣传内容的可能。同时,网民对于宣传内容的关注,也是自主选择的结果,媒体本身的优势不再明显。相比传统媒体,网络环境中的注意力,更多地依赖于某些观察或者观点是否能够打动某个群体,而并非像传统媒体,必须付诸最小公分母。因为网络集群多是基于共同的兴趣,而非资本投资;在互联网上难以用金钱购买公众的注意力,更难以压制不同意见。①互联网作为新媒体,潜藏着一种消解中心的文化理念:网络传播正在瓦解传统媒体以传播者为主体的"中心—边缘"的传播模式,使传播权力发生逆转。②这就意味着在互联网空间中,网民不再是传统媒体时代的普通受众,他们开始拥有传播权力。因此,在互联网上的宣传需要充分考虑网民的喜好,否则有可能完全失去受众,丧失宣传的市场。

源于 AC 网站意识形态上的定位,如果仅仅依靠文字上的网络宣传,很可能会引起普通网民的厌烦甚至反感。因此,AC 网站及后来的四月网依靠互联网在视觉传播上的优势,制作了大量形象有趣、易于传播的网络视频,如动画片《四分钟让你了解毛泽东的一生》《五分钟让你爱上中国》,音乐 MV《中国的复兴不可阻挡》《钓鱼岛在我家》等,2014 年的反占中主题曲《不要太任性》,2015 年的《新版少先队队歌》MV 和摇滚版《黄河》MV。这些视频都达到了千万乃至亿级的传播量,实现了很好的宣传效果,进一步完成了 AC 网站的符号策略。

于是,这些于细节之上的符号策略,建构了底层框架。围绕着框架的核心价值,主导框架、中层框架和底层框架保持着逻辑自洽和意义上的一致性,依次展开,从纵向的各个维度上最大程度地引发网民的共鸣,使他们从认同发展到进一步地参与互动。在这个意义上,网民不再是社会运动框架建构论中的被动接收方,而是成为主动参与者,甚至可以进一步将自身塑造成为框架建构者。在互动的过程当中,随着文化的加固和策略的延伸,框架建构者和受众的界限不再分明;也正是在这种动态的互动之中,网络权力的建构才成为可能。

第四节　框架建构及其权力效果

继韦伯之后,社会学对于文化对象的理解发生了明显的分歧:结构主义

---

① Benkler, Yoehai. *The Wealth of Networks: How Social Production Transforms Markets and Freedom.* Yale University Press, 2006, pp.12–15.

② 秦志希:《网络传播的"后现代"特性》,《武汉大学学报(人文科学版)》2002年第6期。

社会学往往把文化看作是其他社会要素的指示器，[①]对文化对象持有一种相对忽视的态度，对结构主义而言，只有当文化对象影响了社会经济结构或者被社会经济结构影响了，文化才有研究和分析的价值；理解社会学对文化对象展开了研究，力图寻找和解释文化对象中复杂的象征体系和结构。例如格尔茨对巴厘岛的研究、维克多·特纳对象征体系的研究等经典文化人类学研究。但是，文化人类学往往只专注于对某个象征符号体系的结构和意义分析，这使得其研究只关注文化对象本身和发展过程，却忽视了文化对象发展过程中的动因。换句话说，文化人类学的研究只研究文化本身，而不关注社会结构，这会产生一种文化逻辑上的循环论证。即，某个象征符号体系中的文化对象，继承和表达了某个社会群体的集体文化和心理，但是我们却无法寻找到看不见摸不着的集体文化和心理，这就必然导致重新返回到外显的文化对象上去寻找的结果。

很大程度上，框架建构的进程，并不是一个政治维度或是社会运动维度上的概念，而是一个文化的概念。换句话说，在网络化时代，框架建构的进程是一个更加广泛的认同形成过程和意义实现过程。同时，在中国，对于网络权力的考量往往容易将广大网民和政府放在对立的框架之上。过滤掉这种对立的框架，我们可以看到网络上并不是满眼的"官民对立"，更多的是普通网民之间各种维度的网络活动，呈现出丰富多彩、潜移默化的文化变迁，而正是这些文化变迁促进着网络社会的发展进程。

基于此，笔者将框架理解成为一种文化对象，[②]而本章对于框架的横向

---

① 结构取向的社会学研究者往往会认为，文化本身并不是一个研究问题，或者根本无法研究。其研究的往往是文化中的社会要素或者经济要素，而不是文化对象本身。尽管在理论基础和方法论上可能有所不同，结构取向往往把文化看作是其他社会要素的指示器：或把文化看作一种社会分层的机制，即文化有助于阶级关系和权力关系的再生产（Bourdieu, Pierre. *Outline of a Theory of Practice*, translated by Richard Nice. Cambridge: Cambridge University Press. 1977.DiMaggio, Paul. "Cultural Entrepreneurship in Nineteenth-century Boston." *Media, Culture and Society*. 1982, 4, pp.33-50, 303-322）；或是将文化当作一套共享的价值系统，这套价值系统既可以是社会认同，也可以是仅仅基于某种品味的价值组合（Parsons, Talcott. *The System of Modern Societies*. Englewood Cliffs, N. J.: Prentice-Hall, 1971）；或是直接将文化看作是一套组织或者制度系统（[美]霍华德·S.贝克尔：《艺术界》，卢文超译，南京：译林出版社，2014年）。

② 这并不影响本文对于框架建构的权力效果分析。笔者认为，作为一个文化过程，框架建构的过程也是权力产生的过程。两者同时进行，相辅相成，呈现的正是文化现象和社会现象的不同侧面。而社会运动理论将框架建构作为发动集体行动、获取权力的手段，是一种典型的结构主义的取向，将文化当作了社会要素的指示器。

建构过程和纵向建构过程的分析,是力图找到平衡社会现象和文化现象的一种方法上的尝试。笔者的观点是,框架不是简单的权力关系的指示器,而是在框架建构的过程当中,行动者之间的互动本身产生了权力;同时,框架的形成是一个动态的建构过程,在建构的过程当中,框架与社会要素有千丝万缕的联系。

框架建构是框架建构者基于其社会位置,想要通过自身建构框架的策略性行动,传递给他人文化意义,以得到他人意识和行动上的认可与支持,从而在框架中生成权力的社会过程。需要注意的是,在网络空间中的框架建构与社会运动学者提出的框架分析存在两点明显的差异。

首先,框架建构者和受众之间,不再存在明显的界限。在框架建构的进程中,网民的角色并不只是受到影响和号召的受众,网民在框架建构中的作用也不仅仅是响应和支持发起者,也不是只能在框架支配之下进行被动性行动。即,网民不再是框架建构过程中的被动接收方,而是成为主动参与者。网络空间中的框架,是在发起者提出之后,网民参与进来,共同建构的过程。最初的被发动者在进入框架之后,会在参与和行动的过程中影响框架的下一步建构,而进一步完善的框架又会吸引更多的网民进入,同时,进入的过程又开启了下一轮互动建构的过程。网络空间中的框架,就是在这样行动者互动的过程中,"滚雪球"式地逐渐完善,最终成型。在这个意义上,每一个参与到框架之中的网民,都可以将自身塑造成为框架建构者。

其次,普通网民在框架建构过程中的活动并不像社会运动学者认为的那样激进。大多数网民不一定有明确集体行动的目标,他们的行动体现了多样的表现方式。[1]在框架建构的过程中,多数网民并不会像集体行动中的精英一样目标明确,策略明晰,但这并不代表他们不是框架建构的主体。普通网民存在于感性意识形态中的意义与价值态度,以及其已经定型为网络"惯习"的策略和行为方式,决定着框架建构的走向。就是在大多数普通网民多种多样的、自发的、但是目的性并不明显的行动之中,网络空间的框架建构活动慢慢开始有了一套自己的程式,开始了自我推进和发展。因此在网络社会中,研究框架建构的视角需要实现从激进的精英分子到占有人口更大基数的普通网民的转变。

---

[1] Damm, J. The Internet and the Fragmentation of Chinese Society. *Critical Asian Studies*, 2007, 39(2), pp.273-294, pp.Giese, K.Speaker's Corner or Virtual Panopticon: Discursive Construction of Chinese Identities Online. in F. Mengin(Ed.), *Cyber China*. New York, NY: Palgrave. 2004, pp.19-36.

具体来说,网络空间中的框架建构由以下要素共同呈现。(详见图4-2)

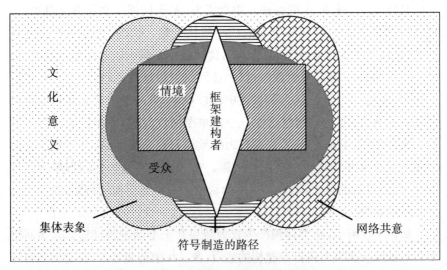

图4-2 权力生成策略中包含的框架建构要素

正如前文提到的,框架建构者和受众两者不再是固定的角色定位,每一个参与到框架之中的网民,都可以将自身塑造成为框架建构者。因此图中的框架建构者和受众,是按照具体的情境给出的临时角色。不仅如此,具体的策略选择和互动方式,也建立在具体的情境之上。而网络空间中的文化意义是框架建构的背景,是框架建构者和受众主观认同和坚持的既存基础。在文化意义的基础上,由于特定情境的激发,在各方行动者的互动之下,依次建构起集体表象①、网络共意和具体的符号,并在情感、道德和科学话语三个维度得到了参与者的共鸣。

但是,框架的要素不是天然融合在一起的,随着社会日渐复杂,要素的融合将更难达到。因此,建构起框架的具体实践才显得更为重要。换言之,无论策略性符号的重要性和有效性有多么显著,必须通过行动者的实践才能被听到和看到,才能在真正意义上进入文化的逻辑、进入权力生成的进程之中。

在网络空间中,借助互联网的技术优势,在网民的策略性行动之下,网民间巨大规模的人际互动和认同建构迅速得以搭建。这种经由网民互动形

---

① 迪尔凯姆对集体表象有深入的论述:"在所有能够产生这种强烈效果的事物中,首先应属我们的反向状态所造成的表现。实际上,这种表现并不只是一种简单的显示图像,也不是事物映射给我们的死气沉沉的幻影。相反,它是搅起机体和生理现象之波澜的力量。"[法]埃米尔·涂尔干:《社会分工论》,渠东译,北京:生活·读书·新知三联书店,2000年,第59页。

成的社会网络就蕴藏着网络权力,能够实现现实的权力效果。

　　具体到AC网站,由网络热点事件引发,基于同样的文化意义背景,草根网民通过具体的横向和纵向的框架建构策略,逐步搭建起一个意义共享、彼此认同的群体——"四月青年",建构起一个巨大的互联网社会网络。而这个网络就成为权力的载体,权力在网络之中循环流动,以链状形式发挥作用;资源和力量在权力网络之中得以积聚,参与者的意志和话语得以展现并发挥作用。AC网站这样一个由单个网民发起,靠网民志愿者支撑和发展的草根网站,得到了官方权力的承认,[①]更重要的是,其达到了让西方媒体就不实报道道歉的支配性效果。普通网民在建构共同框架的过程中,实现了自身的意志,达成了现实的影响力。框架建构的策略,充分显示了其权力效果。

　　如图4-3所示,框架建构产生权力效果是一个动态的过程。具体网络事件的出现会激发网民框架建构的意图,在具体的情境之下,在时间和空间的共同作用之下,框架建构开始启动。而框架开始建构之时,就是网络权力开始生产之时。框架从建构者向受众的传播过程,也是一个对网络权力进行诠释的过程。

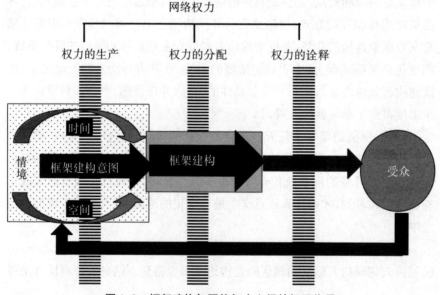

图4-3　框架建构与网络权力之间的相互作用

---

　　① 得到官方权力承认这一结果,不仅是策略运作的效果,还有意识形态等多方面的原因。而官方权力的支持在为四月网的发展创造一定优势条件的同时,也在某些方面限制了其发展。关于这一问题的具体讨论将在第五章展开。

同时,在这个框架建构的过程中,没有完全被动的受众,网民会反馈,甚至会直接参与到框架的建构过程之中,促进框架的进一步建构与发展。由于不断有参与到框架之中的网民在互动过程中将自身塑造成为新的框架建构者,于是,框架建构和网络权力流动的过程,便呈现了链式的循环运作过程。

随着参与的网民不断增多,网民的互动过程随之进行,互联网的社会网络也逐步搭建起来,权力就在这个网络之中流动,并在流动的过程中展开了分配和累积的过程。在整个的链式运作过程的循环往复的作用之下,框架得以更加完善,网络权力也得以在累积和流动中更加壮大。

第五章 权力转换:现实与 网络权力互动中的运作策略

在没有明显位置和资源优势的情况下,借助网络空间中网民的权力生成策略,普通网民有效地实现了彼此互动,引发了各方的行动。在这个过程中,网络影响力逐步壮大,互联网权力网络也逐步构建起来。事实上,网络权力与现实权力之间并不是完全割裂的关系。两者在形式和特点上虽然存在差异,但是在实践中却难分彼此,互相渗透,且互为所用。因此,人们不可以忽视已存的现实权力对网络权力的影响。对现实空间的权力影响加以移植,同样可以使之在网络空间中发挥权力效力。需要注意的是,在网络空间中生成的权力和从现实空间中借力的权力,都要经过现实的运作,才能发挥其实际效力。现实与网络权力互动中的运作过程,则为本章的核心内容。

第一节 权力转换:学术对话与理论创新

关于权力转换的理论研究,以布尔迪厄最具代表性。在布尔迪厄看来,现代社会的权力场域中,经济资本和文化资本的兑换比重,以及对不同资本再生产方式的优先权争夺成为斗争的焦点。根据占支配地位的支配原则——经济资本和占被支配地位的支配原则——文化资本,权力场域呈现出如图5-1所示的结构①：

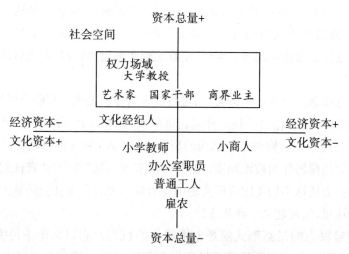

图5-1　权力场域与社会空间(社会场域)

布尔迪厄考察了不同的权力形式及其之间的转化机制。最著名的是对文化资本与经济资本之间的转换机制——教育系统的分析。其中，符号权力的运作与社会秩序的关联，是布尔迪厄研究的核心问题。但是，多数学者关注的是布尔迪厄论述的符号权力带来的权力合法化，即，赤裸裸的权力关系只有转化为符号关系才有被认可的可能。可是，符号权力不仅能促成社会再生产，也能够带来社会变革。布尔迪厄对于变革的关注，往往被一些学者所忽略。

布尔迪厄所说的变革，指的不是被统治者对抗统治者的革命，而是权力场域中支配者之间的斗争。权力场域在布尔迪厄那里，相当于一个元场域。不同于一般场域中以积累或垄断某一特殊类别的资本为目的的斗争，权力场域中的斗争在各个一般场域的支配者之间展开，斗争的目的是改变或维持不同类别的资本之间的兑换率。权力场域中的被支配者(一般社会场域

---

① 笔者在此对布尔迪厄的社会空间和权力场域图示进行了简化，仅选择了职业中的几种代表类型来对其进行大致的展示。(详见[法]布尔迪厄：《国家精英》，杨亚平译，北京：商务印书馆，2005年，第462—464页；[法]布尔迪厄：《实践理性》，谭立德译，北京：生活·读书·新知三联书店，2007年，第7页)根据横坐标，从右至左，以此可分出四个场域：经济场域(商界业主、小商人)、行政场域(国家干部、办公室人员)、教育场域(大学教授、小学教师)、艺术场域(艺术家、文化经纪人)。而权力场域则是各个场域中的支配者云集的场域，其根据经济资本与文化资本的从属，可进一步从等级上进行区分，由高至低依次为：商界业主、国家干部、大学教授、艺术家。还有一些，如普通工人、雇农，布尔迪厄并未交待其归属，但是属于经济资本、文化资本都比较低者，属于社会场域中的被支配者。

中的支配者)为了赢取这一斗争,往往需要联合社会场域中的被支配者。在布尔迪厄看来,这种联盟不依靠意识层面上的说服,而是源于结构上的同源关系,即联盟基于权力场域中的被支配者与社会场域中的被支配者在结构上的对应关系而建立起来。当然,要真正地实现这种联盟,尚需借助符号革命的运作。

符号革命是一种认知颠覆,通过将既有的分类图式下那些受压抑的、无法言明的、被边缘化的经验上升到话语层次,并加以公开地阐述,就有可能打破原有的心智结构与社会结构的契合,破除现存秩序的自明性。至于能否将认知颠覆转化为政治颠覆,将对"对现实的表征"建构为"表征的现实",则要看权力场域中的支配者所实施的符号权力能否获得社会场域中的被支配者的认可,从而建立一种联盟。

符号权力的最高形式就是创造群体的权力。它以两个条件为基础。首先,符号权力的建构基于符号资本的拥有之上。符号资本在此是一种荣誉,一种权威。因而,符号资本雄厚者的异端话语更有可能获得认可。其次,需视观点根植于现实的程度而定。群体的建构不能无中生有。观点或表征根植于现实的程度越高,换句话说,新的分类图式与群体的社会处境越是吻合,符号权力的符号效力越大。这一政治行动越可能得到合谋,群体越可能被构建出来。①符号权力在这个意义上,是一种"创造世界"的权力。②

在布尔迪厄看来,符号革命是支配者之间的斗争,而被支配者只是能够从这场支配者之间的权力斗争中取得利益或好处,却永远无法取代支配者。无怪乎迪马乔指责布尔迪厄所描述的世界不是革命,甚至也不是社会变迁(social change),而是无休止的转变(transformation)。③于是,布尔迪厄是把社会进步的动力寄托在支配者之间的斗争上,把运用理性的特权给予了知识分子,而非普通大众。但是,当代的社会运动,如环境保护运动、女权运动、和平运动等,特别是网络社会中爆发的群体性事件,都与布尔迪厄为我们描述的理论图景相去甚远。行动者的心智结构并非一定内化了主流的分

<hr>

① 这里的第二个条件提醒我们,布尔迪厄似乎认为是客观结构先行发生变化,之后才有权力场域中的被支配者利用这一契机,联合社会场域中的被支配者去对抗权力场域中的支配者。权力场域中的被支配者在此只是将已经变化了客观结构上升至话语层次,进而去形塑心智结构,建构群体。[法]布尔迪厄:《实践感》,蒋梓骅译,南京:译林出版社,2003年。

② Bourdieu,P. Social Space and Symbolic Power,*Sociological Theory*,1989,7(1),p.22.

③ DiMaggio,P. On Pierre Bourdieu,*American Journal of Sociology*,1979,84(6).

类原则、默认了既存的等级秩序;普通大众处于被支配的被动境地更非历史的必然。

笔者并不赞同布尔迪厄对合法性之于权力的重要性的过高估计,和他对符号革命带来的历史变革的悲观分析,但是布尔迪厄对于符号权力及其转化机制的论述,尤其是其在符号革命中,对支配者和被支配者的联盟与资本的转化的分析,为我们理解和把握网络社会中的权力转换过程,提供了有效的理论工具。

在布尔迪厄论述的基础上,汤普森进一步指出,虽然符号权力广泛存在于日常生活中,甚至已经成为日常生活的一部分,但是其分配状态却并非均匀分布。不论在历史中,还是在当下,符号权力都是集中在文化机构,如教堂、学校/大学和媒体行业。这是因为这些机构在处置资源的同时,可以实践符号权力。这些资源包括技术手段,在生产和传播象征物过程中包含的知识和能力,相关的威望和日积月累的认同。[1]

汤普森的符号权力的考察是基于大众媒体时代,但同样可以为网络空间的权力转换研究提供参考。不同于实体权力,符号权力虽然并不可见,但是对人们的行动,乃至整个社会秩序都产生着不可忽视的影响。某种程度上,正是由于符号权力的不可见,其内化于人们的思想,它产生的影响作用才更加稳定,作用的范围也更加广阔。正如卡斯特指出的那样,"社会中最根本的斗争是人的思想斗争",人们相信的是"社会中现在起决定作用的规范和被建构的价值"[2]。换句话说,塑造思想的权力,往往比实体的权力更有效、更有力量。

不同于汤普森对于符号权力分布状态的判断,互联网的出现,创造了新的符号权力格局。互联网之新在于,它让普通人,而不只是强大的精英,都可以拥有资源,并能够跨越时间和空间产生和发送符号材料,以行使符号权力。

于是,在网络社会,布尔迪厄意义上的不同类别的资本之间的兑换仍然存在,符号权力也仍是权力关系得到认可的关键;然而,普通大众不再是历史舞台上的配角,他们在互联网场域当中获得了前所未有的能动性。普通网民间符号的传递,创造了被支配者主动联盟支配者的可能。在网络空间中,普通网民可以转换的资本,固然有其自身在现实空间中的资源优势,但

---

[1] Thompson J.B. *The Media and Modernity: A Social Theory of the Media*. Cambridge: Polity. 1995.

[2] Castells M. Communication, Power and Counter-power in the Network Society. *International Journal of Communication*, 2007(1), p.238—266.

更为重要的是,他们拥有了进行符号革命的可能。普通网民可以通过与精英联盟,将他人的资本化为己用。

在网络权力建构的过程中,普通网民可以成为建立联盟的主动方。资源和位置上的优势,不再是联盟主体的必要条件;利用策略性行动带来的影响力和关系网络,足够为被支配者创造形成联盟的吸引力。如此,普通网民具有了成为符号革命主体的可能。他们通过权力转换的策略从支配者处借力,成为权力角逐的主角。而作为被结盟者,支配者并不一定从中获得符号权力,有时只是从权力角逐的过程中取得利益或好处。这样一来,符号权力就不再必然在精英之间流转,普通网民有可能通过联盟进行权力转换和资源积累,成为符号权力的主体。而正是这种普通网民成为符号权力主体和进行权力转换的可能,为网络权力的建构创造了条件。

第二节　现实权力的网络映射

网络空间中的权力生成策略,展示了网络权力实现过程的独特之处;另一条实现网络权力的路径,则是通过向现实空间的权力"借力",将现实中的权力影响,巧妙地移植到网络空间,使之与在网络空间中生成的权力共同形成合力,从而有效达成现实影响力。

在四月网的框架建构实践中,对现实空间中存在权力优势的个体和组织实施的"借力"行动,分为两个类型:一是继承自身优势,即直接继承自身在现实空间中的权力影响;二是借助他者之力,即借力于他者在现实空间中的权力影响和与之对应的网络效应。在实施"借力"的过程中,四月网运用了很多具体的实践策略,在这些策略中集中体现了互联网价值和普通网民的智慧。

一、核心人物优势:权力的继承和转化

"继承自身优势"进行的是现实空间中的权力影响向网络权力优势地位的转化,如果能够成功实施,行动者将由传统的权力精英成功转化为网络空间的权力精英,成为网络权力关系结构中的优势节点。这一方面,在四月网的"核心人物"身上表现得最为明显。

在权力的建构过程中,尤其在建构初期及其关键环节上,核心人物的作用至关重要。需要指出的是,本书意义上的核心人物,既不同于新闻

传媒层面的"网络意见领袖"①概念,"网络意见领袖"强调的是精英左右网络舆论思潮的能力,并不关注其是否参与到具体的行动之中;也不同于社会运动层面的"运动创业家"(entrepreneur)②概念,"运动创业家"虽然强调了精英的具体实践行动,但是概念本身存在强烈的抗争,甚至是革命的色彩。

源于互联网具有的网络化、匿名性、开放性、弹性化和去中心化等技术特点,互联网呈现出扁平化的社会结构形态。③更重要的是网络社会真正的权力蕴于关系网络之中,而不再是传统意义上精英主导的权力。基于此,本书排斥使用"领袖"这一充满精英色彩的概念。同时,和普通网民一样,核心人物也经历了一个权力意识觉醒和主动谋求权力建构策略的过程。这一过程不是一种简单的资源市场的理性竞争或者是斗争关系。因此,本书也避免采用"创业家"的概念。但是这两个概念都为本书分析权力建构过程中核心人物的作用提供了理论参考。在目标定向、资源积累和组织行动能力等维度,个体的优势不可能均等分布,核心人物有着明显高于普通网民的优势。因此,无论是思想层面还是在行动层面,核心人物都充当着"领头羊"的角色,在权力建构的发起阶段和重要节点上往往能够起到关键作用。具体到四月网的权力建构实践中,RJ即扮演了这样一种"核心人物"的角色。

RJ是AC网站的发起者,最初的域名由他独自注册,最早的AC网站网页也是由他独自设计发布,之后AC团队聚集了大批的志愿者,大家都亲切地称他为"站长"或"老站"(AC网站站长),现在RJ已经成为四月传媒集团的董事长,"老站"的昵称依然跟随着他,他也依然作为AC团队的核心人物存在。

作为四月网核心人物的RJ拥有明显高于普通网民的现实权力优势,他将这种优势成功继承到了此次权力建构的实践中来。首先,作为第一代互

① 美国学者拉扎斯菲尔德在《人民的选择》(1944)一书中首先提出"意见领袖"一词,并且提出了"意见领袖"的4项基本特征:①在人际传播中表现积极活跃;②有较强的主观能动性;③频繁接触媒体,能够迅速获取比普通人更多的信息;④勤于思考,擅长进行思想的再加工,善于人际交流。转引自邓若伊:《网络传播与"意见领袖"理论调适》,《新闻与传播研究》2011年第3期。

② 运动创业家(entrepreneur)的概念来自于社会运动理论中的资源动员论,是指一项社会运动的领导或者领袖。运动创业家"主要负责共识动员、促成目标导向的集体行动、维系运动的集体身份和组织稳定性"。曾繁旭、黄广生、刘黎明:《运动企业家的虚拟组织:互联网与当代中国社会抗争的新模式》,《开放时代》2013年第3期。

③ 王水雄:《结构博弈——互联网导致社会扁平化的剖析》,北京:华夏出版社,2003年,第42—47页。

联网创业者,年轻的 RJ 已经有了很明显的资金优势。

> 这些年我也攒了些钱。你上次就问我 AC 网络的资金是怎么来的,都是我一个人的钱,注册个域名,买个服务器花不了多少钱。就包括后来商业化,四月网注册,钱也主要是我自已的。清华创业(互联网)比较早的现在都发了,像我混成这样的还是少。美团的那个 WX [人人网(原校内网)创始人,美团网创始人兼 CEO],也是清华的,不过他是七几年的,回来创业。那时 2005 年我大三,做软件,做服务器代理,赚了不少钱。我当时在清华创业里面算是年轻的,也做得比较好。当时做 Anti-CNN 真是一腔热情,是往里面砸钱,连个广告植入都没有。(RJ 访谈记录)

2005 年,RJ 已在清华大学创业圈中小有名气。在校期间,他创办过"办卡网",办一张信用卡佣金 60 元,在一个星期内推销了一千余张;帮助他人投标西班牙政府无息贷款项目,获得了创业资金;还创办过公司:"中易网天",做过服务器托管。①

除了资金之外,在校期间的互联网创业经历,为 RJ 积累了经验和客户人脉,还为其打造了一支技术团队。最早的 AC 网站由 RJ 和他的两个朋友负责日常运营,暂时借用 RJ 的 IT 公司的服务器,租用中国联通的业余带宽。2008 年,RJ 的 IT 公司每个月的净利润是几万元,在发放员工工资之后全部投入 AC,并将公司 80% 的技术精力也转移到 AC。

互联网创业经验和作为水木清华论坛中"绅士版"版主的经历,也使得 RJ 具备了比普通网民更加敏感的互联网"嗅觉"。RJ 对互联网敏锐的感受力和快速的行动能力,帮助他在网络权力建构的发起环节发挥了核心作用。RJ 在组织能力方面也显示出明显的优势。在 AC 网站的具体运营上,他的组织思路是网民志愿者同盟。AC 网站的照片和视频都由海内外网民志愿者提供。有 40 余名版主义务对网站进行管理,他们也都是网上慕名而来的志愿者。在 AC 网站转型成为四月网之前,无偿奉献的网民志愿者团队最大限度地保持了 AC 网站的"纯净",这也有效地助推了网民关系网络的建构,维持了网站和论坛的稳定持续运转。

在继承上述既有优势的基础上,RJ 以具体行动实践了布尔迪厄意义上

---

① 南都网:《四月青年维权记:从反 CNN 到做"爱国产业"生意》,2013 年 10 月 14 日,http://ndnews.oeeee.com/html/201310/14/375215.html。

的不同权力形式之间的转化。布尔迪厄认为,符号权力是以意义关系、交流关系的形式呈现出来并为人们所认可的一种力量关系,其对物理力量具有"相对的独立性和依附性"①。也就是说,符号权力并非源于符号系统本身,而是基于客观力量的对比之上。这里所说的"力量对比"不单指经济资本的力量对比,而是包括了经济资本、文化资本、社会资本的总量与结构的对比。

和一般的互联网创业者相比,RJ在经济资本上并无明显优势,但是在文化资本上却有显著优势。由此,他能够获得更大的符号权力。这里的前提是他的经济资本和文化资本能够被认可,也即能够被感知为符号资本,这往往需要借助一些神圣化的仪式,而AC网站的建立则创造了这样一个神圣化和合法化的过程。一方面,AC网站的建立使RJ获得了更强大的符号权力,这也更加有利于他发挥核心人物的作用,为AC网站的发展积累资源;另一方面,若是AC网站发展得更好,将进一步提升他手中符号权力的价值,从而构成了一个双赢的良性循环。

于是,作为一个"出道"仅两个月的互联网新贵的RJ就有机会接受央视的访问。RJ面对聚光灯的青涩表现,更让我们真切地感受到互联网在塑造符号权力方面的巨大优势和高效性。互联网能够在极其短暂的时间内将一个普通互联网创业者或者网民,打造成为拥有巨大权力优势的高端人士。同时,在AC网站成功吸引了国内外关注之后,RJ对于各种中外媒体的采访基本是"来者不拒",他也在有意识地利用媒体的宣传来巩固自己的符号权力。

从资金到个人能力,到人脉关系,再到技术团队,RJ将个人在现实中的资源悉数转移到了AC网站之中。以布尔迪厄对权力形式的划分,AC网站直接继承了其核心人物在经济资本、文化资本和社会资本上的优势。随着AC网站的一步步成长和壮大,它为核心人物RJ提供了一个将原本的权力优势神圣化为符号权力的机会。而RJ在符号权力上的获得和增强,又为AC网站创造了更加有利的权力优势,为进一步与普通网民的互动和网络权力的建构创造了条件。

二、志愿者联盟:感性选择呈现的集群力量

正如卡斯特指出的那样,在网络社会中,"人们的心灵成为权力贮存的

① [法]布尔迪厄、[法]J.-C.帕斯隆:《再生产:一种教育系统理论的要点》,刑克超译,北京:商务印书馆,2002年,第12页。

部位"①,普通网民开始成为权力的主体。因此,在现实权力向网络权力的转换过程中,虽然对核心人物的权力继承起到了关键性作用,但是普通网民自身现实权力的力量也不可小觑,普通网民是借力的主体对象。

网络事件此起彼伏,网民自身也分为各种各样的群体,成为权力主体的网民,他们对于网络事件的参与具有选择性,这就导致了由不同网络事件引发的网络权力建构,其权力主体和参与主体——网民群体,分为不同的类型。对于网民群体类型的划分,社会运动的资源动员论可以为本文提供借鉴。根据不同群体在动员过程中的不同意义,资源动员论将社会群体区别成为六类人群,具体见表5-1②:

表5-1 资源动员中的六类社会人群

社会人群	信仰社会运动倡导的目标	向社会运动通过实际的支持
公众	√/×	√/×
拥护者	√	×
支持者	√	√
旁观者	×	×
反对者	敌视社会运动提倡的目标,动员有关资源打击社会运动	
受益人	一旦社会运动获得成功,会从中受益	

在这六类人群当中,公众是指除运动发起人以外的所有社会成员,是一个广泛的群体;拥护者是公众中那些信仰社会运动倡导的目标,但没有实际支持的个人和组织;如果不但信仰社会运动提倡的目标,而且向社会运动提供了实际的支持,拥护者则升级成为"支持者";公众中对于运动既不信仰目标,也不实际支持的一部分,则称为"旁观者";而对运动怀有敌视态度,采取敌对行动的群体,则构成"反对者";受益人则是会从社会运动的成功中受益的群体。

资源动员论基于理性人假设,将运动参与看作是人们追求利益最大化的一个理性选择。其基本的理论想象是把社会视为一个各种社会运动都可以平等、自由、充分竞争的"市场"。③因此我们看到,资源动员论无法解释为

① [美]曼纽尔·卡斯特:《认同的力量(第二版)》,曹荣湘译,北京:社会科学文献出版社,2006年,第419页。

② McCarthy, John D. and Mayer N. Zald. Resource Mobilization and Social Movements: A Partial Theory. *American Journal of Sociology*, 1977, 82, pp.1221–1222.

③ 冯仕政:《西方社会运动理论研究》,北京:中国人民大学出版社,2013年,第151—152页。

什么在实际生活中,潜在受益人在社会运动中并不一定是支持者和拥护者。麦卡锡和梅耶给出的说法是,大量参与社会运动的个人和组织都是没有什么利益企图的良心拥护者(conscience adherents)和良心支持者(conscience constituents)。①这一说法不能令人信服,正说明了理性选择的局限性。

实际上,社会不可能完全开放与自由,人和人之间的关系也不可能完全平等。资源动员论秉持的"理性选择"假设看似高扬人的理性,却对理性本身不作分析。于是,理性选择的假定会使对资源动员的分析,转化成为对动员约束条件的分析,或是对动员结果的预测,恰恰忽视了对于选择这一过程的探讨。在四月网的产生和发展过程中,大量志愿者参与了进来,在资源和行动方面提供了大量的支持,但是这些志愿者并不是潜在的受益人,却成为有力的拥护者和支持者。同时,志愿者参与范围广——涉及海内外,参与人数众多——在资源和行动上的支持者有千人,拥护者达几十万(按照网站访问量估算),这不能由简单的良心(conscience)予以解释。

笔者认为,四月网中志愿者的结盟,是感性选择的结果。即,志愿者的选择行为受到感性层面的因素影响,而并非仅仅是理性层面的计算,其行为选择很少经过计算、推理、逻辑思考等理性选择过程。感性选择是多数社会成员开展社会活动的基本形式。就如刘少杰指出的那样,"在当代中国,理性选择是主导,感性选择是主流"②。这并不是说感性选择是一种浅薄或低级的行为,感性选择为解释个体的行动,提出了除理性行为和强调社会结构的强制作用之外的另一条道路:个体的行动是基于对综合性目标、熟悉关系、传统和经验规则和具象化社会现实的综合考量之下的实践选择。

具体到志愿者联盟的情况,截至2008年5月2日,建立仅43天后,AC网站的注册会员数就达到了109061。AC网站本身并不是媒体单位,其照片和视频材料全部来自志愿者的提供。

我们的证据更新了,主要是针对某些人的反应。

1.某些人反诬我们造假(因为有些媒体偷偷更改了图片说明),通过google的网页快照功能,我们对这些人进行了驳斥。

2.《华盛顿邮报》特别说明此前的照片caption有误,还算有点

---

① McCarthy, John D. and Mayer N. Zald. Resource Mobilization and Social Movements: A Partial Theory. *American Journal of Sociology*, 1977, 82, pp.1221-1222.

② 刘少杰:《中国社会转型中的感性选择》,《江苏社会科学》2002年第2期。

道德底线。

3. 德国之声直到昨天(2008年5月23日),竟然在头版头条还采用尼泊尔警察的照片。

希望能让更多人看到最新的证据。(德国华人搜集的证据)

甚至在管理方面,论坛的40余名版主也全部是网络志愿者,他们义务帮助AC论坛维持运转。在不存在潜在收益的情况下,如此庞大数量的志愿者成为AC网站的支持者。这种行动无法用理性选择解释,而是出于实践中的感性基础。这种实践行动来自因西方媒体不实报道等具象现实引起的共鸣,来自留学生群体、海外华人华侨群体、国内爱国群体和私人朋友圈等熟人关系的带动,来自中华民族共有价值观和信仰的基础性作用,也来自感性意识形态中的爱国情结在特定情境下的激发。在感性层面因素的影响下,经过貌似"不经意"、实质"综合性"的考量,大量志愿者参与到了AC网站当中,或在行动上,或在资源上贡献自身的力量,达成了强有力的联盟。

从匿名网友发给AC网站的邮件中,我们能够窥见志愿者结盟的感性选择过程:

> 网站办得特别好,希望一定继续坚持下去,努力揭露西方媒体的丑恶嘴脸。昨天看到ABC news有关抵制奥运会的新闻很是气愤,于是登录注册与他们平等对话、据理力争,花了一个晚上牺牲睡眠的时间用英语——向他们讲解道理,而且已经争取到了许多人的理解和支持。……还有我的亲戚在加拿大留学,说这次留学生们可真是愤怒了,而且加拿大政府也够黑的,把中国的论坛和网站都关了。……为了保留证据,我截了一张图,放在附件里,请查收,希望能用上。我的这个评论恐怕明天又要被删除了,如果是这样的话,明天我再给你发一张他们删除的证据图。

感性选择下的志愿者联盟不仅带来了集群力量,还为网络权力建构提供了切切实实的资源。爱德华兹和麦卡锡将资源分为五种类型:分别为道义资源、文化资源、社会组织资源、人力资源和物质资源。[①]在四月网志愿者

---

① Edwards, Bob and John D. McCarthy. Resources and Social Movements Mobilization., in *The Blackwell Companion to Social Movements*, edited by D. A. Snow, S. A. Soule, and H. Kriesi. Malden, MA: Blackwell Pub: 2004.pp.125-128.

联盟提供的支持中,这五种类型的资源都得到了体现。

在物质资源层面,作为草根网站,AC网站运营资金全部由RJ和部分志愿者提供。在道义层面,众多网民和志愿者通过浏览、点击和直接发表评论,给予了AC网站道义上的声援和合法性上的支持。精通西方语言、了解西方文化的海外华人和留学生,利用其身处西方国家的优势,能够在第一时间观察和感受西方不实报道产生的负面效果,提供了国内很难了解到的西方媒体信息,为AC网站提供了即时而翔实的第一手资料,即文化资源。而基于感性选择形成的志愿者联盟,则是AC网站珍贵的社会组织资源和人力资源。志愿者通过搜索和提供照片、视频证据和翻译工作等方式,直接参与到AC网站和论坛的运行过程之中,群策群力地为网站的发展提供支持。

就像志愿者版主"寂寞无尽"谈到的那样:"最大的财富是我们伟大无私的翻译团,其次还有已经成型的精英草根,当然还有依靠激情聚拢的人气遗产。好几百人的志愿者在网站上将内容翻译成多国语言,网站已经实现了多语言版本。年轻人的点击量大,他们有中国人自己的话语权,让全世界都来了解现代中国是什么样的,普通的中国人是怎么想的,中国的年轻人有什么样的价值观和观念,海外的华人华侨团结在一起,所以能做的事情是非常长远的。"

相比现实社会中的精英群体,普通大众在权力上处于绝对的劣势地位。无论在经济资本、文化资本还是在社会资本上,普通网民个体没有任何优势可言。但是,互联网能提供给分散个体一个异常快速的连接方式和空前广阔的交流平台。尤其随着博客、社交网站和微博等"以关系为中心"的互联网2.0网络交往方式的出现,普通网民摆脱了现实中物理距离和交往成本的制约,在超越了具体场所的缺场空间之中,他们交往的空间范围、结盟的时间效率皆呈几何级数增长。

于是,在互联网技术的帮助下,志愿者结盟得以最快的速度,形成了最庞大的规模。志愿者个体的资源和力量的确极其有限,但是经过志愿者联盟的整合和积聚,"微资源"和"微力量"就转化成为"巨资源"和"巨力量"。志愿者联盟本身,也在其现实的熟人网络的基础上,进一步延伸与发展成为更大的社会网络体系。整合和积聚的权力则在网络之中的各个节点流动并发挥效力,使得从网民个体处"积沙成塔"式的权力借力得以完成。

三、借助他者之力:官方权力和知识分子的推动

在向现实空间"借力"的过程中,四月网不仅得到了来自内部(核心人物RJ和志愿者联盟)的现实权力支持,还借助了外部的权力优势。外部的借力

对象主要分为两类，一是官方权力，二是知识分子的权力。

布尔迪厄意义的符号革命是一般社会场域中的支配者为了扭转自身在权力场域中的被支配地位进行的斗争。[①]在这个意义上，一般社会场域中的支配者，也就是在社会场域中具有权力优势，在经济资本、文化资本或是社会资本维度处于优势地位的精英，才能成为符号革命的主角，才有在社会场域中联盟他人的资格。

但在四月网的案例中，人们看到了普通网民成为建立联盟的主动方的可能。互联网给予了普通网民前所未有的能动性，网民志愿者联盟建立的庞大关系网络，以及策略性行动带来的巨大网络和现实影响力，对现实中的权力精英产生了强大的吸引力。于是，当集聚的网民群体期望主动结盟的时候，在现实社会中处于权力优势地位的官方机构[②]和知识分子愿意作为结盟者参与进来。与布尔迪厄描述的符号革命不同，结盟之后的符号权力在四月网网民自己手中，现实中的权力精英并不一定从中获得符号权力，只是从权力角逐的过程中取得利益或好处，普通网民成为符号权力的主体。

当AC网站在海内外获得了超乎寻常的影响力之时，官方机构做出了明显的示好举动。2008年3月26日，《中国青年报》采访了RJ之后，2008年3月27日，外交部发言人在回答西方记者的问题时对AC网站给出了高度的称赞，将其抬高到了民族英雄的高度。2008年4月1日，中央电视台的《东方时空》栏目，播出专题节目《正告CNN：网民为什么愤怒？》，大篇幅地报道了AC网站。之后的央视《新闻周刊》《对话》《新闻会客厅》等电视节目，以及人民网传媒沙龙等，也先后邀请RJ作为访谈嘉宾对AC网站进行了介绍。经历了上述几个事件以后，AC网站的访问量和发帖量都迎来了显著的高峰。匿名网友在写给四月论坛的建议信中写道："本坛人气，除了致力于现在正在努力实施的'内容'，可能还需要抓住'亮点'做一定的宣传，我本人就是在CCTV看到新闻，才平生'破例'加入一个论坛，这对人气有非常大的帮助。"

官方机构这些友好的结盟行为，既有对己产生超凡影响力的AC网站的示好成分，同时也是AC网站主动寻求外援向其借力的结果。AC网站建立之后对自身权力优势的继承和网民志愿者结盟产生的群体力量，并不能完全满足AC网站对于网络权力建构的要求。向他者借力，尤其是向在中国具有绝对优势的官方权力借力，成为AC网站权力建构的捷

---

① Bourdieu. Social Space and Symbolic Power. *Sociological Theory*, 1989, 7(1).

② 在四月网的案例中，官方机构主要指的是以外交部、团中央为代表的政府部门，以及中央电视台、人民网等官方媒体。

径。在 AC 网站转型四月网之后,它向官方机构的借力行为更加明显。团中央的网络智库已经交由四月网运作,成立了"中国青年网络智库"。"智库"已成为四月网的一个重要版块。不过,用 RJ 的话来说,这是政府在向四月网"购买服务":

> 政府现在很多需要采购服务,行政上要增加公务员队伍,你看北京,越来越难了,他们很多新成立的部门的职能,就像团中央的新媒体,他们就需要做一系列的文化产品。而要找外面的公司去做,很多公司能做娱乐节目,做不了思想性的节目。我们是长期在做,有非常多的经验,所以他找我们来做,当然最合适……毕竟我们的品牌在这里。现在政府购买服务太正常了。我们并不是专门想做这种意识形态的。政府从我们这里买服务,我们做的《少先队员队歌》,摇滚版的《黄河》,在网上反响很好,团中央觉得很吸引人,我们能做好,我们的思路是做得像 TED 那种形式,他们也认同。(RJ 访谈记录)

孙立平指出,改革开放以来,中国社会正逐步由"总体性社会"走向一种"后总体性社会"。[1]"总体性社会"是一种社会结构高度不分化的社会,而"后总体性社会"中的国家和社会处于一种"似分而合"的状态,并没有彻底分化,而是以一种独特微妙的机制联系在一起。[2]随着社会转型的不断深入,国家对于资源和社会活动空间的垄断正在不断弱化,市场开始成为提供和交换资源和机会的新形式。[3]但是,资源配置与流通方式从再分配到市场的过渡具有渐进性和有限性,"自由流动的资源"和"自由流动的空间"也是相对的。因为虽然市场化改革在不断地推进,但制度变迁具有路径依赖的特性,"后总体性社会"作为"总体性社会"蜕变而来的社会结构形态具有连续性,"后总体性社会"仍然继承着"总体性社会"的制度遗产。[4]国家的再分

---

[1] 孙立平等:《动员与参与——第三部门募捐机制个案研究》,杭州:浙江人民出版社,1999年,第1页。

[2] 孙立平等:《动员与参与——第三部门募捐机制个案研究》,杭州:浙江人民出版社,1999年,第17页。

[3] 孙立平等:《动员与参与——第三部门募捐机制个案研究》,杭州:浙江人民出版社,1999年,第8—9页。

[4] 孙立平等:《动员与参与——第三部门募捐机制个案研究》,杭州:浙江人民出版社,1999年,第14页。

配作为经济整合的机制仍然在社会经济生活中占据基础性的位置；①而"自由流动的空间"仍是"在政策允许的范围内"。②由此，在我国现今所处的"后总体性社会"中，国家权力仍然对社会经济生活领域保持着潜在的强大而深入的影响能力，而官方机构作为国家权力的代言人仍然占据着权力的制高点。如此一来，AC网站在得到官方机构的承认乃至帮助之后，与之结成联盟，将产生巨大的借力效应，会对权力的积累和建构产生明显的助力。

但在网络社会，与官方机构结盟有利亦有弊。与官方权力的关系过于亲近，导致了AC网站话语的单一性和偏向性，其发展方向也因为意识形态等原因受到了限制。在互联网这个倡导多元化价值和自由表达的空间中，这种结盟方式在促进AC网站符号权力快速增长的同时，也使它面临着失去部分网民支持的风险。

除了官方机构，AC网站另一个重要的借力对象就是知识分子。2008年AC网站初具规模之后，就在网站中开辟了"名家有约"专栏，聘请有名的专家学者作为专栏的特约作者：

> 兹聘_____（专家／学者／教授）为本网站"名家有约"专栏特约名家，聘任期一年。提供专职高级版主，负责对"特约名家"相关作品网友跟帖的维护。尤其对于积极参与的名家，本网将会为其提供相应的管理权限，直接参与到核心团队的运作以及本网未来的发展之中。
>
> 任期内，本网站将为"特约名家"提供最好的服务，包括专门的高级版主负责一切接洽事宜，设置以"特约名家"名字命名的专栏，授权本网站发表的作品，本网站负责在网站首页予以推荐，提供专职高级版主负责网友对"特约名家"相关作品网友跟帖的维护。（AC网站聘书节选）

转型之后的四月网继续保持了"名家专栏"，并在专家学者发表文字专栏的同时，为其录制视频发布于四月网之上。现在的四月网已经建立并保持了与一批专家学者的固定合作关系，如边芹、张维为、吴法天等。团中央出资的"中国青年网络智库"目前正由四月网在实际操作。在下一步的运转过程中，四月网打算通过智库建立自己与专家学者的关系："第一批的专家

---

① 孙立平等：《动员与参与——第三部门募捐机制个案研究》，杭州：浙江人民出版社，1999年，第14页。

② 孙立平等：《动员与参与——第三部门募捐机制个案研究》，杭州：浙江人民出版社，1999年，第10页。

学者是团中央指定的,是团中央智库的人。之后,我们想自己找一些人,一些青年学者。"(RJ访谈记录)

对于四月网与专家学者之间的关系,RJ的观点是:"我们和专家学者是双赢的过程。建立智库,他们来我们这里录视频也是很愿意的。W老师现在很有名是吧?以前他没有现在这么有名,只是Z大学的一个副教授。他口才很好,我们也帮他做了一些策略。比如说让有名的大牛和他一起搭呀,当时就让S和他一起录过视频。我们现在也在和北京的很多青年学者联系,希望能进一步合作。"(RJ访谈记录)

按照布尔迪厄对于不同权力群体的归类划分,大学教师、艺术家、科学家等符号生产者是支配者中的被支配者,即在社会场域中是支配者,但在权力场域中处于被支配者的地位。权力场域是各个场域中的支配者云集之地,但因为文化资本的从属地位,大学教授、艺术家等被布尔迪厄笼统称作知识分子的成为权力场域中的被支配者。①而布尔迪厄经常提及的联盟,就是知识分子与工人(普通工人、雇农)的联盟。这一联盟是知识分子在与权力场域中支配者的角逐中,为了能够取得社会场域中被支配者支持的手段。为此,布尔迪厄倡导反思社会学,即论证科学是真正科学的,以保证科学是"最不具有非法意味的符号权力",来增进社会科学的科学性与自主性,以保证和增强知识分子的权威地位。②

四月网在实践中体味了普通网民与知识分子结盟的意义,即RJ所谓的"双赢"。利用四月网平台,知识分子通过与"四月青年"的结盟,有效地增强了自身持有符号的合法性,增强了自我的权威地位。通过借助知识分子的文化资本,四月网不仅增强了自身的话语影响力,更获得了科学上的合法性。不过,和布尔迪厄意义上的知识分子与工人的联盟不同,在网络社会,普通网民并非工人阶层,不再处于权力场域和社会场域中最低端。成功结盟后获得的符号权力并没有被知识分子独占,四月网网民通过结盟同样获得了可观的符号权力。互联网的特性和网民的策略行动有效地提升了普通网民的资本总量和权力地位。在这种背景下,知识分子也乐于接受与普通网民在符号权力上"同分一杯羹"的联盟结果。

---

① [法]布尔迪厄:《国家精英》,杨亚平译,北京:商务印书馆,2005年,第462—464页。
② [法]布尔迪厄:《现代世界知识分子的角色》,赵晓力译,《天涯》2000年第4期。

第三节　网络权力的现实运作

通过对现实权力优势的继承和内部积累,以及对外部精英的权力借助的剖析,笔者对四月网向现实空间的"借力"过程进行了描述和分析。普通网民在网络空间中策略性生成的权力和向现实空间的"借力"而来的权力,都集聚在了网络空间之中,如何使这些权力有效运作,产生现实效力,则是权力建构策略进一步需要解决的重要问题。

一、系统论视角下的网络权力运作

根据一般系统论的整体性原则——整体大于其各部分之总和①,对于整体的分析不能简单化约为孤立状态下要素之和的阐释。为了使分析更加明晰,在前一节,笔者已将借助的现实权力拆分成多个类型进行表述。在实践过程中,借力的类型和过程都交织在一起,难以明确划分。而当对现实权力的借力进入网络空间、转化成为网络权力进行运作之时,权力更是以一种合力的形态发挥作用。四月网案例的实践展现了网络权力如何以一种合力的形态生成并产生作用,这突出体现在 AC 网站发展时期。

在看到西方媒体对中国的不实报道后,很多国内网民和海外华人、留学生都展开了类似的行动:搜集西方媒体不实报道的证据和现场的真实照片,或在自己的博客上展示评论,或在当地论坛上贴出并驳斥。而这些不约而同的网络行动,就是普通网民表达和展现的方式。个体网民的行动有其倾向性,但是目的性并不明确。他们在行动之时,对于行动的结果没有一个明确和肯定的要求和预期。而此时,AC 网站上线了,众多网民由此发现,和"我"有同样想法和行动的还有千千万万其他网民,AC 网站成为这些网民的关系联络点和力量聚集地。普通网民在网络空间中策略性生成的权力和向现实空间的"借力"而来的权力,都在 AC 网站建立起的网民关系网络之中积累,最终集合成网络权力的合力形式,并产生了切实的现实效力。如图 5-2 所示:

---

① "整体大于其各部分之总和"为亚里士多德的名言,后被一般系统论的创始人贝塔朗菲吸取成为系统论的核心思想。[美]路·冯·贝塔朗菲:《普通系统论的历史与现状》,王兴成译,《国外社会科学》1978 年第 2 期。

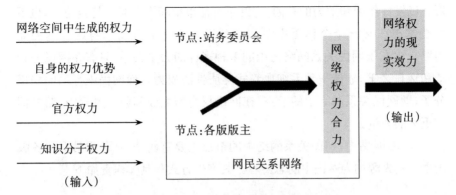

图5-2 AC网站的网络权力生成系统图

从AC网站的网络权力生成系统图中,可以清楚地看到网络权力的建构和累积过程,这既包括普通网民在关系网络中建构的网络权力,也包括外在的借力,也就是图5-2所示的输入过程;也能清晰地感受到输出的合力——集合而成的网络权力及其现实效力。但是中间的权力生成过程好似一个"黑箱",虽然其各个要素之间存在明显的相互联系、相互作用,却无法从外部确定其内部结构。笔者认为,在AC网站中,这个"黑箱"的主体就是网民关系网络,权力在关系网络内部累积、流动,通过节点整合进入网络权力的共同体中,最终产生网络权力的现实效力。

具体来说,在AC网站中,前后有近300人成为网站志愿者,具体参与进入网站的论坛管理、材料整理和翻译工作;近2000名热心网民为网站提供了各种证据。与此同时,外交部的正向评价、官方媒体的积极报道和专家学者等知识分子的声援,以及RJ本人资金、技术团队和人脉关系的投入,都推动着AC网站的迅速发展和影响力的快速提升。AC网站的访问量在峰值时有50万IP,浏览量约600万左右。AC网站的全球排名最高时达到1800名,比NPR(美国国家公共电台)的浏览量都高。截至2008年5月2日,AC网站的主题数达到34822个,帖子达到418460,注册会员数达到了109061。[①]

无论是对网络空间中生成的权力,还是现实空间中的权力借力,AC网站为网络权力提供了一个"安放自身并产生其真实影响的地方"[②]。AC网站形成了一个以普通网民作为权力主体的巨大权力网络。进一步,权力是一种"循环流动的东西,或者以准确的方式说,权力体现为一种仅仅凭借链状

---

① 引自四月网内部统计资料。

② Foucault, Michel. *"Society Must Be Defended": Lectures at the College de France, 1975—1976.* St. Martin Press. Picador; Reprint. 2003, p. 28.

形式以发挥作用和效力的东西，它既不可能单单积聚在某一特定地方，也不可能掌握在某一个个体手中"[1]，它"借助于主体的行动本身或行动的能力"[2]。内在于网民关系网络之中的多种多样的力量关系，只有在网民的行动和运作之下，才能呈现毛细血管式异质性的权力。而网民中行动的积极分子，即网民关系网络中的节点，在网络权力的生成和整合过程中，明显拥有更大的力量。

在AC网站中，网民关系网络中的节点主要有两个，站务委员会和各版版主。其来源均为网民中的志愿者。其产生方式和具体职责如下：[3]

第7条　本社区由站务委员会负责日常事务的管理，负责本社区程序的修改、系统规划、站务解决、问题解答、站际交流、系统公告及审核账号、版面等工作。

第9条　本社区合格使用者均可申请担任本社区站务。申请者经站务委员会审核通过并报AC管理层批准后，进入实习期。站务委员会应制定实习站务管理办法以对实习站务的申请、管理、转正等工作进行有效组织。

第22条　本社区每个版面设立版主若干人，负责维护该版面的正常讨论秩序并整理版面文章。

第23条　凡是本社区的合格使用者，都可申请成为本社区某版面的版主(有特殊规定的版面除外)。

第24条　本社区合格使用者根据社区版主管理办法申请成为某版面的版主，并经站务委员会审查通过后，由站务委员会发表任命公告。

第25条　版主有权依站内管理规则和该版面管理规则，执行其管理权力。如遇因管理方面之重大争论，交由站务委员会裁决。

第27条　版主任职期满后由站务委员会对其工作做出评估，并决定是否留任。

第29条　对于版主工作上的失误，本社区合格使用者有权向站务委员会提出弹劾，情节严重者可由站务委员会直接取消其版主资格。

---

① Foucault, Michel. *Power-Knowledge*. Brighton: Harvester, 1980, p. 98.

② Foucault, Michel. The Subject of Power, in Dreyfus, Huber L. and Rabinbow, Paul(eds.), *Michel Foucault : Beyond Structuralism and Hermeneutics*. Chicago: University of Chicago Press, 1983, pp. 206-226: 220.

③ 节选自《Anti-cnn社区管理规则》。

AC网站主要的站务委员会成员和各版版主的ID名称和具体分工如下：

> 红狼雪狼统管论坛；三宅/olive监督之事宜；悉尼和空气，一个创作区，一个编译区，全权统筹负责；外联，AF2；IMM总编译，协助空气；龙儿和WENDY处理论坛里的突发问题，制定规范；各大区版主独立，不干涉他区事务，只负责自己区内事宜，包括挖掘人才，培养版主，以及增加人气、分配小区版主审帖等区内活动。[①]

以AC网站为平台的网民关系网络以惊人的速度扩张，这在输出巨大网络权力合力的同时，也加大了网络权力在关系网络之中流动与运行的难度。于是，网民中的积极分子脱颖而出，以站务委员会成员和各版版主的身份成为关系网络中的节点，整合网民群体的意见与意志，维持网络权力的正常流动与输出。值得注意的是，较之参与进入AC网站的普通网民，作为站务委员会成员和各版版主的网民体现出了更强的网络权力优势，甚至在网络空间中享有了部分管理网民的权力。

但是，关系网络中的节点与传统权力观中的精英存在着本质区别。节点蕴于关系网络之中，是一种瞬时的情境建构，并不存在稳定的资源和位置优势。站务委员会成员和各版版主因为AC网站的志愿工作相识。他们在加精华、加分、转帖、删帖等与普通网民的互动中整合网民意志，汇聚网民权力，把网民们不甚明确的目的，综合成为网站明晰的行动目标；将流动于网民关系网络中的权力凝聚成为网络权力合力。有趣的是，处于节点的人与普通网民之间并不相识，他们之间也多用QQ等网络通信工具联系，彼此之间连真实姓名都不知晓。离开AC网站的网民权力网络，身为"节点"的网民积极分子与普通网民无异。正如福柯所说，"权力不是一种结构，也不是一种制度，更不是某些个体或者群体天生具备的力量。权力是人们在既定社会环境中对某个复杂的策略性处境赋予的名称"[②]。

网络权力由权力主体——普通网民的行动产生，流动于网民关系网络之中，同时，关系网络之中的节点发挥了使体现权力主体意志力的目标更加

---

① 引自AC网站内部管理资料。

② [法]米歇尔·福柯：《性经验史（第一卷）：认知的意志》，佘碧平译，上海：上海人民出版社，2002年，第69页。

明确、权力发挥的力量更加集中的作用。经由借力过程的输入,在 AC 网站的网民关系网络之中,通过以站务委员会和各版版主为代表的关系网络节点和普通网民的共同行动,网络权力以强大合力的形式输送出来。

二、网络权力运作中的权力争夺:一个版主间冲突的案例

网络权力在关系网络间无休止的循环流动,使得权力本身不可能同质均一,个体也只有在不断的行动中才能成为权力的载体,而无法占有权力。更具动态性和复杂性的网络权力,使得关系网络中的网民行动也更富主动性和策略性。而这种更富主动性和策略性的行动,在赋予网络权力更大能量的同时,也加剧了权力网络中各种力量关系的动态性和复杂性。

在第五章的第三节中,笔者介绍了 AC 网站中站务委员会和版主的职责与分工。站务委员会和版主都是由网民自愿报名,选拔而来。版主拥有统领一版事务的权力,站务委员会则是版主的"进阶版",兼任大版版主,同时负责整个网站的日常事务管理。虽然站务委员会和版主的出现是网民交往和网络扩张的结果,也是整合网民意见、维持网站运转的需要,但这种网络关系的设置和节点的划分,使得权力的分布呈现不平等性:站务委员会成员的网络权力高于版主,版主又高于普通网民。权力网络中各种力量关系的动态性和复杂性,使得在网络权力运行的过程中对于权力的争夺在所难免。笔者将以一次四月论坛版主间的冲突作为个案,窥一斑而见全豹,展现网络权力运行中的权力争夺过程。

N 和 D[①]是 AC 网站的两位版主,2008 年 7 月 13 日,身为站务委员会成员,主管创作区的悉尼,将版主 N 移出了创作群。版主 N 觉得很气愤,认为这是悉尼在滥用站务委员会成员的权力排除异己。于是,2008 年 7 月 18 日,N 与另一位版主 D 私下通过 QQ 谈论了此事:

> N:有一件很奇怪的事。悉尼踢我出来的理由是清理无关人员,如果说 wendy(站务委员会成员之一,负责处理论坛里的突发问题,制定规范)留下来,是因为大区版主以上,那么普版(普通版面)青青在创作群里的理由呢? 我当然是愿意你和青青(版主愤青广州,最早的 AC 参与者之一)在里面的,但是这又一次证明了悉尼踢我出去的理由

---

① 本部分的资料来自 AC 网站内部的 QQ 聊天记录。因为事关权力争夺,并且资料来自版主之间的内部聊天记录,所以为了保护当事人的隐私和避免不必要的争端,在此部分,笔者隐去两位版主的网站 ID 名称,只用 D 和 N 代指两位志愿者版主。

是一个借口。他踢我出去后，由于我愤而退群，他立即就找了站长（RJ），解释说踢我出去的理由是清理创作群无关人员。这个当然是借口。更奇怪的是，13号，我出走的那个周日，他突然让正在休假，连上网时间都不能保证的olive做了创作群的版主，用意何在？千哥儿（最早进入AC的志愿者之一，以创作漫画见长）的视频上，也有我的名字。因为我的确一直都在给千哥儿提意见、建议。最早他做地震海报的时候，曾经跟我语音聊天，向我请教，聊了很长时间，他很尊重我。这些，悉尼都知道，所以，他以"无关人员"为由踢我出去，理由不成立。

D：空气现在做管理员了，他想要统领版主群很难了。如果想要捏点权在手里，可能创作群需要都是他的人

N：偏偏创作类是我的专业，而创作这块，是我们AC的重要宣传部门。如果我有足够的时间，突出是必然的。你还记得我之前跟站长说的，搞时事漫画专栏的事情吧。如果着手，相信也是一个重点。那时候，创作组就没他什么事儿了。所以，我感觉之前一系列的事情——在BBS设置阅读权限的帖子里追着几层楼骂我，发那个"我想大家是误会了"的帖子，给传真版根本没操作过、连人影儿都没见过的jacques（普通版版主）评优秀版主，到最后把我踢出创作群。这一系列的事情，我感觉都是为了刺激我，逼我走。

在这之后，悉尼又做出了很多明显带有"权力野心"的举动，版主D很是不满。在"忍无可忍"的情况下，"为AC的前途计"，通过QQ，版主D给站长RJ（网站ID名称为聆风王子，下文简称"王子"）以长信的形式做出了留言：

> 首先声明，下面的话，无论我说的有没有道理，有没有这种可能性，希望王子一定要知道——无论如何，我完全是站在你这边的，这个，没有丝毫的怀疑……
>
> AC是靠志愿者打出天下来的，悉尼排除异己，令你和AC都离不开他，并且他有大批拥护者；在有绝对群众基础和号召力的情况下，如果他以煽动志愿者为条件，要跟站长平分秋色（就当我是阴谋论吧）……
>
> 站长你那个时候，会觉得没有办法，就像现在这样，版主不敢把我放到群考面试新版主的群里；空气（空气稀薄，站务委员会成员之一，分管创作区和编译区工作）不敢让我负责创作组；你不敢随便动一下，怕悉尼有情绪。如果不尽快采取措施、做出些改变，将来这种情况只会更

加严重！到那个时候后，你一方面会根本没有办法、没有能力跟悉尼硬碰硬；一方面会觉得对AC的志愿者在道义上有所亏欠。那个时候，最好的解决办法是什么？还是应该现在就未雨绸缪早做防备？……

你说要认真考虑改变现在的论坛编制。这应该是个很好的办法；但是在具体改革上，不知道你有什么可行的计划……

然后，改组的风声一定要严格保密，以免引起版主动荡。改组的内容上，一定要设想周全（这个，我还是有信心的。AC的人，能力都不错，群策群力，一起讨论应该能够很快搞定）。最后，就是执行，一旦确定下来了，就一定要快刀斩乱麻，不要犹豫，一次性到位。

在AC这个权力关系网络中，版主从普通网民中产生，在成为版主志愿群的一员之后，相较普通的网民会员，版主进入了版务区的"后台"，拥有了删帖、转帖、关帖和给帖子加分、加精华的权力。站务委员会成员则又进一步在各版主的基础上产生，不仅负责这个网站的日常事务，还身兼创作区、编译区、外联区等大区的版主，拥有了更大的权力。

AC网站的兴起与发展是一个草根网民逐渐摸索前进的过程。最初成立"志愿者群"，参与的都是网民中的积极分子，他们抱着新鲜的感觉、主动的态度和准备牺牲自身精力和金钱的打算，投入版主的工作之中。

我们的版主志愿群是一个我所见过的最有责任感的团体，我从没有看到过一个不要求报酬自愿付出还能这么负责任的团体，所以我很荣幸能加入，我非常珍惜和这里的每一个版主相识的机会。就如站长所说，能结交这么多视天下为己任的朋友，无憾也。（版主antifake2的访谈记录）

而随着关系网络的急速扩展，作为关系节点的版主们逐渐意识到了自身的权力优势。当权力流动于AC这个权力关系网络中，版主们能明显感受到自身对于网络权力更强的行动能力和支配能力。权力意识引发了权力欲望，对于权力的争夺便拉开了序幕。

版主间的冲突最终以不了了之的结局收场。悉尼没有达到与站长"平分秋色"的结果，大多数志愿者版主也在2008年之后逐渐淡出了AC网站。这是因为在网络权力生成之后，经历了短暂辉煌的AC网站在经营上遇到了巨大的困难。对单个版主而言，可能还沉浸在权力争夺的苦思冥想中，而以整个AC的视角来看，网站的继续生存和发展、网络权力的保存和维系，才是亟须解决的头等大事。

三、权力经营与维系：制度化生存的路径选择

流动于 AC 网站的强大网络权力蕴于网民的关系网络之中，网民的关系网络又建立在网民的关注和参与之上。AC 网站的网民参与者虽然身为草根却极具社会责任感，他们在情感和价值上存在共鸣，而且凸显了网络化时代个体的能动性；然而随着网络热点事件逐渐淡出公共视野，网民们注意力的逐步转移和热情的逐渐消退，AC 网站的网民关系网络开始萎缩，很多网民会员从原来的积极分子变为了"潜水者"，甚至不再登陆 AC 网站，版主中的不少人也陆续退出了志愿者群。如此情况引发了留守 AC 网站的志愿者的焦虑：

> 我是憋很久啦，那时候我就想提醒说，奥运会后人气会大幅度跌落，没想到稳步迈向日均 3000。我不想打断，也不想泼冷水，但我想问一句，凭一个目前日均快迈向 3000 的论坛，还有什么发展目标？（版主仙苋的发言）

> 杂谈前三页以后的帖子，无论再好，基本上没有人看了，以后也不大可能有人看。前面的基本上都是吵架的。原创精华帖再好，只要没有人争论，一天就出局，基本上没有引导舆论效用。（版主 flasher 的发言）

> 先把内部团队整合好。我觉得最近很多版主都不见了。版主搞好再搞会员。（版主火秋的发言）[1]

> 空气稀薄（站务委员会成员之一，分管创作区和编译区工作）：高管缺位太多，三宅（三宅/olive，站务委员会成员之一，分管网站监督工作）离开的活儿没人做，日常版面管理需要人。

> A-C(RJ)：和其他人商量过了吗？

> 空气稀薄：跟谁商量？都没人可商量。还有狼（红狼雪狼，站务委员会核心成员，统管论坛），也不上 QQ。还有谁常在？最近要辞职的好几个。

> ……

> A-C：你不是就负责这个？

> 空气稀薄：我是负责外媒的。

---

[1] 引自 2008 年 9 月 9 日，AC 网站的外联会议记录。

A—C:可是你现在代替三宅位置了不是?

空气稀薄:我没有代替!如果要我既负责外媒,还要代替三宅,那我现在就辞去管理员。你看看论坛的现状,根本就是一盘散沙!愤青(版主愤青广州,昵称青青最早的AC参与者之一)辞职,青青都要走,接上来下面做事的人就少了。你说怎么办?[1]

如何保持网站的持续运营?怎样才能不使AC网站的网络权力"昙花一现",而是可以维系下去?这些问题摆到了仍在坚守的AC团队的面前。尤其令AC的发起者RJ十分头疼:

AC里面还是卧虎藏龙的,如果我们有专业的运营队伍,如果有专门的人专门做这个事情。现在我的整个团队都处在非常疲惫的状况,我们要生存。包括我,我必须赚钱养活这个公司和团队,还得花很多时间在别的事情方面。[2]

为了AC的发展和网络权力的维系问题,AC团队在网站上向网友发放过问卷,开过各种各样的会议,有站务委员会内部会议,也有版主扩大会议,最终得出的结论是:打造专业团队,选择制度化的生存路径。

版主是自发自愿,我们前一段时间特别重视,也花大力气建立,家有家法,论坛也制定了比较完善的版规制度,比如说:版主招收和见习考核制度,会员注册发帖制度,版主纪律管理制度。……毕竟是志愿者团队,来自网络,时间也不长,而且,版主都是义务和业余,每天论坛发帖量又很大,所以,版主管理也存在一些问题。……具体困难就是,亟需一批有经验的责任编辑和编译人员。(站务委员会内部会议中,AF2的发言记录)

AC现在已经陷入了迷惘期,网站的定位必须要重新架构,理念也要进行拓展。在管理上,由于现在的管理层都是义务奉献,所以大家在很多事情的处理上都具有随意性,不够严谨,这对AC是很危险的,AC是一个对政治非常关注的网站,管理者只要稍有疏忽,也许就会给

---

[1] 资料来自2008年9月20日AC网站的内部QQ聊天记录。

[2] 《AC创始人RJ做客人民网:反偏见网站艰难中前行,草根力量揭批外媒偏见》(全文实录),2009年7月20日,转引自"四月论坛"之"媒体公众看AC"栏目,http://bbs.m4.cn/thread-182858-1-2.html?_dsign=dba87f21。

网站带来致命的麻烦。(版主扩大会议中,Kuland 的发言记录)

制度化的生存路径,使得 AC 网站这一组织保存了下来,而不像很多因网络突发事件而起的网民组织在事件结束后"弹指间灰飞烟灭"。从这一方面看,制度化解决了发展过程中的燃眉之急。但制度化路径似乎没有解决 AC 网站发展的根本问题,网民的关系网络再也没有达到2008年3—5月间的庞大与紧密状态。网络权力虽然维系了下来,却再也没有发挥出之前的那种巨大现实影响力。

并且,以制度化路径代替原来的志愿者策略为 AC 网站背负上了更大的资金压力,成为日后商业化转型的直接诱因。就像版主 solidsnake 在版主 QQ 群中说到的那样:"以前说的论坛迟早要商业运作,狼在很早前就在群里说了些,当时我极力反对,后来理解了狼的用意。具体是什么,我不是很记得,而这个前景能不能实现,也不是很清楚,但是狼的用意不是愚蠢的,我理解了。"从草根做起,由志愿者组建,以爱国形象出现的 AC 网站进行商业化运作,令很多志愿者版主和网民会员在情感上无法接受。但面对已经走出去的制度化发展步伐,商业化运作成为别无选择的无奈之举。

第四节 "寡头规律"抑或扁平化运转: 网络权力发展的两种可能

马克斯·韦伯将权威分成传统型权威、魅力型权威和法理型权威三种类型。在现代化的趋势下,魅力型权威会逐渐被科层制取代,现代人的灵魂也不得不随之进入"理性铁笼"。[①]在韦伯观点的基础上,米歇尔斯进一步发挥,提出了著名的"寡头规律"(oligarchical tendencies):无论初衷、宣称的意识形态和正式的制度如何安排,所有组织最终都会走上寡头化的道路,即组织权力最终会被少数几个领导人(即"寡头")把持。为了保护个人的既得利益,寡头倾向于让组织维持(organizational maintenance)取代其他目标成为组织的最高目标;与此同时,组织的行为会趋于保守,尽量避免与所在的环

---

① 李猛:《除魔的世界与禁欲者的守护神:韦伯社会理论中的"英国法"问题》,载李猛编:
《韦伯:法律与价值》,上海:上海人民出版社,2001年。

境发生冲突。①

进一步，简金斯将"寡头规律"的内涵分解为两个方面：一是权力结构的集中化，即"寡头"依靠一帮官僚对普通成员实施统治；二是组织目标和策略的保守化，即组织只致力于那些可操作的、不会给自己带来危险的目标，并在目标实施过程中会尽量避免冲突。②

"寡头规律"引起了社会学界极大的关注，但是一直以来，支持"寡头规律"的学者极少，大多数学者从自己的实证研究中提出了对于"寡头规律"的修正甚至反驳。比如，制度化的结构制约可以约束寡头，避免寡头化的出现；③组织的目标和手段之间不存在必然的联系，用激进的手段去追求保守的目标也是可能的情况之一；④社会运动的政治过程论则直接提出，社会运动组织演变的决定性因素来自组织外部，"寡头规律"根本不存在。⑤

笔者认为，之所以大多数学者不愿意承认"寡头规律"的存在，是因为他们在思想深处都认为，从科层制到寡头制度，必然是一种历史的倒退。换句话说，他们对于组织模式的理解是基于一种一元线性发展和制度同质性的假设。

在对组织模式的理解上，笔者更赞同美国学者克莱门斯（Clemens）提出的"组织戏码"（organizational repertoire）的概念。所谓"组织戏码"，是指在一定文化模式下产生的、可供人们选择的所有组织模式的总和。不同的组织模式，如同各式各样的节目，在一定文化模式下，人们能够想象到的所有模式的总和就构成一个"组织戏码"。⑥"组织戏码"概念的提出，使得文化作为重要变量被纳入组织模式的分析之中，组织模式不再作为被动的"铁板一块"，其来源于人们基于不同文化模式的主动想象与

① Michels, Robert, Eden Paul, and Cedar Paul. *Political Parties: A Sociological Study of the Oligarchical Tendencies of Modern Democracy*. New York: Dover. 1959. 转引自冯仕政：《西方社会运动理论研究》，北京：中国人民大学出版社，2013年，第128页。

② Jekins, J. Craig, and Charles Perrow. Insurgency of the Powerless: Farm Worker Movements (1946-1972). *American Sociological Review*, 1977. 42, pp. 249-268.

③ Staggenborg, Suzanne. The Consequences of Professionalization and Formalization in the Pro-Choice Movement. *American Sociological Review* 1988. 53, pp. 585-605.

④ Gillespie, David P. Movements of Revolutionary Change: Some Structural Characteristics. *The American Behavioral Scientist* 1971. 14, pp. 812-836.

⑤ 冯仕政：《西方社会运动理论研究》，北京：中国人民大学出版社，2013年，第129页。

⑥ Clemens, Elisabeth S. Organizational Repertoires and Institutional Change: Women's Groups and the Transformation of U.S. Politics, 1890-1920. *American Journal of Sociology* 1993. 98, pp. 755-798.

选择行为。

在四月网的权力建构实践中,通过网民互动性策略的实现,经由关系网络中的网络权力生成、运作和维系,围绕着网络权力逐渐形成了核心团队,也开始初步具备了自身组织模式的雏形,这突出体现在AC网站发展时期。一路走来,普通网民在生成和发展网络权力的行动中无意识地也展开了对于组织模式的探索:从最开始出于整合网民意志、管理关系网络和维持网站发展的目的,建立起来的志愿者版主制度,到从各版版主中选拔出大区版主成为AC网站的核心管理层——站务委员会,再到为了维系基于AC网站的关系网络和保全网站生存的需要,AC网站走上的制度化发展路径。AC网站所实践的这些组织模式正是网民基于互联网文化模式的主动想象与选择行为。

按照"组织戏码"概念的内在思路,源于生成和发展网络权力的组织模式建设,与网络社会的互联网文化息息相关。互联网文化模式给予也限定了普通网民对于网络社会组织模式的想象空间和行为选择。基于互联网目前的发展阶段,网民中的积极分子有能力想象出一些组织类型,以促进网民的集结和权力的建构。但很难想象出适合互联网空间维系网络权力的组织形态,于是他们只能借鉴以往的文化经验,采取了传统社会中最为普遍也最为稳定的组织方式——制度化组织。

四月网已经做出了制度化发展的选择,并在无奈中采取了发展前期曾极为排斥的商业化发展路径。组织模式的选择会极大地影响网络权力的维系与继续发展。四月网还在选择和建设组织模式的道路上继续前行,最终的组织模式会是怎样? 又会为其未来的网络权力带来怎样的影响呢?

王水雄提出,互联网从博弈地位的均等化、结构运作的多样化、结构运作的独立化和结构实体的开放化等四个维度,促进了社会的扁平化。王水雄意义上的"社会扁平化"并不是狭义上的"这个社会变得人人平等",而是在博弈论视角下,论述了处于互联网公共领域的社会资源增量的新的分配机制以及可能导致的社会格局的转变。然而这种转变的机会,需要通过不同的结构运作和博弈地位展现。[1]

就理论工具——博弈论的选择上,笔者和王水雄分持不同意见。博弈论对于解释网络经济行动是恰当的,当然,王水雄在该书中的主要论

---

[1] 王水雄:《结构博弈——互联网导致社会扁平化的剖析》,北京:华夏出版社,2003年,第197—202页。

述对象就是网络经济行动。然而一般的网络行动未必符合博弈论的逻辑。因为博弈论的论述基于以下两个假定：一是时间性。博弈论，特别是重复博弈，常常存在一个假定，就是在充足的时间上，经过反复博弈（试错），参与方达到最优或对此产生共识。二是规则或外部环境的稳定性。而大多数网络行动都基于剧烈的社会变动和偶发性事件产生，所以基于以上假定的博弈论并不适合用于分析一般的网络行动。但是，理论工具上的分歧并不影响笔者对于王水雄书中主体结论的赞同，互联网提供的只是中立性的技术，真正推动社会变迁的还是"人"这一主体；互联网带来了"社会扁平化"的可能，具体的实现结果依靠的是个体或群体网络内外的策略性运作。

虽然进行了制度化，但由于四月网的核心团队是由普通网民志愿者发展而来，其更熟悉和赞同的网站运作方式还是最符合互联网精神的扁平化运转模式：

> 架构尽量平板化，有临时任务的时候再抽调人手组成临时工作组。……内部处理事情能更多地采用民主集中制，而不是一言堂。把提议的理由在版主区说清楚，其他版主也可以全面思考。一些事关网站未来的投票希望能先在内部版面发帖。(版主会议中，Antifake2的发言记录)
>
> 高层人员应该以全职为主，但中层以及基层版主还可以继续容纳接受大量志愿人员。(版主会议中，Chinadi的发言记录)
>
> 我最实在的建议是，多进行扩大会议，或者叫联席会议，把AC能视事的版主，管理员找来跟我们对话。(外联会议上，仙觅的发言记录)
>
> 高层：全职+志愿，不能都全职，容易不知不觉走偏。
>
> 基层版主：志愿
>
> 网站维护，门户制作：全职专业
>
> 媒体联系人：全职专业
>
> 还要个法律顾问(站务委员会中，血狼红狼的发言记录)

但制度化、专业化的路径也为四月网的发展带来了更大的资金压力。继网络权力维系困境后，四月网又不得不再次面对网站发展的生存困境——资金困境。在借力过程中多方力量都为四月网的网络权力生成做出了贡献，但是在AC网站时期，只有RJ一人为维持权力建构平台提供了资金来源。正如版主Antifake2抱怨的那样："钱不可能总让站长一个人出，但是又谁来出？以什么方式出？其他的方法都有更多的论坛和法律条文需要避开，比如不能非法组织、非法集资。"面对资金困境，四月网核心团队的进一步解决策略是商业化。

商业化模式使得四月网中再也没有了志愿者的存在。四月网成为一个互联网企业下的文化产品，但这并不是发起者RJ的初衷。在四月网商业化之前，连植入广告这种商业化行为，他和志愿者团队都持坚决反对的态度。在RJ眼中，商业化是无奈之举，但也必须为之。在事件热度散去之后，志愿者凝聚力的强度日渐减弱，网民关系网络也逐渐萎缩。如果要继续维持网站，维系基于AC网站的网络权力，那就必须引进专业化团队和制度化的管理方式。这也意味着巨大的资金损耗，于是，四月网被推入了商业化的运作轨道。

这一切看起来顺理成章，回过头来却又发现违背了行动的初衷。不管是制度化还是商业化，都是基于保全AC网站和维系基于它的网络权力的初衷。但商业化最终却直接摧毁了网民关系网络中最核心的一环——志愿者团队，并且，商业化之后的四月网似乎距离网络社会理想的组织模式——扁平化结构——愈来愈远。在一步步商业运作下，当自身利益与组织本身愈发贴近时，RJ本人似乎正在面临着成为"寡头"的危险。

第六章　从互动到仪式：
网络权力常态化困境与超越

在网络社会,个体或群体的行动和策略取代了结构性因素,于关系网络之间成功地塑造了网络权力。本书力图通过对四月网的成长史的讲述,描述和分析一次微观的网络权力建构过程。在第三章对网络权力建构过程全貌的展现之后,在第四章和第五章,笔者从"网络空间中的权力生成策略"和"现实与网络权力互动中的运作策略"两个维度,细致分析了四月网网民在行动实践中建构网络权力的过程。在具体的网络权力建构实践中,四月网网民以他们的行动智慧向我们表明,在网络社会,互动性策略有可能补充个体或群体在位置和资源方面优势的不足,帮助其获取网络权力。这也回答了本书的研究问题:在中国网络社会不断深化的背景之下,在位置和资源上处于劣势的网络草根,何以能够拥有权力?

认识到普通网民拥有以互动性策略建构网络权力这一可能的同时,笔者也注意到,对于普通网民来说,在获得网络权力之后,维系网络权力变得异常困难。我们不赞同结构性的经典权力观,但这并不代表蕴于关系网络之内的网络权力不需要维系。基于此,笔者思考,构筑于剧烈的社会变动和偶发性事件而产生的网络权力是否必然存在瞬时性,实现网络权力的常态化,是否具有可能性? 如果存在这种可能性,那么突破网络权力的常态化困境,将基于网民关系网络、具备巨大能量的网络权力维系下去的路径何在?

四月网的权力建构和运行实践表明,基于具体情境互动的策略性行动,在网络权力建构过程中并不能达到"一劳永逸"的效果;关系网络和权力的能量效力都需要进一步的维持。而在维系网络权力方面,四月网制度化和商业化的实践结果差强人意。本章将在四月网主案例的基础上,纳入免费午餐、东莞事件、天津爆炸事件等网络事件,在理论和实践的对照中,在不同网络权力实践的对比中,思考探寻网络权力常态化的路径。

第一节　从情境性网络权力到常态化权力的理论可能

在维系网络权力的路径方面，柯林斯"互动仪式链"理论对本书研究产生了直接影响。笔者将从"互动仪式链"出发，探寻从情境性的网络权力到常态化权力的理论可能；以"互动仪式链"理论的相关概念，作为串联"网络权力"与"互动性策略"之间逻辑关系的理论工具。

对柯林斯而言，微观现象是基础，宏观过程则由微观过程构成。于是他设计了"互动仪式链"的理论框架，试图从理论上建立微观情境和宏观结构之间的联结。着眼于具体的情境性互动，柯林斯一步步从理论维度上推演如下过程：互动的强度与焦点如何产生并应用于后续互动中的符号，而符号又是怎样在三个阶段的运作之后形成相对稳定的互动结构。

"互动仪式链"理论中最吸引人的是其中可以"拿来即用"的要素构成和过程模型，但是柯林斯本人对于"互动仪式链"理论最为重视的，则是其中对于"情感能量"（emotional energy，简称EE）的论述："我把核心观点表达如下：人类是情感能量的寻求者，因此，他们同那些互动和互动派生的符号连在了一起，这些给予了自每个人社会网络所呈现的机会以最大的EE。"[1]

具体来说，柯林斯认为，情感能量是一个从中间向两端延伸的连续统，是个体能量的来源。"情感能量从一端热情自信积极的自我感觉，到中间的平淡常态，再到另一端沉闷被动消极的自我感觉，呈现为一个连续性。它与心理学的'驱力'概念类似，却具备特殊的社会取向。高度的EE体现为个体在社会互动的积极感受，是个体层次拥有的迪尔凯姆基于群体而言的仪式团结。个体从群体互动中得到情感能量，使其成为该群体的支持者，甚至能够成为该群体的领导者。而当该群体再次聚集时就能重新激起个体的EE。"[2]柯林斯认为，情感不是一种简单的生理层面的态度体验，而是成为个体力量的来源。个体可以从互动之中获得孕育在情感之中的力量，这也就是柯林斯"情感能量"的概念。

可以明显看到，柯林斯"情感能量"的论述受到迪尔凯姆"集体意识"

① [美]兰德尔·柯林斯：《互动仪式链》，林聚任、王鹏、宋丽君译，北京：商务印书馆，2009年，第489页。

② [美]兰德尔·柯林斯：《互动仪式链》，林聚任、王鹏、宋丽君译，北京：商务印书馆，2009年，第161页。

概念的深刻影响。迪尔凯姆在意识到集体意识具有强大力量的同时,也认识到集体意识只是一种短暂的状态。"虽然个体只要在聚集过程中相互影响,就会产生强烈的社会情感,但是,集会结束之后,这些情感就只存在于群体记忆之中,一旦置之不理便会日趋微弱。因为既然群体已经不复存在,那么个体自身的性情便会占据上风……但是,若是将进行情感表达的活动与某种带有持久性的事物联系起来,社会情感的持久性便会增强。那种活动或事物会持续不断地把情感带入个体的心灵,并持续不断地激发出个体的这种情感,就好像是最初使个体产生集体兴奋的原因仍在继续发挥作用。因此,不仅对于社会意识的形成而言,标记体系(象征系统)的作用必不可少的,而且,在保证社会意识的持续性方面,它同样不可或缺。"[①]

情感能量也面临着和迪尔凯姆"集体意识"同样的短暂性问题。"高度的情感连带(即迪尔凯姆所说的集体兴奋或集体意识)是一种短暂的情感与团结状态,其持续时间长短取决于从短期情感到长期情感之转换的成功程度,即取决于情感在那些能够再次成功唤起它们的符号之中的储备状况。所以符号/情感记忆或意义的作用,是在未来的情境中影响群体的互动,以及个人的认同性。"[②]

为了克服集体意识短暂性的弱点,迪尔凯姆提出了"仪式"(ritual)这一概念。当集体意识在群体团结的符号、情操或神圣物之中体现之后,仪式会继续产生更加长久的影响,进而成为社会结构的结点。而且正是在仪式当中,群体得以创造出自己的符号。仪式这一概念,提供了群体结构与群体观念之间缺失的一环。

作为联系微观情境和宏观结构的有效理论工具,"仪式"这一概念被社会学者不断发展。布尔迪厄是仪式的保守主义者,"仪式"在布氏的概念体系中的表述是"惯习",而惯习成为他解释阶级再生产乃至社会再生产的核心概念。戈夫曼则进一步扩展了仪式的应用,戈夫曼意义上的"仪式",褪去了迪尔凯姆本意上的宗教神圣性,进入了世俗领域,在日常生活中无处不在。戈夫曼认为,作为群体成员共同的情感和相互关注的作用机制,仪式能够制造一种瞬间共享的现实,群体成员性和群体团结的符号正是因此

①［法］爱弥尔·涂尔干:《宗教生活的基本形式》,渠东、汲喆译,上海:上海人民出版社,2006年,第302页。

②［美］兰德尔·柯林斯:《互动仪式链》,林聚任、王鹏、宋丽君译,北京:商务印书馆,2009年,第128页。

形成。①而在文化转向的社会运动学派那里，基于对微观行动情境的重视，其研究也涉及"仪式"的概念，但在社会运动学派眼中，仪式即行动，但是，行动受到以往文化，即介于表现书本化的规定和形成新文化的机制之间的某种东西的严重制约。②

在"互动仪式链"理论体系之中，仪式的概念内涵与戈夫曼所界定的最为相近。在戈夫曼的基础上，柯林斯更加细致地论述了仪式在联结微观情境和宏观结构中发挥的作用：仪式通过多种要素（身体的共同在场、局外人界限、共同的关注焦点和共同的情绪或情感体验）的组合得以建构，进而形成了差异化的强度，产生了一系列仪式结果——诸如个体情感能量、符号体系和群体团结等。③

进一步，柯林斯对"互动仪式链"从短期与长期效应的连续层次性进行了论述，以期克服情感能量短暂性问题：体验转化成符号（短暂的、情境的主体间性；体验在另一种层序上的延续与重新创造，作为符号具体化的主体间性）→用新创造的符号在那些淡忘了最初体验的人之间的第二层序的循环④→个体单独时，即其他人不在场的情况下，知晓如何利用符号并习惯性地使用符号（符号循环内在化于个体）⑤。

"仪式产生符号；仪式中的体验就是在人们头脑和记忆中反复灌输这些符号。"⑥随着时间的流逝，符号的反思性应用变得更加具有人为设计性，越来越为呈现仪式的实用性所掩盖，日益卷入自我展现的政治活动和派系较量中，作为新的符号沉积在一层正常社会惯例中的旧符号之上。在更大的应用背景中，符号开始时所持有的情感强度逐渐降低，它们的生命取决于那

---

① Goffman, Erving. On Face Work: An Analysis of Ritual Elements in Social Interaction. *Psychiatry*, 1955/1967, 18, pp.213-231. Reprinted in Goffman, *Interaction Ritual*. New York: Doubleday, 1967.

② 转引自［美］兰德尔·柯林斯：《互动仪式链》，林聚任、王鹏、宋丽君译，北京：商务印书馆，2009年，第66页。

③［美］兰德尔·柯林斯著，《互动仪式链》，林聚任、王鹏、宋丽君译，北京：商务印书馆，2009年，第85—87页。

④［美］兰德尔·柯林斯：《互动仪式链》，林聚任、王鹏、宋丽君译，北京：商务印书馆，2009年，第144页。

⑤［美］兰德尔·柯林斯：《互动仪式链》，林聚任、王鹏、宋丽君译，北京：商务印书馆，2009年，第148页。

⑥［美］兰德尔·柯林斯：《互动仪式链》，林聚任、王鹏、宋丽君译，北京：商务印书馆，2009年，第82页。

些能重新唤起它们的仪式强度。^①于是,在情感能量的长久维系方面,符号的作用依附于仪式。情感能量中的力量储存于符号之中,但力量强度是否能保持,取决于仪式发挥的维系作用。这就是仪式的性质:它们黏合起结构上不协调的东西,也黏合其他东西,保持情境顺畅进行下去,^②保持情感能量的生命。

柯林斯对于"仪式"概念发展的创新之处,在于其对"仪式"中"互动性"的强调。"当有关注焦点的人群,作为主动的参与者而不是被动的旁观者时,会逐渐发展出集体兴奋(集体意识)。但是,由于他们的团结感是通过大部分来自其外部的符号所延伸的,所以他们很少有机会把那些符号作为建构同样引人入胜的"互动仪式链"的要素,应用于自己的生活中。他们最多能把这些符号再利用到第二层序的会话仪式中,这是相对于那些初级仪式的反思性的后仪式。"^③由此,柯林斯认为,一般化的符号呈现出更多不稳定的倾向,因为其缺乏互动的可操作性,不能通过日常生活的普通互动被重新激起。^④而只有在个体化际遇的层面上,互动仪式充足的吸引力才能不断重复。这种基于个人网络的特殊化符号,才能延续互动仪式链中的情感负荷,创造有生命力和稳定性的普通观众的一般化符号。^⑤

因此,柯林斯指出"共同的身体在场"是构建"互动仪式"的必须要素。但笔者以为,这并不表明互联网上的互动就无法实现柯林斯意义上的互动仪式。柯林斯对"共同身体在场"的强调,是因为他坚信只有共同身体在场,才能使个体进入相同的节奏,捕捉他人的姿态和情感;而远程交流只能进行语态的传播。^⑥而互联网的发展,尤其是以"人机交互和用户体验"作为发展目标的互联网2.0的出现,打破了远程交往的局限。

---

① [美]兰德尔·柯林斯:《互动仪式链》,林聚任、王鹏、宋丽君译,北京:商务印书馆,2009年,第144页。

② [美]兰德尔·柯林斯:《互动仪式链》,林聚任、王鹏、宋丽君译,北京:商务印书馆,2009年,第488页。

③ [美]兰德尔·柯林斯:《互动仪式链》,林聚任、王鹏、宋丽君译,北京:商务印书馆,2009年,第130页。

④ [美]兰德尔·柯林斯:《互动仪式链》,林聚任、王鹏、宋丽君译,北京:商务印书馆,2009年,第135页。

⑤ [美]兰德尔·柯林斯:《互动仪式链》,林聚任、王鹏、宋丽君译,北京:商务印书馆,2009年,第134—135页。

⑥ [美]兰德尔·柯林斯:《互动仪式链》,林聚任、王鹏、宋丽君译,北京:商务印书馆,2009年,第106页。

远程交往不再局限于文字或语音的交流,互联网的"缺场交往"可以使用视频载体即时传递神态动作,还可以借用丰富多彩的符号或图像表达复杂的内心感受。更重要的是,在互联网的"缺场交往"中,人们可以自由地在私密空间和公共空间进行切换,在某些特定的交往情境中彻底摘下日常生活中的"角色面具",表达自我最为真实的一面。因此,网络社会的"缺场交往"给予了普通网民前所未有的能动性,创造了比现实社会更加真实的互动与交往。①这使得柯林斯"互动仪式"中的"互动"打破了传统意义上时间和空间的界限,克服了"共同身体在场"的局限。于是,互动仪式不仅能够在网络空间中出现,并且,网络空间还使得仪式中的互动表现得更加明显,效率更高,效果更加突出。

梅鲁西在"信息社会论"中指出,网民的行动表现出"动员结构是临时的和可逆的;以直接参与为基础;为了满足不再区分工作时间和休闲时间的个体而设计。该结构在动员的具体内容之外,向系统传播着其定义集体中个体的另外一种全新符码。此结构以可逆的时间去反对可预测的时间——可逆的时间的背后,是以社会个体属性的多样性和以要求对个体体验的直接改变为基础的个体节奏。于是,参与不再是义务,而成为一种担当,开始具有局域性而非全局性的内涵,但其中必然含有全局性的关切。这种担当是临时的,而非永久性的;个体在不同的群体与组织之间流转,这也是信息符码的颠覆性指针"②。网络社会的到来,给网民个体带来了更多的自由和更强的能动性,但是同时,组织失去了固定性,个人的参与呈现出随意性和临时性。流动的网络,流动的网民,流动的信息,流动的思想,网络空间的一切,都处于永不停歇的流动之中。

如何从极度动态的网络空间中寻求相对稳定的权力关系呢?当代社会学对于个体化的研究,或许能给我们一些启迪。20世纪50年代以来的个体化进程,带来的并不是个体的自由与解放,相反,而是更加强烈的制度依赖:"获得了自由和解放的个体开始产生对劳动市场的依赖,不仅如此,个体对于医疗、教育、消费、福利国家支持、现代交通规制,以及教育学、心理学等专业学科的咨询与照料等种种依赖的风气,都指向了个体境况之制度依赖的控制结构。"③

① 刘少杰:《网络化时代的社会结构变迁》,《学术月刊》2012年第10期。

② Melucci, Alberto. A Strange Kind of Newness: What's "New" in New Social Movements? in *New Social Movements: From Ideology to Identity*, edited by E. Larana, H. Johnston, and J. R. Gusfield. Philadelphia: Temple University Press, 1994, pp. 101–130.

③ [德]乌尔里希·贝克:《风险社会》,何博闻译,南京:译林出版社,2004年,第160页。

网络社会外在的流动性凸显,意味着人们对于内在的稳定性要求更盛。也就是在这个意义上,卡斯特提出,网络化时代权力蕴于人们的心灵,是通过符码影像呈现出来的社会认同力量。①于是,若要维系网络权力,保持相对稳定的关系网络,除了互动性策略之外,还需要寻求社会认同和共享价值的内在支撑。

"互动仪式链"的理论逻辑,为思考从基于特殊情境的网络权力到常态化的网络权力的路径,提供了如下借鉴:从迪尔凯姆的"集体意识"到柯林斯的"情感能量",这些概念都向人们揭示了从特定情境产生的社会情感力量之强大。但是,从情境产生的力量有其瞬时性。如何克服这种瞬时性?柯林斯提出了"互动仪式"的理论可能,即将情感能量储存于符号之中,以仪式维系符号的力量。

网络权力亦是如此。基于剧烈的社会变动和偶发性事件产生的网络权力,带给了普通网民成为权力主体的可能,也使得网民关系网络具备了巨大能量。但是,特定的情境,并不能成为维系网络权力的长久力量。随着特定情境的淡化,如何将基于网民的关系网络、具备强大能量的网络权力维系下去?

互动仪式为我们提供了维系网络权力的理论可能。比特定情境和网民关系网络更加稳定的,是蕴于网民内心的社会认同和共享价值。然而潜在的认同和价值需要仪式的激发和维持。基于共同的认同和价值信念,网民会逐渐形成符号化的仪式。作为人们各种行为姿势相对定型化的结果,仪式不但能够进一步固化内在的认同和共享价值,也能够进一步形成和维持某种特定的社会关系,从而使蕴于关系网络之中的网络权力得以保持其稳定性。由此,网络权力的维系有了理论上的可能性。

第二节　维系网络权力的现实实践

作为一个较为成功的普通网民建构网络权力的案例,四月网进行了维系网络权力的实践,但是其现实效果并不理想。在方法论层面,本书采用了布洛维的"拓展个案法",力图实现观察者与参与者、微观与宏观、描述现实的社会事件和持续重构理论之间的连接。个案研究本身并不存在代表性问

---

① [美]曼纽尔·卡斯特:《认同的力量(第二版)》,曹荣湘译,北京:社会科学文献出版社,2006年,第419页。

题,但是这并不表示在个案之上不可能进行理论的进一步推论和提升。根据格尔兹的说法,这种理论上的推论和提升,"不是超越个案进行概括,而是在个案中进行概括"①。

按照布洛维的四步拓展,四月网建构和维系网络权力的实践可能存在特殊性,但其反映出的普通网民意欲拥有网络权力的需求,却具有重要的代表性。在论述了维系网络权力的理论可能之后,本节将走出四月网的研究个案,结合其他田野研究,进一步对维系网络权力的现实实践进行探究。

一、网民的理性化进程和互联网价值的凝聚

以1995年6月北京电报局向社会公众开放互联网接入服务作为标志,中国正式开始进入网络化时代。共有媒体也先后经历了从电子邮件、讨论组、博客到微博、微信等种类的发展进程,即从互联网1.0时代到互联网2.0时代的变迁。在这一发展变化过程中,网络公共空间日益扩大,普通网民的主动性和主体性愈发增强,蕴藏在互联网中的权力,也更加引人瞩目。中国普通网民的能动性,第一次得到如此充分的彰显。他们用共同的行动实践,展现了网络权力的建构和精彩运作过程,创造了强大的现实影响力。无怪乎胡泳断言,无论是公共生活层面,还是在个人自由层面,互联网的出现与发展对于中国的意义远远超过了对于西方国家的意义。②

成为网络参与主体和网络权力主体的网民群体,不再是"乌合之众"。有意识、有目的的网民行动显示出明显的"自省性"特征。即,其具有强烈的自我意识,会不断追问和反省当前所说所做的意义何在,并在自省中不断调整行动的策略和结构。因为每个网民都成为参与主体,不再有明显的强势主导者,所以反思能力和自觉性便在自主的个体身上浮现。

① 转引自卢晖临、李雪:《如何走出个案——从个案研究到扩展个案研究》,《中国社会科学》2007年第1期。

② 胡泳:《众声喧哗:网络时代的个人表达与公共讨论》,桂林:广西师范大学出版社,2008年,第368页。

表6-1　中国互联网争论性话语的变化

项目	第一阶段(2006年初至2007年初)	第二阶段(2007年年中到2008年底)	第三阶段(2009年至今)
核心人物	对公共争论有前卫认识的先锋	有独立思考能力的争论发起者	
参与者和受众	其他网民	1.与核心人物持有相同观点的坚定支持者 2.敏感的有自我认识的网民个体 3.占据争论位置的不称职者,比如"洗脑""五毛"	
价值	观点与价值紧密相关,产生与旧观点对立的新观点	1.容易产生奇特的新观点,人们在独立思考下往往容易得出相同的结论 2.在公共争论中,网民个体开始有自我认识和自我提升 3.在常规的网络争论中,耐心、容忍度和多元性对话开始出现	
互联网争论不充分的可能原因	1.对于公共性争论的错误理解(源于传统的中国文化) 2.网民不恰当或不成熟的个人表现	缺乏独立思考的实践	1.缺乏独立思考的实践,网络上戏称"洗脑" 2.收钱说好话,被雇用发表评论,网络上戏称"五毛"
需要解决的问题	尊重公共争论,挑战权威和精英的地位	需要形成思考的逻辑性和提升独立观点的能力(①锻炼自身作为行动主体的能力②在主流观点中保持独立性)	1.需要形成思考的逻辑性和提升独立观点的能力(①锻炼自身作为行动主体的能力②在外界媒体的影响下,保持思考独立性) 2.识别虚假的公共争论,比如"洗脑"和"五毛"的争论

　　从最初互联网上的"众声喧哗",到今天成规模的网络争论,可以看出文化意义上普通网民独立思考的形成轨迹。在表6-1中,笔者以互联网公共话语空间中的争论作为一个侧面,试图展现普通网民从"乌合之众"向"理性网民"的转变过程。从互联网三阶段的递进式发展中可以看到,普通网民从互联网的新奇的"旁观者"角色,逐步成长为网络话语或行动的主动参与者,甚至是发起者和建构者。而在网民能动性增强的同时,普通网民也经历着

理性①逐步增强和对自身权力要求日益迫切的转变过程。

因此,虽然我们看到网络权力具有流动性,互联网话语具有多元性,具体的网络行动也是因时因势而变;但是,从这些看似变动不居的互联网文化和行动中,如果进行聚焦和总结,还是可以捕捉到一些固定的元素和稳定的特征,互联网价值就蕴于其中。

孙立平用"几块石头加一盘散沙"来描述中国社会,其中,"几块石头"是指政治精英、经济精英和知识精英结成的稳固联盟,"一盘散沙"则是指社会大众。在争取自己利益方面,两者能力高度失衡。②孕育着互联网价值的网络社会改变了这一现状。互联网价值不是一个简单的技术属性,而是伴随着网络技术革命带来的社会变迁,网络空间作为公共领域被赋予了时代价值。互联网价值的基本内容体现为网络空间的广阔和开放,网络文化的去中心化和共享性,网民的平等主动参与。同时,互联网价值不仅仅表现为网络技术革命所带来的时代价值,还表现为对普通网民力量的尊重的精神内核,因此其价值基础是网民大众最基本的文化价值信念。互联网价值如同"看不见的手",凝聚着原子化的个人,汇聚着网民大众的思想意志,推动着网络社会的发展,促进着社会的进步。

阿伦特指出,权力产生于个体的协力行动,对应于个体之间协力行动的能力;权力属于群体,存在于群体的团结与维系之中。③互联网价值是个体在互动交往中产生的集体意识,形成了外在个体的"社会生活网络"。集体表象内含了集体成员共有的价值信仰、利益诉求和行为取向,集体兴奋基于集体表象而生成。普通网民可能没有意识互联网价值的自觉,但互联网价值却内化于每一个活跃的网民内心。经由某一特定事件的触发,汹涌的网络民意便会喷薄而出,形成凝聚着巨大力量的网络集体兴奋。网络集体兴

---

① 需要强调的是,本文分析的中国网民日益成熟的"理性"维度,延续的是马克斯·韦伯意义上的理性,而非经济学的功利性理性或自然科学强调的理性主义。经济学和自然科学强调的理性主义发端于笛卡尔的哲学思想。情感、价值等因素因其多变和无法验证,被认为处于理性的对立面。其结果则是,笛卡尔理性主义因对感性的排斥,而无法用来理解人的多样化活动。韦伯一直明确反对将此种理性观念简单复制成社会学可接受的理性。他认为,人并非单纯的理性计算动物,而是情感、价值、感觉、计算等因素的综合体。因此,韦伯并不将理性建立在对感性的排斥之上,而是致力于对行动背后的意图和价值进行理解。王赟:《被误读的韦伯社会学认识论:理解范式诸因素及其内部联系》,《社会学评论》2016年第1期。

② 转引自胡泳:《众声喧哗:网络时代的个人表达与公共讨论》,桂林:广西师范大学出版社,2008年,第301页。

③ Arendt, Hannah.*Crises in the Republic*, New York: Harcourt Brace Jovanich, 1972, p. 143.

奋将带来强大的整合功能和惊人的网络凝聚力。

可见,中国普通网民已经成为互联网的主角。在线下生活里,他们可能并不具备位置和资源上的优势,但却都在网络空间中享有分散的权力。随着中国网络社会的发展,日渐理性的普通网民已经有了成为网络权力主体的自觉和能力。而在互联网价值的凝聚之下,普通网民的这种自觉和能力会不断地付诸行动,由普通网民组成的关系网络能够迅速集结并建构出以网民为主体的网络权力。

二、网络权力的建构实践

四月网的成功是很多因素综合的结果。大型突发性事件创造的情境机会、意见领袖的核心作用、与主流意识形态完全吻合而得到的政府支持等,这些特殊的条件,为四月网的成功提供了很大的助力;但同时也使四月网的网络权力建构过程具有特殊性,很难被以后的权力建构行动复制。然而就四月网进行权力建构的互动性策略来讲,它具有很强的典型性。在田野调查中笔者发现,存在着很多其他类似的依托互动性策略进行网络权力建构的案例。

"免费午餐"①案例中,DF联合了500多名记者,利用微博等新媒体工具,发动公众捐赠3元钱,为贫困地区的学童提供一顿免费午餐。2011年,在项目发起之后5个月的时间内,"免费午餐"动员了上万名捐赠者的力量,募集捐款总数达1690余万元,达到了为77所学校的10000多名贫困地区学童提供免费午餐的目标。在"免费午餐"的案例中,网络权力的力量呈现得非常明显。通过网民自发建构起的关系网络,项目募集到大量资金,实现了普通网民力图改变乡村孩子饥饿现状的意图,达到甚至超越了官办慈善机构所能发挥的效果和履行的职能。最终,"免费午餐"项目还引发了地方政府的具体作为和中央政府的回应,并因此而开启了国家层面的营养餐项目。

与四月网在建构网络权力中采用的互动性策略类似,"免费午餐"在其产生和发展的过程中,也使用了相关的网络权力生成和运作策略。由"郭美美事件"带来的大众对于官办慈善的不信任情绪的蔓延,和官办慈善危机引发的大众对民间公益的强烈渴求,为公益领域引入民间力量提供了宝贵契机,"免费午餐"则抓住了这一契机,先由乡村儿童饥饿的悲惨现状引发网民的情感共鸣,再以透明科学的捐款资金管理模式赢得公众信任,从而搭建起

---

① "免费午餐"项目的相关资料来自于2012年9月24日,在清华大学对发起者DF的访谈录音整理。

赋予网络权力意义的框架，使网民在认知和行动上达成一致性。同时，通过联合传统媒体的力量、借助企业之力，以及与地方政府的沟通与合作，"免费午餐"项目将现实空间中的权力优势借为己用，进行现实到网络的权力转换。进一步，外在的借力和网民自身的力量在互动的网民关系网络中形成合力，借由项目的组织运营结构发挥权力影响效力，最终实现了网络权力的成功建构。

如果说在"免费午餐"案例中，DF作为精英式的意见领袖在建构网络权力过程中起到主导作用，那么在"东莞事件的娱乐狂欢"和"天津爆炸事件中的微公益"等案例中，则几乎不见精英的身影，普通网民实现了全面的自我组织和自发行动；他们不仅成为网络权力的主体，还成为网络权力的核心与主导者。

2014年2月9日上午，中央电视台对广东东莞某些酒店经营色情行业的情况进行了实况报道，曝光了东莞市多个娱乐场所存在招嫖卖淫行为。在网络空间中，东莞事件引发了一场网民的网络狂欢。对于某些官媒表示出不屑、嘲弄和抨击的语言充斥网络，"东莞挺住"甚至一度成为新浪微博的热门话题。与四月网和免费午餐不同，东莞事件引发的网络狂欢带有戏谑甚至粗俗的色彩。对于此次网络事件的褒贬，不在本书论及的范畴之内。单就网络权力而言，正是这样一次网络狂欢，以一种真实和完整的方式向人们展现了普通网民的网络权力建构过程。

参与到此次狂欢的大多数网民，并没有建构网络权力的明确预期，只是出于对某些官媒代表的官方权力在处理东莞事件上的做法的不认可，而发起了网络行动。虽然行动呈现出的表象处于粗俗和松散的状态，但是在该表象之下，可以看到的是中国网民日渐理性的行动自觉。普通网民不再人云亦云，不再沉默寡言，而是开始自主自发地用自己的语言和自己的行动表达自我的态度，发挥自身作为网络主体的影响力。网民大众用娱乐化的网络语言，充分地表现了当代中国的文化复调；①又采用了赋予共同意义的默会的戏谑符号，隐晦地指向国家权力和道德标准这两条索引线，以此表达对底层民众的同情，和对某些权威媒体所象征的体制工具的一些做法

---

① "复调"的概念由巴赫金提出。对巴赫金而言，单一语言是"一种同质向心力，与复调现实正好相反"（Bakhtin, Mikhail. *The Dialogic Imagination: Four Essays*. Austin: University of Texas Press, 1981, p.270.）。如果说"官方社会—意识形态的较高层面"讲的是单一语言，那么复调的离心力则处于下层的民众之中。因此，复调是普罗大众的语言，文化复调则是区别于单一语言或单一文化的普罗大众的文化，其有意识地反对官方话语和意识形态。

的反感。在如此的网络权力生成策略下,一场看似闹剧的网络狂欢,跳出了仅仅对于"性"问题的探讨,走向了对于社会公共生活和秩序的关心与重视、对于弱势群体的同情与关怀,以及对于自身权益和社会公正的支持与追求。于是,虽然没有建构网络权力的明确目标,但是在网民语言狂欢编织出的巨大舆论网络中,代表着基本民意和大众朴素价值观的网络权力,通过网民的话语表达和网络行动,自然而然地被迅速建构出来,并且产生了不可忽视的巨大能量。

与之类似,2015年8月12日,天津滨海新区发生重大火灾爆炸事故之后,普通网民利用微信朋友圈开展了自发的捐款活动,并志愿去现场救助,[①]获得了卓越的网络和现实效果。较之传统的公益项目,天津爆炸事件中的微公益体现了草根自发、灵活机动、无中介、无固定组织形式等特点,形成了完全意义上的网民个体之间的协同蚁群优化。在具体的网络权力建构过程中,微公益以微信朋友圈作为基础,利用源于感性共鸣的认同激发,和基于熟悉圈子的关系建构,迅速搭建起关系网络,在几个小时之内迅速筹到捐款,集结志愿者,奔赴现场,成功开展了完全网民自发的救援行动。天津爆炸事件中的微公益,没有意见领袖或者精英,甚至没有规范的组织,却凭借着微信朋友圈的传递和互动,以每个个体作为节点,各自编织相应的关系网络,以光速在网络内传递消息、号召行动、集结资源,快速地发挥了有效的救援作用,起到了传统公益无法企及的现实效果,产生了瞬间爆发式的权力效果。

"免费午餐""东莞事件的娱乐狂欢"和"天津爆炸事件中的微公益"等案例,再次生动地印证了中国网民日渐理性、逐渐具备了成为网络权力主体的思想自觉和行动能力的事实。同时,与四月网一样,在很多网络行动中,普通网民都不具备明显的位置和资源优势,却成功地运用互动性策略,编织出庞大的关系网络,建构成强大的网络权力,产生了显著的现实影响力。作为权力主体日渐觉醒的中国网民,在短时间的网络权力爆发之后,不愿轻易放弃来之不易的权力主体地位和权力影响力,有着强烈的维系既有权力的欲望。于是,对于权力的维系就成为网民的下一步行动目标。

三、网络权力维系的尝试及其困境

四月网维系网络权力的尝试路径是制度化生存,以制度化组织的形式

---

① 有关天津爆炸事件中的微公益的资料,来自笔者微信好友提供的资料。

将网民关系网络的核心——志愿者团队——保存了下来。然而伴随着制度化路径而来的是巨大的资金损耗,资金困境又使得四月网不得不进行商业转型。四月网的商业化形象令很多志愿者版主和网民会员在情感上无法接受,最终也使得其网民关系网络进一步萎缩,网络权力进一步降低。四月网在维系网络权力做出了勇敢的尝试,但是其实践的结果并不尽如人意。

与四月网类似,每一个成功建构起网络权力的互联网行动,都面临着权力的维系问题。已经拥有了权力主体意识的网民不会希望既有的权力只是"昙花一现"。那么在其他的互联网行动中,维系网络权力的实践有哪些?是否存在与四月网类似的困境,有无成功的经验呢?笔者将以"免费午餐""东莞事件的娱乐狂欢"和"天津爆炸事件中的微公益"三个互联网行动为例,进行探讨。

"免费午餐"维系网络权力的尝试,着眼于寻求中央政府层面认可的合法性。在项目成功建构起网络权力,呈现出改善贫困儿童饥饿现状效果之后,免费午餐引起了中央层面的公共政策改革:政府逐步在云南、陕西、贵州等地铺开国家营养计划。网络权力引发了政府的关注,动员了政府的行动,固然有利于更加快捷容易地达到既定目标,但也面临着业已建立起来的组织网络被政府接手的问题。就权力主体的地位而言,政府明显比自发组织的网民群体更具优势。政府一旦接手,那么免费午餐今后起到的将是"样板"作用,而不是网民期望的那种凭借自身编织的关系网络和网民群体行动去改变现实的权力运行模式。

免费午餐的发起者DF可能也意识到了这个问题,于是期望采用"政府购买服务"的方式与政府进行合作,从而保全免费午餐原始的组织和网络。但是如果采用与政府合作的方式,那么免费午餐就会将自身的发展方向定位成运营性的民间组织,这与其最初的自由、流动和公共的精神特质又不相符,并且现实的条件也使免费午餐没能达到与政府合作的标准。最终,"免费午餐"还是被国家接手。从影响效果上来看,政府帮助免费午餐实现了更持久的、更大范围的帮助饥饿儿童的效果;但是在网络权力的维系层面,因为政府的介入,以"免费午餐"为目标,网民自发组织的关系网络失去了继续维系的动力,而其中网民自发建构的网络权力,也随之逐渐消散。

在"东莞事件的娱乐狂欢"和"天津爆炸事件中的微公益"中,笔者没有看到明显的维系网络权力的行动。但这并不代表网民没有意识到自身的权力主体地位和能够产生的网络权力效果,也不代表他们不期望持续拥有网络权力。实地调查发现,可能是出于没有明显的核心人物的原因,在这两个案例的网络行动之中,普通网民的能动性和行动多元化体现得更加明显。与之相伴的是，由网民互动编织而成的关系网络更加松散，同时也更具张力。这样的关系网络，其脉络和节点无法清晰辨认，但是一旦有事件触发，从某一节点发出的引发共鸣的信息或是言论，能够迅速触发整张网民关系网络，引发巨大范围的网络言论和行动，对之认同的网络个体都会主动加入编织网络关系、进行网络策略行动和建构网络权力的队伍中，最终产生有震动性效果的网络权力。也许正是深知自身拥有这种建构网络权力的潜力，所以这些网民中的积极分子对于网络权力的"瞬时性"保持着一种淡然的态度。

正像网民YJ和WY在"天津爆炸事件的微公益"中表现的那样，他们对于网络权力的建构与使用已经自然而然，驾轻就熟。在访谈中，WY说道：

> 转天早晨(8月13日)，朋友圈里就出现了各种为滨海新区人民祈福的、要珍惜生命好好活着的、求真相的、赞美消防员的帖子，我记得有一句话被大家广泛转载："你永远不知道明天和意外哪个先来。"我觉得这些挺没意义的，总觉得别人在火海里煎熬，你在感动中国，光感慨了，实际的忙没帮上什么啊。但我也不知道该怎么帮。……(2015年8月13日)下午，我在朋友圈看到我有个朋友，叫YJ(YJ是一名婚礼司仪)，他发的状态，说他和另外几个人(DY、YZ)开车出发去滨海新区了。他是我一个挺熟的朋友，平时大伙总一块儿聚餐吃饭，人都特好，而且行动力超强，没想到这就要去"前线"了！ ……当然他也不是脑子一热，嘛(什么)也没想就去了，他是"天津蓝天救援队"的队员，这个队伍以前就听他提过，规模不大，就是几个好朋友自发组织的，听他说队里的人基本都不是专门做这个的，平时还得上班，婚庆的、银行的、做生意的，各行各业都有，需要的时候大伙就聚集起来做事。他们几个觉得捐钱什么的不管用，还容易被慈善机构污(贪污)了，所以干脆自己买好了东西，开车带着新买的床单、胶皮手套、洗消用品什么的去了现场。……当天(2015年8月13日)晚上，我看见他们在朋友圈里发的现场的照片，说是下午已经到了，带去的床单、胶皮手套等物资都已经直接送到了需要的人手里，现在买物资的钱不够，希望大家能伸出援手，有钱出钱，有力出力。看到那条消息，我有一种"终于等到你"的感觉，马上从微信转了一笔钱过去。然后我把那条求捐助的消息加上了我的名字和联系方式，转发到了我的朋友圈，号召我的朋友们伸出援手。……我觉得很多人也是跟我一样，那种想帮忙的心情找不到出口，都憋着了，大家普遍对大型的公益机构不信任。

这回是自己家门口出事儿,这时候有点儿能力又被大伙信任的人站出来稍微组织一下,大家就会很积极地捐钱捐东西。①

从天津爆炸事件的微公益中可以看到,YJ和WY已经拥有了身为网络权力主体的自觉和能力。从对WY的访谈中分析,虽然她没有在话语中明确指出,但是在潜意识之中,她意识到,利用互联网,作为普通网民的她已经具有了改变现实的能力,也感受到了互联网带给她在权力上的变化。首先,作为理性网民,在天津爆炸事件发生之后,她在朋友圈有意识地挑选"有意义"的帖子,而YJ发布的"蓝天救援队"的现场救援帖就是她选择的重要帖子。其次,WY自然而然地将这张帖子加上了自己的名字和联系方式转发到了朋友圈,开始了募集捐款的行动。这个看似"下意识"的举动,实际就是在编织网民关系网络,建构网络权力以发挥现实的公益效果。而该举动的"下意识",恰好说明她对于这种编织关系网络、建构网络权力的行动已经习以为常,并在多次实践中相信其行动一定会产生相应的效果。

相比WY,YJ更加突出地体现了普通网民强烈的能动性和权力主体意识。这并不仅仅表现在他的自发的志愿服务上,更表现在他已经可以熟练和技巧性地运用策略,将自身建构成为关系网络的重要节点。YJ并没有像RJ或DF那样具有将自己作为建构网络权力中的核心人物的明确意识,甚至在网络权力爆发出现实效果之后,他对自己的核心作用也尚无明显感知;但在权力建构实践中,他的互动性策略行动(无论是发布图片和信息的意义建构,还是通过朋友圈的借力行动,抑或朋友圈内关系网络的利用和进一步拓展)对网络权力的成功建构,产生了关键性的作用。

YJ和WY的案例,一定程度上可以帮助人们理解网民中的积极分子对于网络权力的"瞬时性"保持淡然态度的原因。网民中的积极分子已经知晓甚至熟悉了自己在建构网络权力方面的潜力。在具体的权力建构过程中,他们创造并逐渐熟练掌握了互动性策略,即如何制造热点、吸引关注,如何建构意义,如何借力,如何编织关系网络等,都成为其"下意识"的行动。同时,在建构网民关系网络时,他们能够感受到存在着许许多多和自己拥有相似价值和认同感的网民。虽然无法聚焦到实体的个人,但是从贴吧的回帖上或是朋友圈的点赞中,他们能确信网民关系网络正在一步步地构建起来,并且在这个关系网络中,将流动并爆发出对现实产生强大作用效果的、实现

---

① 节选自笔者微信好友的访谈记录。

他们自身意志的网络权力。正是这种在潜意识里对自身建构网络权力的信心，产生了网民对于网络权力的"瞬时性"保持淡然态度的结果。因为他们相信如果再次遇到类似的事件，采用类似的策略，建构网络权力的实践依然能够成功。

因此笔者认为，相比强行借助外力以制度化维系网络权力的实践，在"东莞事件的娱乐狂欢"和"天津爆炸事件中的微公益"中，这种对于网络权力的"瞬时性"保持淡然态度，却又能一次次重复成功建构网络权力的实践，可能更契合互联网的精神与价值，也更符合网络化时代发展的方向。

在松散多元且充满张力的普通网民的关系网络中，这种权力看似不够稳定，也难以持久，但这正是网络权力的流动形态所致。流动的权力没有消失，而是"隐身"于网民的权力关系网络之中。在网民一次次重复建构网络权力的实践中，关系网络又一次次被编织和加固，网络权力也一次次被激发。也就是在这相似的实践行动中，柯林斯意义上的"互动仪式"逐渐被塑造了出来。柯林斯认为，仪式会以相对稳定的姿势，促进微观互动向宏观制度的扩展。那么，在网民一次次建构网络权力的实践中产生的互动仪式，会在多大程度上促进网络权力的稳定性和制度化呢？下一节，笔者就将对制度化网络权力的可能及其限度进行讨论。

第三节　网络权力常态化的可能及其限度

在理论维度上，从迪尔凯姆的神圣仪式，到戈夫曼的表演仪式，再到柯林斯的互动仪式，社会学者对于"仪式"联结微观情景与宏观结构的作用的强调，为从情境性的网络权力到常态化的网络权力的权力维系提供了理论上的可能。根据网民建构和维系网络权力的多次实践，笔者发现，类似于柯林斯意义上的"互动仪式"正在被逐渐塑造出来。但是从表象上观察，这种"互动仪式"没有完全实现网络权力的稳定性和制度化，并且，将网络权力制度化也未必符合网民权力实践的愿望。那么，普通网民以互动性策略建构起来的网络权力，终将何去何从？网络权力维系是否可能？换言之，情境性中网络权力常态化的可能性及其限度在哪里？

迪尔凯姆在宗教神圣性的语境下论述仪式。在其笔下，仪式的实现对于特定的时间地点和统一的象征性行动有很高要求。在现代社会中，随着情境的复杂性增加和社会成员的个体化加剧，迪尔凯姆式的仪式分析在实践中已经无法完全适用。戈夫曼和柯林斯也论述了仪式，尤其是柯林斯，在

《互动仪式链》一书开篇就表露了他利用"互动仪式链"建立微观情境与宏观结构之间联系的宏大理论目标。但是在具体的论述中,他们对于微观情境的论述很精致,却始终没有将结构要素纳入仪式的分析框架之中。

于是,在进行了理论可能性和现实实践的分析之后,笔者试图用图6-1来解释在现实的社会文化条件下,互动性策略成功演变成为仪式的可能性。该图将结合结构性变量,进一步阐明本书对于常态化网络权力建构的可能及其限度的看法。

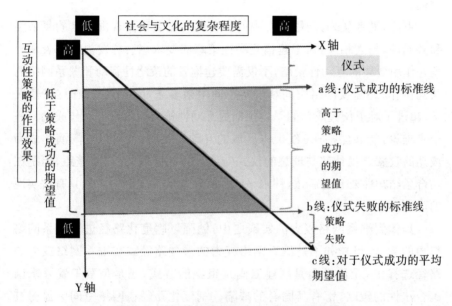

图6-1 从互动性策略到仪式:引入结构变量

结合社会文化的结构变量,图6-1试图给出一个从互动性策略向仪式演化之可能性的图示呈现。该图是一个高度简化的概括性图示,其中X轴(横轴)呈现的是从简单到复杂的社会和文化结构的变化,Y轴(纵轴)呈现的是从最高到最低的互动性策略的作用效果。而a线、b线和c线是从经验层面给出的三条假设线,其中a线代表达到仪式成功的标准(忽略对社会复杂程度的考虑),b线代表仪式失败的标准(同样忽略对社会复杂程度的考虑),c线代表对于仪式成功的平均预期。

c线呈现一种均匀下降的趋势,以此说明对于仪式成功的平均预期,随着社会复杂程度的提高,逐步均匀地下降。也就是说,社会的复杂程度越高,仪式的成功建立越难,与之相伴的对于仪式成功的期望值也就越低。同时,c线与a线和b线呈45度夹角,这是因为笔者认为,互动性策略和社会文化结构性要素,对于仪式的最终达成发挥着同样重要的影响作用。无论是随着社会文化结构性要素的复杂性加剧,还是伴随互动性策略展现出的效果变差的趋势,都会使得获得仪式建构的成功变得愈发艰难。

一直能够保持在c线上方区域的互动性策略的建构仪式效果,超过了对于仪式成功的平均预期。换句话说,该区域内的互动性策略,在当时的社会文化条件下,相对成功地建构了仪式。而在结合了社会文化的结构性要素之后,随着社会复杂程度的提高,对于仪式成功的平均预期(c线)与不考虑社会复杂程度的对于仪式建构的理想预期(a线),将会愈去愈远。

由此,笔者认为,网络社会中的社会和文化要素呈现出异常的复杂性和多元性,与之相应,对于建构互动性策略的要求也会愈发提高。表现出良好作用效果的互动性策略,不仅需要建构者的策略性行动和关系网络的共同协作,还需要网络空间和现实空间中诸多条件的配合。在这种情况下,超过了对于仪式成功的平均预期的互动性策略就可以被看作成功。进一步推论,能够保持在c线上方区域的互动性策略,就可以逐渐演化成为成功的仪式。虽然其与理想的仪式(a线上方的区域)存在着差距,但是在结合了结构性要素之后,这种水平的仪式在现实的实践中才最具有被实现的可能。

具体到维系网络权力的实践之中,勉强以制度化路径进行维系网络权力的尝试,可能并不是维系网络权力的最佳路径。在维系网络权力的路径选择中,无论是四月网建立固定组织的方式,还是免费午餐寻求国家合法性的策略,都有其固有的缺陷。制度化路径在网络空间中显得过于刻意和僵硬。并且,在行动过程中将大部分网民排除在外的做法,似乎并不符合互联网内核所体现的精神与价值。与之相伴,通过制度化路径制造的用以维系网络权力的仪式,重新具备了神圣性和自上而下的权威色彩,而这正与网络权力的价值要求相悖。网络权力蕴于网民的关系网络之中,其根基来源就是网民大众,因此在权力维系的层面上,网民难以认可强制性的制度化路径,也不会对具有神圣和权威色彩的仪式存在好感。

在网络权力的维系过程中,只有当普通网民作为主动的参与者,而不是被动的旁观者时,他们才会产生迪尔凯姆倡导的"集体意识"、柯林斯强调的"情感能量"。也就是在网民们的不断行动、持续联系中,在其自身重复的实践产生的"互动仪式"中,集体意识和情感能量才能继续,网络权力也才能够继续维系。但在网络社会复杂的社会文化条件下,从多元且富有张力的互动性策略演化而成的互动仪式,只能尽量保持在c线上方的区域,极难达到理想仪式的标准。网络社会中的互动仪式没有神圣的色彩,也没有固定化的程式(这些恰恰是普通网民反对的),但是这并不影响互动仪式发挥自身巩固群体团结、产生长久影响和维系权力效力的作用。

比如在"天津爆炸事件的微公益"活动中,表面上看,网民只是利用微信朋友圈募集资金和实现人员的快速集结,但是实质上,在平时的网络交往过程中,对于公益价值的看法、对于官办公益的不信任的讨论与交流,以及产生于共同价值和意识形态的类似感性判断,已经形成了网民间共同的情感和相互的关注机制,并且逐渐形成了这一群体成员性的符号。在网民固有的情感、意识、价值、兴趣等基础上,通过交流过程中的符号运作,互动仪式便在网民有意或无意的情况下一遍遍地重复巩固,形成并固化了孕育潜在网络权力的网民关系网络。在特定事件的激发下,潜在的网络权力便被唤醒,发挥出强大的瞬时权力影响力。

在"东莞事件的娱乐狂欢"中亦是这样。不过在东莞事件的网络权力实践中,互动仪式中的符号带有更明显的娱乐性,甚至是戏谑色彩;互动仪式建构和维系的网民关系网络也更加松散。但这并不影响其互动仪式的达成和网络权力的维系。"信仰并未消亡,它只是潜伏着。"①该网络实践中的网民没有刻意组建群体、搭建关系网络的行动,然而对于社会公共生活的关心与重视、对于弱势群体的同情与关怀和对于自身权益和社会公正的支持与追求,使得网民之间很容易地就能达成彼此间的认同,在网络空间中集结,在个体交往的层面上展开互动仪式。并且,也正是这些褪去神圣色彩的互动仪式符号,更加充分展现了互联网价值中的自由、开放与包容,也更加充分显示了网络权力的主体和核心,乃至整个网络空间的主体和核心,就是普通网民群体。

相比面对面的在场交往,在网络社会中,互动仪式的展开形式显得更加模糊不可见;甚至仪式的参与者本身可能对自身参与状况都没有清楚的感知,但是就是这样的网民之间基于自身实践的互动仪式,以其相对稳定的姿态维系着网民的关系网络。互动仪式也许无法创造制度化权力的可能,却能够有效发挥维系网络权力的功能。潜在的网络权力"隐身"于网民的关系网络之中,在网民的互动交往中不断积聚沉淀,借由特定网络事件的引发,随时可能喷薄而出。正是在这种自然而然的互动仪式作用下,普通网民的网络权力实现了实质意义上的常态化。而中国网民积极分子潜意识里对自

---

① [法]罗曼·罗兰:《名人传》,陈筱卿译,北京:北京燕山出版社,2001年,第221页。

身建构网络权力的信心，和对网络权力的"瞬时性"保持淡然态度的结果，正从实践层面上证明了，潜在的网络权力被网民之间的互动仪式维系在了他们的关系网络之中。

制度化权力不是维系网络权力的最佳路径，更不是唯一路径。而网民们在网络交往中无意识形成的互动仪式，成为维系网络权力并将情境性网络权力常态化的最有效尝试。从互动性策略到互动仪式，网民以自身的行动组织并巩固了网民关系网络，建构并维系了网络权力，创建了网络社会新的权力格局。

第七章 网络逻辑下的中国网络权力建构

成功的策略运作可能创造新的权力关系,将特定的行动者造就成为新的权力主体,在流动的网络中实现网络权力。这是网络社会为普通网民创造的建构网络权力的可能性机会。在网络权力这里,制度化路径也不再是权力常态化的最佳路径,更不是唯一路径。网民们在网络交往中无意识形成的互动仪式,成为维系网络权力,将情境性网络权力常态化的最有效尝试。

在网络时代、在创造网络权力的实践中,充满着辩证的、联系的、矛盾的、发展的、变化的思想光芒。不同情境、不同群体的网民建构出的网络权力变化万千,形态各异。特别是在中国语境下,网络权力在近年来经历了热闹非凡、毁誉参半的历程,是呈现互联网独特的网络逻辑代表性领域之一。在本书前面的阐述中可以看到,不同于传统权力,在网络权力的建构和维系过程中,其蕴含的网络逻辑与传统的组织逻辑迥然不同。但是在实践层面,抽象的流动式的网络逻辑往往需要嵌入在实体组织或者制度中才能显示出来,建构性的网络逻辑呈现出与传统的组织逻辑的互动纠缠。那么在网络社会中,网络逻辑与组织制度的互动关系是怎样的呢?进一步,如何在两者的互动关系中,在这些分散化的网络权力建构实践中,条分缕析出建构网络权力的策略性行动的共同特征?又如何在中国语境下,看待这些特征,以及网络权力的建构走向?正是本章想要回答的问题。

第一节 组织制度与网络逻辑的互动关系

在实践中,官方组织、民间组织与草根组织在制度上迥然不同,表现出不同的网络动员方式,由此建构出来的权力类型也不尽相同。而组织制度与网络逻辑之间的匹配程度,决定了这些组织能否与网络化时代贴合。

一、组织制度与网络逻辑

网络化时代的到来,给各种组织带来了很大的冲击,挑战与机遇并存。凯利对这一时代的核心逻辑——网络化逻辑(networking logic)做出了论述:"原子化代表了干净的简单特质,网络则引导了复杂性的散乱力量……网络是唯一能够没有偏见而发展,不经引导而学习的组织。其他的形态均限制了可能性。网络的群集四周都是边缘,因此无论你由哪个方向接近都是开放性的。事实上,网络是能够称得上具有结构的组织里最不具有结构性的组织……各种纷杂多样的成分,也只有在网络里才能维持一致性。"①这种流动式的逻辑需要嵌入在组织或者制度中才能显示出来。据此,卡斯特对组织和制度作出了新的界定:组织是"为了执行特定目标而产生的一套特定手段系统(specific systems of means)"。制度是"被赋予必要的权威,以执行有利于社会整体利益之特定任务的组织。对于既定经济系统之构成与发展至关紧要的文化,则会以物质化的形式呈现在组织逻辑(organizational logics)之中"。在此基础上,卡斯特分析了"新技术范式和新组织逻辑之间的汇聚与互动",认为这构成了信息化经济的历史基础。②

在卡斯特看来,组织演变的趋势包括:从大量生产到弹性生产;大企业陷入危机,中小型厂商更为适应信息化经济;垂直的官僚系统转变为水平式公司(horizontal corporation);网络企业兴起;等等。③卡斯特还进一步挖掘互联网企业背后的"文化维度",提出"信息主义精神",将其作为"网络企业的伦理基础"。具体来说,卡斯特笔下的"信息主义精神"拒斥统一的网络文化,但在网络企业看似多样化的运作下,却"有一种共通的文化符码"④:

它由许多文化、许多价值、许多计划所组成,穿越了参与网络的各

---

① 转引自[美]曼纽尔·卡斯特:《网络社会的崛起》,夏铸九、王志弘等译,北京:社会科学文献出版社,2006年,第65页。

② [美]曼纽尔·卡斯特:《网络社会的崛起》,夏铸九、王志弘等译,北京:社会科学文献出版社,2006年,第146—147页。

③ [美]曼纽尔·卡斯特:《网络社会的崛起》,夏铸九、王志弘等译,北京:社会科学文献出版社,2006年,第148—166页。

④ [美]曼纽尔·卡斯特:《网络社会的崛起》,夏铸九、王志弘等译,北京:社会科学文献出版社2006年,第187—190页。

种成员的心灵，影响了其策略，随着网络成员的步调而变化，并且随着网络单位的组织与文化的转变而转变。它确实是一种文化，不过是一种转瞬即逝的文化，是每个策略决定的文化，是经验与利益的拼凑，而非权利与义务的宪章。它是多维度的虚拟文化，如同电脑在网络空间（cyberspace）里借由重新安排现实而创造出来的视觉经验……但是它并不长久，它作为过去成功与失败的原始资料而进入电脑记忆……任何想要将网络中的位置凝结为特定时间及空间之文化符码的企图，都会造成网络的废弃过时，因为它会变得过于僵化，无法适应信息主义之多变几何形势的要求。信息主义的精神是"创造性破坏"（creative destruction）的文化，而此创造性破坏的速度已达到处理光电信号反馈的速度。[①]

对于卡斯特所说的组织形式与规模的变化，王水雄提出了不同意见。他通过对中国互联网企业的分析发现，网络条件下的组织形式，并不必然是水平的，在企业的发展过程中，也有不断层级化的可能。并且，王水雄不赞同卡斯特所推崇的信息主义精神，他转而强调"网络企业以程序合法性为特征的元意识形态"，认为这一点更为重要："组织所能作出的价值承诺的好坏和践行的能力直接影响了组织能走多远，规模能做到多大。"[②]

通过二者的论述可以发现，组织与技术之间的关系，并不表现为二者之间的单纯互动，还受到不同文化、制度以及国家等因素的多重影响。因此，将二者关系放置在具体的情境中进行研究，显得非常重要。另外，从研究的侧重点来说，卡斯特更加强调新技术范式与新组织逻辑之间的汇聚与互动，他认为"组织变革独立于技术变迁，组织变革是为应付经常变化的操作环境所做的反应"[③]。而王水雄更关注技术因素对组织产生影响的逻辑机制。我们这里尝试从二者互动的角度出发，更加偏重不同组织对待新技术的不同方式，探索这一时代课题。

---

① ［美］曼纽尔·卡斯特：《网络社会的崛起》，夏铸九、王志弘等译，北京：社会科学文献出版社，2006年，第190页。

② 王水雄：《网络化条件下的组织形式与规模——元意识形态的地位问题》，《社会发展研究》2015年第1期。

③ ［美］曼纽尔·卡斯特：《网络社会的崛起》，夏铸九、王志弘等译，北京：社会科学文献出版社，2006年，第165页。

二、不同组织类型与不同网络逻辑间的互动

1.科层组织与认同逻辑

在科层体制下,官方组织一般采用的是"组织化动员"和"行政化参与",即通过行政命令下达,层层传递的方式进行,呈现组织化动员的一套过程。

然而当这种传统科层体制的动员机制遭遇网络化时代,就与认同逻辑发生了冲突。网民们对于组织化动员和行政化参与的厌恶,在公信力危机的背景下无限放大,同时,行政化的作风,连同盛行的"仇官"之气席卷而来,导致很多时候官方组织的行为得不到大众的支持。卡斯特对这种认同力量多有强调,他说:"不管是谁,也不管是什么,赢得了人心就能统治,因为在任何合理的时间跨度内,对于那些围绕着灵活的、另类的网络的权力而动员起来的心灵来说,强大而顽固的统治机器并不是什么对手。"[①]

2.水平组织与社会化逻辑

很多互联网民间组织采用水平组织形式。水平组织克服了垂直结构的诸多弊端,更以核心流程为基础,确立并传递价值主张,将目标放在满足客户需求、为客户创造最大价值上。[②]水平组织强调公众参与性,动员一切可以动员的力量,实现真正的社会化动员。

与之相对应的,互联网的社会化逻辑,就是指互联网技术对于所有人都是开放的,低门槛的、全方位的准入机制,让网民平等的参与。鼠标一点,你就能迅速地进入网络空间;只要在舆论场上获得认同,就能够得到大把的转发与支持。

3.网络组织与注意力逻辑

王水雄在他的研究中发现了注意力机制,并阐释了它的内涵。他基于迈克尔·戈德海伯的观点:"当今社会是一个信息丰富甚至泛滥的社会,互联网的出现加快了这一进程,信息非但不是稀缺资源,相反是过剩的。而相对于过剩的信息,只有一种资源是稀缺的,那就是人们的注意力。"[③]王水雄强调:"个人、组织、区域或者领域会聚的注意力越多,其可能发挥的影响也就

---

① [美]曼纽尔·卡斯特,《认同的力量(第二版)》,曹荣湘译,北京:社会科学文献出版社,2006年,第416页。

② [美]奥斯特罗夫:《水平组织》,陶宇辰译,海口:海南出版社,2006年。

③ 王水雄:《博弈—结构功能主义——对和谐社会基本功能机制的探讨》,北京:中国人民大学出版社,2012年,第191页。

越大。"①

网络组织的性质与注意力逻辑的相互融合,成功地造就了很多互联网草根自组织;而注意力逻辑的反作用机制,又往往容易使某些互联网草根自组织的灰色的网络组织性质遭到暴露,最终导致其失败。其中丰富的、蕴含深意的互动关系起到了至关重要的作用。

三、互动中转型:组织制度与网络逻辑

近来,很多学者通过理论分析和经验总结,认为网络化时代的到来,能够扩大非制度化政治参与、带来公共政策的改变、推动民主化进程等,而对其中的一些细节机制关注不足。上文的分析试图证明,作为社会基本组成部分的组织,对于互联网的袭来之势,并没有采取一致的态度。组织制度与网络逻辑相互匹配程度,决定了它们能否与网络化时代完美贴合。基于这一论断,组织一方面面临转型以适应网络逻辑,而另一方面,网络逻辑也在与现实的碰撞中不断建立秩序。

需要补充的是,文中分析的三种组织形式比较固定,而其所对应的网络逻辑却并不是唯一的。也就是说,由于网络逻辑的流动性特质,导致在不同情境、不同阶段中,组织制度可能会与不同的网络逻辑发生互动。本书所说的认同逻辑、社会化逻辑与注意力逻辑只是在与之相对应的案例事件中比较贴合,可以肯定的是,仍然有其他一些逻辑在起作用。如卡斯特所说的:"网络中主体的多重性以及网络的多元性拒斥了统一的'网络文化'……不过,在网络企业的多样化运作下,确实有一种共通的文化符码。它由许多文化、许多价值、许多计划所组成,穿越了参与网络的各种成员的心灵,影响了其策略,随着网络成员的步调而变化,并且随着网络单位的组织与文化的转变而转变。它确实是一种文化了,不过是一种转瞬即逝的文化,是每个策略决定的文化,是经验与利益的拼凑,而非权利与义务的宪章……信息主义的精神是'创造性破坏'(creative destruction)的文化,而此创造性破坏的速度已达到处理光电信号反馈的速度。"②因此,组织制度与网络逻辑之间的互动关系,也会发生流变。具体研究中,我们需要用辩证的、发展的观点,不断地对更多的系统和过程进行观察与分析。

---

① 王水雄:《博弈—结构功能主义——对和谐社会基本功能机制的探讨》,北京:中国人民大学出版社,2012年,第192页。

② [美]曼纽尔·卡斯特:《网络社会的崛起》,夏铸九、王志弘等译,北京:社会科学文献出版社,2006年,第190页。

第二节　网络逻辑下的权力建构走向

互联网时代的到来,为普通人提供了一个拥有网络权力的可能性机会。杨国斌说:"这些日常生活中的实践,普普通通,并不表达争取宏大政治目标的崇高愿望,但就在这些平凡的斗争的背后,流淌着能量巨大的暗流。作为中国新公民行动的一部分,网络行动的沸腾显示了革命冲动的复兴。网络的力量在于揭示了这一冲动。这是另类的革命。它可能没有以往的革命号角,但未必缺乏革命的力量。"① 可见,广大网民发生在网络上的日常行动,不论是理论意义还是实践意义,都非常重要。这种自发的实践活动,在网络逻辑下产生,构成了普通网民建构网络权力的策略性行动,我们可以从中透视中国社会变迁的蛛丝马迹。而这些网络行动在信息爆炸的时代,变化又非常之快,几乎每时每刻都在消失,每时每刻都在生长。记录它们,便是记录中国当下的历史,研究它们的发展过程,就是研究当代网络社会的发展。

从本书前面的经验研究中可以看出,互联网确实能够创造这样的可能:在位置和资源上处于劣势的网络草根,抓住社会上的热点问题或热点关注,能够在策略性行动实践中,运作产生出自下而上的新的网络权力。杨国斌还总结了在中国现实国情下,哪些议题更容易进入公共领域,引起大规模的网络行动。他列举了7个议题,分别是大众民族主义、维权活动、腐败滥权、环境污染、文化争议、揭露丑闻和网络慈善活动。② 这些领域的特征,表现为具有广泛的群众基础,大多与普通民众的利益或价值取向相关,容易吸引人的视角,引起轩然大波;并且,普通网民大众的网络行动对抗的权力主体往往是文化观念、市场主体和地方政府等,他们一般不直接挑战国家权威,因而更容易被国家接受和容忍,也就更容易成功。

那么互联网在这些大规模网络行动中扮演了怎样的角色呢?或者更进一步说,在新技术时代中,网络逻辑在建构网络权力的过程中发挥了怎样的作用呢?根据传统社会运动理论,盖瑞特(Garrett)将互联网对抗行为的影响划分为三种类型:"互联网作为动员结构(mobilizing structures)""互联网作为政治机会(opportunity structures)"以及"互联网作为框架化工具

---

① 杨国斌:《连线力:中国网民在行动》,邓燕华译,桂林:广西师范大学出版社,2013年,第234页。

② 杨国斌:《连线力:中国网民在行动》,邓燕华译,桂林:广西师范大学出版社,2013年,第61页。

(framing processes)"。① 笔者认为，互联网的这三种角色功能，在中国广大网民的行动实践中均有着充分的体现。

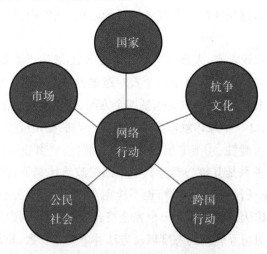

图7-1 网络行动的多元互动模型②

从图7-1的多元互动模型中就可见一斑。图中核心变量——网络行动，被杨国斌界定为"通过网络和其他新型通信技术开展的抗争性活动（即本书中所说的建构网络权力的策略性行动）"。他认为，网络行动与国家权力、文化、市场、公民社会和跨国行动呈现多维互动的关系，即每对关系都存在复杂的相互塑造的关系，他在书中也紧紧围绕这几个方面展开论述，通过多个案例，验证了互联网在中国的多维角色。

具体来说，动员结构是指利用一定的思想和策略，集合个体或群体参与某个社会运动的机制。互联网作为一个开放的平台，在人们之间的联结上主要表现为以趣缘为基础，以QQ群、论坛、微博、微信等形式出现，他们或者在线下属于同一个群体（如校友QQ群），或者有共同的爱好（如爱猫俱乐部），或者有共同的利益（如淘宝卖家群），等等，这些共同点使他们容易被动员集结起来，形成"一呼百应"之势，进而结成一个"身体不在场"却联系稳定的结构。童志锋对环境保护和农村集体行为的相关研究证明了这一点。③

---

① Garrett, R. Kelly. Protest in an Information Society: A Review of Literature on Social Movements and New ICTs. *Information, Communication & Society*, 2006, 9, p.2.

② 引自杨国斌：《连线力：中国网民在行动》，邓燕华译，桂林：广西师范大学出版社，2013年，第9页。

③ 童志锋：《动员结构与自然保育运动的发展——以怒江反坝运动为例》，《开放时代》2009年第9期；童志锋：《动员结构与农村集体行动的生成》，《理论月刊》2012年第5期。

在中国,一方面,庞大的网民队伍汇聚了海量的各色资源,无论是人力还是财力,都相当丰富,使资源动员不再困难重重;另一方面,网络抵抗的参与成本低,容易退出,这也免除了参与者的后顾之忧,使他们参与得更加主动而广泛。

在政治过程论看来,大规模网络行动的出现,取决于动员者所面临的政治机会、机构和有利条件,而不是个人对遭遇的社会或者经济因素的不满。在麦克亚当等人看来,政治机会包括四个方面:①制度化政治系统的相对封闭和开放程度;②一个政体赖以支撑的精英一致的稳定程度;③运动从精英中取得盟友的可能性;④国家镇压的能力和倾向。[①]其中,建构网络权力的行动与国家的关系是其核心部分。在中国的政治体制下,在互联网发展的初始阶段,国家还没有真正注意,也不能完全控制它,事实上也很难完全控制:"其中一个原因是政府并非一个完全整合的实体,不同政府部门、不同级别的政府之间对待互联网的态度以及方法并不完全一致,正是在这种'政治空间'中,互联网能够成为抗争行动可资利用的工具。"[②]因而,互联网成为一个重要的政治机会,那些倒逼政府的案例(如"免费午餐"项目等)证明了这一点。[③]

框架化结构是描绘一项社会运动所采取的策略方式。斯诺和本福特把框架建构的核心任务分为三个方面:社会问题的诊断、社会问题的预后和运动参与动机的激发。[④]可见,这是一个意识形态建构的过程。虽然身体不在场,但是利用网络技术,使网络运作得以可能。李亚妤认为,网络集群事件中怨恨的身份想象可分为两大类(中国人—外国人、平民—权贵)、四小类(中国人—外国人、民—官、穷人—富人、大众—知识精英),[⑤]按照这个分类对网民的认同进行框构,成功率是相当高的。实践证明,确实如此。

① McAdam, D., McCarthy, J. D. & Zald, M. N. *Comparative Perspectives on Social Movements: Political Opportunities, Mobilizing Structures, and Cultural Framings*. New York : Cambridge University Press, 1996.

② 转引自黄荣贵:《互联网与抗争行动:理论模型、中国经验及研究进展》,《社会》2010年第2期。

③ 刘秀秀:《网络动员中的国家与社会——以"免费午餐"为例》,《江海学刊》2013年第2期。

④ Snow, David A. and Robert D. Benford. Ideology, Framework Resonance and Participant Mobilization, in *From Structure to Action: Comparing Social Movement Research across Cultures*, vol.1, *International Social Movement Research*, edited by B. Klandermans, H. Kriesi, and S. G. Tarrow. Greenwich, Conn.: JAI Press 1988.

⑤ 李亚妤:《怨恨、互联网与社会抗争》,南京大学2012年硕士毕业论文。

从以上三个方面的论述可以看出,在中国的大规模网络行动中,互联网扮演了多重角色,[①]这也是为什么互联网,特别是网络逻辑能够促进网络权力成功建构的重要原因。

在网络逻辑下的权力建构走向中,需要探讨的最后一个主题是,在它们的影响下,建构网络权力的策略性行动具有怎样的特点?

通过总结已有研究,我们认为,多元化、去中心化和情感化是其中最为突出的几个特征。第一,网络行动的多元化。网络行动的多元化表现在激烈程度和参与人群两个方面。从前者来说,大规模网络行动的激烈程度依然有强有弱,杨国斌这样界定其强弱对比:"那些每天发生在网上的有关社会与政治的讨论和辩论,是较弱的网络活动。激烈性较强的活动包括网络运动、签名请愿、直接的口头抗议和诸如虚拟静坐与黑客攻击的直接行动。"[②]从国内学界的相关研究来看,口头抗议等程度较弱的网络行动涉及较少(可能存在测量不便的原因),线下群体性事件的线上化研究相对较多。[③]从后者来说,则表现为无论是直接利益相关者还是非直接利益相关者,都积极参与进这个熙熙攘攘的网络行动大潮中来,所谓"路见不平一声吼",实现了网络版的真实再现。黄冬娅在恩宁路改造的案例中,指出:"单从人际网络难以解释原本并不相识和空间中并不相邻的人们如何卷入到这种公共参与事件中来,非直接利益相关者的参与,无疑是由于虚拟社区的存在才成为可能。"[④]

第二,网络行动的去中心化。去中心化的特征在建构网络权力的大规模网络行动中表现得也非常明显。陈晓运在分析G市反对垃圾焚烧厂建设事件中指出,"去组织化"是业主集体行动的策略选择,它包括三个特征,"无领导有纪律、行动上自我定位和网络虚拟串联",有效规避了政治风险,达成了预期目标。并且,这种"去组织化"不同于"弱组织",因为后者"组织的理

---

① 黄荣贵、张涛甫、桂勇:《抗争信息在互联网上的传播结构及其影响因素:基于业主论坛的经验研究》,《新闻与传播研究》2011年第2期。

② 杨国斌:《连线力:中国网民在行动》,邓燕华译,桂林:广西师范大学出版社,2013年,第5页。

③ 参见黄荣贵、张涛甫、桂勇:《抗争信息在互联网上的传播结构及其影响因素:基于业主论坛的经验研究》,《新闻与传播研究》2011年第1期;汪建华:《互联网动员与工厂工人集体抗争》,《开放时代》2011年第11期;等文章。

④ 黄冬娅:《人们如何卷入公共参与事件——基于广州市恩宁路改造中公民行动的分析》,《社会》2013年第3期。

性和精心程度并不逊于组织化动员"。①笔者认为,无论是"弱组织"还是"去组织化",其背后都透露出"去中心化"的特点,因为弱组织追求的也是"去中心"的效果。由于数字鸿沟的客观存在,导致网络行动的主体以中产阶层为主,采用"去中心化"的方式规避政治风险是他们的常用策略,尤其是当这一建构权力的策略性行动并未危及生存权的时候。另外,去中心化的特质,也符合互联网技术带来的扁平化网络结构、平等化身份进入的网络运作方式。这样一来,普通网民的感性意识形态,更容易融入网络活动中来,因此,他们主动参与网络行动的积极性就更高。

第三,网络行动的情感化。情感化是策略性网络行动最为鲜明的特征。"相彼鸟矣,犹求友声;矧伊人矣,不求友生?"几乎每一位研究者都或多或少地强调了情感这一重要维度。其中,以杨国斌的研究最为侧重情感。他将情感维度抬高到本体的地位:"集体行动中的情感,不是简单的资源或工具,而是斗争的动力",并进一步指出,"网络事件在情感表达上,大体可分为两种:一种以悲情为主,常伴有同情和义愤。……很多网络事件带有戏谑的特点,其格调是调侃和幽默,总体效果近于网络狂欢"。②谢金林也在湖北"石首事件"的个案分析中表明,"情感在网络政治动员过程中发挥着决定性的作用"③。这些情感在建构网络权力的行动中如此重要,彰显的是卡斯特意义上的认同的力量。许许多多的网络权力构建的实践表明,情感既是网络行动的重要起因,又是维系网络权力体系的纽带。

从以上三个特点中可以看出,在网络逻辑的影响下,建构网络权力的策略性行动与传统的夺取权力的政治斗争,甚至与西方政治社会学脉络中探讨的经典社会运动相比,已经发生了巨大的变化。越来越多的非直接利益相关者,或悲情或戏谑的大规模策略性行动,正在充斥网络,整个行动过程散发出一种看似柔软的微弱力量。而正是这种如风如雾的柔弱力量,它夹带着众多的、汹涌澎湃的民意,正在改变着中国和世界。

---

① 陈晓运:《去组织化:业主集体行动的策略——以G市反对垃圾焚烧厂建设事件为例》,《公共管理学报》2012年第3期。

② 杨国斌:《悲情与戏谑:网络事件中的情感动员》,《传播与社会学刊》2009年第9期。

③ 谢金林:《情感与网络抗争动员——基于湖北"石首事件"的个案分析》,《公共管理学报》2012年第1期。

第三节　中国语境下的网络权力建构

网络权力是网络社会产生出的新生事物。作为对实体权力补充的观点,网络权力是网络化时代出现的新权力形态。在网络社会,网络权力将与传统实体权力共生共存、互相影响,遵循着唯物辩证法的对立统一规律,共同发展,一起打造新时代的社会权力的新格局。

随着互联网技术在中国的深入普及和迅速流行,普通网民的日渐理性和权力主体意识的逐渐觉醒,普通网民建构网络权力的实践开始全面展开。其中,既有类似Anti-CNN的激烈的网络群体行动(比如"保钓游行事件"和"温州动车事件"①),也有温和的非抗争性权力建构行为(比如"免费午餐"),更有在日常行为之中搭建关系网络、于"嬉笑怒骂"之间建构网络权力的网民实践(比如,"东莞事件的娱乐狂欢"和"天津爆炸事件中的微公益")。

随着中国网络社会的发展,普通网民的权力主体性表现愈来愈强。最初的网络权力建构实践中还可见核心人物的身影;而随着网络社会的日渐成熟,在普通网民的实践中,核心人物的作用却逐渐淡化,甚至消失不见,取而代之的是以热点和关注为引发点的广大普通网民的自主权力建构。在"东莞事件的娱乐狂欢"和"天津爆炸事件中的微公益"中就是这样。

传统实体权力在网络社会依然存在并发挥着强势力量,仍然把持着现实社会中的资源与位置优势;但是普通网民自主建构并拥有的网络权力,却

---

① "保钓游行事件":围绕中日关于钓鱼岛的领土争端,2012年8月19日,通过网络约定与号召,全国性反日游行示威拉开帷幕,当日就有深圳、武汉、青岛等十几座城市自发组织保钓游行示威。随后数日,以"打倒小日本,保卫钓鱼岛""抵制日货,从我做起"等为口号的反日保钓游行示威在全国各地如火如荼地进行,网络上也晒出了各种各样的言论与照片。"温州动车事件":2011年7月23日晚20点34分,在"杭深线"永嘉至温州南之间,由北京南开至福州的D301次动车与杭州开至福州南的D3115次动车发生特大追尾事故,D301次列车第1至4车脱轨,D3115次列车第15、16车脱轨,造成特别重大的人员伤亡。此次严重的突发事件,迅速在网络中传播。数以亿计的网民,对动车事件进行了密切的关注和追踪,积极参与了这一网络事件。铁道部等部门在广大网民所关注的撞车原因、真实死亡数字、救人具体细节、赔偿具体方案等焦点问题上,没有及时准确地给予网民回应,激发了网民的不满和具体行动。此事的结果,是相关部门对该事件进行了道歉,并对遇难人员给予了大额赔偿。

能够通过"软权力"的形式,以自下而上的作用方式,[①]对实体权力产生不可忽视的冲击效果。于是网络权力不仅自身可以实现主体的意志,产生支配性的现实效力,还能够产生牵制、影响实体权力的作用,进而创建出与实体权力并存的网络社会新的权力格局。

网络权力也需要有效的制约。不受制约的权力,是脱缰的野马。网络社会与实体社会一样,并不平静,也存在权力被滥用的现象。现实中我们看到,网络社会的发展,在给我们带来诸多繁荣、诸多便利的同时,也带来了许多不好的、负面的东西。网络谣言、网络诈骗、网络暴力层出不穷。尤其是网络暴力,非常可怕。网络暴力,说穿了,就是网络权力的滥用。"一恶举旗,万恶响应。"这种旧社会"打夜拳"式作恶取乐的病态心理,是网络暴力群体的共同心态。实体社会给诬陷者治罪比较容易,但是给网络上的诬陷者治罪很难,尤其给众多的不负责任的"喷子"治罪更难。近年来,网络暴力有多发的倾向,恶性网络暴力事件也时有发生。这不仅给受害者带来了不可弥补的伤害,也给网络社会带来了非常恶劣的影响。

可见的是,随着中国网络社会的加速发展,网民数量和网民素质正在大幅度地增长和提高,网络沟通、网络传播、网络表达、网络发声,已经成为许多网民尤其是新时代中国网民的自觉行为。以普通网民为主体的网络权力在不断成长的过程中,也日渐多元与成熟。网络技术在整个社会的全覆盖,又促进了社会生活的透明度。光速传播的网络技术又拆除了信息传播和沟通的时间壁垒和地域壁垒。如此一来,众多网民以网络上的热点事件和热点关注为契机,自主建构网络权力的行动此起彼伏。虽然这种以情境和感性意识形态为依托建立起的网络权力,大多数既不强大又不持久,但是这种持续不断的网络权力涌动,是会产生水滴石穿的作用的。更何况,如果遇到社会上的强热点事件和关注度高的事情,譬如重大的民生问题,网民自主建构起的网络权力会既强大又持久。

网络权力是一种软权力,是一种动态的流动的权力,它不可能像实体权力那样强硬,那样有威力。网络权力所传导的更多的是一种网民的利益表达和意义诉求,其作用方式更多的是一种自下而上的抗争。中国社会正进入发展的转型期,各种社会矛盾和社会问题复杂。在这种情况下,网络权力的建构实践会层出不穷。

互联网时代,展现在大众面前的是一个空前广阔的社会空间和活动舞

---

① 刘少杰:《网络化时代的权力结构变迁》,《江淮论坛》2011年第5期。

台,在这个空间和舞台上,普通网民的主动意识被唤醒,视野也变得广阔,主动参与社会生活的激情也将被激发。同时,网络社会又赋予了网民成为权力主体的机会,而正是这一机会,蕴藏了宝贵的互联网价值也彰显了这个时代的伟大之处。借助这个机会,网民中的积极分子展开的权力建构实践,将极大地促进社会的变迁与发展。

第八章　第五代移动通信技术赋能下网络权力的拓展

2019年是第五代移动通信技术的商用元年，在技术层面，第五代移动通信技术已经开始带来革命性变革，它达到了第四代移动通信技术的100倍以上的速度，使得网络社会的主要交流手段从书写文字转变成为视频语言。[1]伴随第五代移动通信技术而来的其他领域的变革，也会很快到来。然而第五代移动通信技术这项革命性技术的到来，并没有在社会科学领域获得应有的关注，大多数学者对于第五代移动通信技术的理解可能只停留在网络增速这一点上。人们对未来的想象，大多是靠经验主义的引领，往往会受到当下技术和思维习惯的限制。实际上，回顾第三代移动通信技术向第四代移动通信技术时代的发展的历史，可以清楚地看到这一点。第四代移动通信技术催生了各种电商、外卖、打车平台的兴起，引领了全民皆可直播时代的来临，促进了包括经济领域在内的全社会的变革，而这些在2012年至2013年，第四代移动通信技术刚刚兴起的时候都是难以想象的。

第五代移动通信技术的推广，助推网民中的普罗大众真正成为网络社会的主体。于是普通网民也就在实践意义上开始真正成为网络权力的主体。在这个意义上，第五代移动通信技术时代，网络权力将有望实现从认识革命到实践革命的转变。本章将从第五代移动通信技术带来的技术革命入手，从第五代移动通信技术时代新的交流方式、创作和参与主体、传播内容等维度，探讨第五代移动通信技术时代的网络权力拓展。

---

① 喻国明：《5G：一项深刻改变传播与社会的革命性技术》，《新闻战线》2019年第15期。

第一节　第五代移动通信技术时代的
技术性和社会性变革

第五代移动通信技术（5th generation mobile networks 或 5th generation wireless systems、5th-Generation，一般简称为5G），是最新一代蜂窝移动通信技术，也是继第四代移动通信技术（LTE-A、WiMax）、第三代移动通信技术（UMTS、LTE）和第二代移动通信技术（GSM）系统之后的延伸。第五代移动通信技术的性能目标是高数据速率、减少延迟、节省能源、降低成本、提高系统容量和大规模设备连接。①第五代移动通信技术网络的主要优势在于速度快，数据传输速率远远高于以前的第四代移动通信技术LTE蜂窝网络，最高可达10Gbit/s，是第四代移动通信技术网络的100倍；另一个优势是较低的网络延迟，即更快的响应时间，其响应时间低于1毫秒，而第四代移动通信技术为30~70毫秒。②以上是第五代移动通信技术区别于前几代移动通信的技术关键，是移动通信从以技术为中心逐步向以用户为中心转变的结果。

早在2013年欧盟就宣布将拨款5000万欧元以加快第五代移动通信技术的发展，并计划到2020年推出成熟的标准。③但是在第五代移动通信技术发展实践的道路上，走在前列的却是中国。2019年6月6日，工信部正式向中国电信、中国移动、中国联通、中国广电发放第五代移动通信技术商用牌照，这标志着中国正式进入第五代移动通信技术商用元年。④紧随其后，2019年9月10日，中国华为公司作为第五代移动通信技术的商业"领头羊"，在布达佩斯举行的国际电信联盟2019年世界电信展上发布《第五代移动通信技术应用立场白皮书》，展望了第五代移动通信技术在多个领

---

① 周一青、潘振岗、翟国伟等：《第五代移动通信系统5G标准化展望与关键技术研究》，《数据采集与处理》2015年第4期。

② Amy Nordrum，Kristen Clark and IEEE Spectrum Staff. Everything You Need to Know About 5G. IEEE SPECTRUM. 27 Jan 2017 | 19:00 GMT. https://spectrum.ieee.org/video/telecom/wireless/everything-you-need-to-know-about-5g.

③ 新华网：《世界电信日：那些我们经历过的"G"时代》，2018年5月17日，https://baike.baidu.com/reference/29780/b6a3Y8je5rejPSTL54CJvOKwXEpDKNWEzZHxKLiLuu76fP-Cinr4wGCnTqG6iIww5VhrjYQQ4uwcZAH962-P6fWm4E6mwFFW0iYlNnShdVSgSVg。

④ 新华网：《我国正式发放5G商用牌照》，2019年6月6日，http://www.xinhuanet.com//2019-06/06/c_1124590839.htm。

域的应用场景。①

虽然说第五代移动通信技术将带来一场伟大的技术革命和千万亿的商业市场②,但是由于其仍然处于发展初期,人们对第五代移动通信技术将会给人类社会生活带来多么大和怎样具体的变化,缺乏足够的想象和预测。

根据已经购买使用第五代移动通信技术手机的网民的感受,第五代移动通信技术确实会极大地优化当下的网络体验。例如,在第五代移动通信技术的体验下下载游戏更新包和解压它一样快;云存储的优势得到充分体现,在第五代移动通信技术这么快的下载速度下,把照片和视频保存在本地看和上传到云端需要的时候再下载看,基本没有区别。然而目前大多数网民在移动手机端上对网速有要求的主要还是玩游戏、看视频等基本功能。虽然第五代移动通信技术提速后大大提高了网民玩游戏和看视频的体验,但这些功能在第四代移动通信技术环境下也能完成,单纯用第五代移动通信技术玩游戏、看视频,有一种杀鸡用牛刀的感觉。增强现实技术(AR)、虚拟现实技术(VR)、全民自动驾驶、万物互联,等等,这些第五代移动通信技术承诺的美好图景,对于普通网民来说,显得似乎遥远又复杂。

人们往往是依照着以往的经验来认识当前世界的。大多数人都习惯于以既有的经验来面对全新的事物,以致往往无法在发展初期认识到新技术革命中最重要的一些功能,一直要到新功能的社会意义全面彰显出来之后,这些技术的特性才能为世人所充分认识和掌握。这也符合哲学理论中人们对待新生事物的态度。正如麦克卢汉指出的那样,"我们总是透过后视镜来看现在的一切,我们是倒着走向未来的。……在面对全新的情况时,我们常会依附……最靠近现在的过去事物不放"③。也就是说,人们对于未来的想象,很难跳出已有的、现实的框框。经验主义总是会攥住人们想象的翅膀不放。信息社会发展速度很快,人们很难预测未来几年的发展前景。今天的"支付宝""微信支付""滴滴打车""大众点评""饿了么"等服务,在几年前绝对处于大多数人的想象范围之外。

按照这个思路,我们可以通过搜索引擎,搜索在2012—2013年间,第四

① 新华社新媒体:《华为在世界电信展发布〈5G应用立场白皮书〉》,2019年9月11日,http://baijiahao.baidu.com/s?id=1644359131086900964&wfr=spider&for=pc。
② 新京报:《5G不仅是一场技术革命更蕴含千万亿级市场》,2019年6月6日,http://www.xinhuanet.com/tech/2019-06/06/c_1124588743.htm。
③ [美]保罗·李文森:《数位麦克卢汉》,宋伟航译,台北:猫头鹰出版社,2000年。

代移动通信技术商用初期人们对于第四代移动通信技术即将商用的看法，站在过去的未来，看前人对现在的预测。通过搜索我们看到，当时大多数人都在抱怨第四代移动通信技术没有什么用，资费还那么贵，和现在大多数网民对于第五代移动通信技术的看法如出一辙。例如，"用第三代移动通信技术也有段时间，个人觉得只是用来刷图之类的，已经足够用，第四代移动通信技术速度快，我承认，可价格你们懂得，昂贵的价格，极少的流量，第四代移动通信技术其实就是一个鸡肋(ps.土豪请绕道)"[1]。

　　有些评论中虽然可以看到对第四代移动通信技术未来的一些憧憬，但都太缺乏想象力了。人们知道第四代移动通信技术可以看高清视频，但当时都在说用手机看电影有多方便，没有人预测到短视频的彻底爆发；人们预测第四代移动通信技术有利于普及移动支付，但当时的理想方式都是给手机绑信用卡再用近场通信(NFC)[2]，没有人想到靠着网络加二维码这么简单粗暴的方式真的就代替了现金支付；人们清楚第四代移动通信技术的上传速度可以视频直播了，但当时的设想是应用于专业的新闻领域，没有人想到这个全民皆可直播时代的来临，更不用说还有各种电商、网络金融、外卖、打车平台的兴起。在短短的几年里，第四代移动通信技术和它催生的经济业态和社会服务，深刻地改变了我们每一个人的生活。第四代移动通信技术带来的近乎跳跃式的发展变化，也颠覆了人们按部就班的认知。但在5年前，人们只是觉得仅仅网速快了一点而已。那时候大多数网民都没有预测到第四代移动通信技术能培育出移动互联网这棵参天大树。那么在第五代移动通信技术这片更肥沃而神秘的土壤里，会开出怎样的花，结出怎样的果实呢？

　　从这次抗击新型冠状病毒期间，火神山医院的建设中，我们可以"管中窥豹"，感受第五代移动通信技术可能和将会发挥的重要作用。为应对这次突发的大规模的新型冠状病毒疫情，2020年1月23日，政府决定建设火神山医院。1月25日开工，华为、移动、电信、联通和铁塔公司组成的第五代移动通信技术通信网络覆盖建设队伍作为第一支队伍在第一时间进入工地，因此，全国亿万人民和世界亿万网民，能够第一时间清晰地、实时地看到火

---

① 搜狗问问，https://wenwen.sogou.com/z/q501211558.htm。

② 近场通信(Near Field Communication，简称NFC)，是一种新兴的技术，使用了NFC技术的设备(例如移动电话)可以在彼此靠近的情况下进行数据交换，是由非接触式射频识别(RFID)及互连互通技术整合演变而来的，通过在单一芯片上集成感应式读卡器、感应式卡片和点对点通信的功能，利用移动终端实现移动支付、电子票务、门禁、移动身份识别、防伪等应用。

神山医院建设的宏大场景。在前期的场地平整、电网尚未架起的时候，第五代移动通信技术经由亿纬锂能提供的静音电源已经开始工作了。

第五代移动通信技术在火神山医院建设中的作用，可以简单归结为十个方面：一是迅速建立起了指挥机关与工地建设部门的网络视频沟通系统，大大方便了实时管理、靠前指挥；二是迅速建立了工地建设各部门的网络办公系统，节省了大量会商的时间，使得各方施工人员能够遇到问题，迅即协商，迅即解决；三是提供了实时现场媒体直播，让亿万人民看到火神山医院的实景建设，增强了全国人民抗击疫情的信心和勇气；四是基于第五代移动通信技术建设的火神山医院的信息系统平台，将患者、社区、医院、国家医疗系统各方紧密相连、无缝对接；五是直接通过第五代移动通信技术进行现场高清晰实时数据传播的新闻媒体采访报道，增加了抗击疫情工作的透明度，为预防疫情扩散、及时回应各方关切、抵制网络谣言、稳定社会秩序，起到了重要的先锋作用；六是保证了火神山医院区域密集人员的网络通信，在这么小的区域，几万人同时使用通信网络，有众多的医务人员同时在进行视频会诊、视频传送，而且要确保高清晰、不延时，这在第四代移动通信技术时代，不可能办到；七是通过第五代移动通信技术建立医疗会诊系统，通过远程医疗会诊，集中利用优势医疗资源，确保每一位患者，都能第一时间得到最好的治疗，最大限度地发挥了医疗资源的作用，最大程度地避免了接触传染；八是第五代移动通信技术支持下的智能服务机器人，能够有效进行医疗物资传递、送药送水、消毒清洁、体温测量等简单而易感染的工作，节省了人力成本，预防了接触感染；九是基于第五代移动通信技术的热成像技术，在机场、车站、地铁、商场等人员密集地方的应用，对于查找病源、筛查病患，起到了人力不能及的作用；十是第五代移动通信技术支持的毫无延时的网络视频，为广大医务工作者，提供了离"域"不离"场"的功能服务，一旦有患者突发情况，即使主治医生下班在家，也可以通过视频进行诊断、指导现场治疗。一叶知秋，通过第五代移动通信技术在火神山医院建设中的作用，可以预见，第五代移动通信技术将会给社会各领域带来空前崭新的变化。

第五代移动通信技术将在技术、经济等领域继续引发怎样深刻的具体变革，笔者无法预料。但是在社会领域，第五代移动通信技术必将引发剧烈的变革。正如曼纽尔·卡斯特所言，"以往所有社会形态都以知识和信息作为基础，并将知识和信息作为权力与财富的源泉。……从技术和社会两个层面来看，真正意义的新事物是围绕信息技术建立起来的社会"。理解网络社会的关键问题，不是对于信息技术本身的关注，而是新的信息技术（如第五代移动通信技术）引发的社会变革和由此带来的社会意义。在权力的维度上,第五代移动通信技术必将引领新的交流方式、释放普通网民成为网络创作和参与的主体,并以其"平民化"的传播内容、个性化的创作思维、迅捷的传播速度,带来网络权力新的拓展。

第二节　第五代移动通信技术变革下的网络权力拓展

在理论维度上,网络社会的到来,必将催生网络权力这一新的权力形式,并对传统权力格局产生巨大冲击。但在现实层面,普通网民虽然已经不再是"沉默的大多数"和权力的"失语者",但是目前他们中的大多数也还远远没有成长为网络权力的"主体"。第五代移动通信技术的技术赋能,有望深刻地改变这一现状。

第四代移动通信技术时代,网民数量、质量、网民利用网络的普及面和使用网络的能力,都发生了质的飞跃,网民的网络活动今非昔比。经过第四代移动通信技术的发展,网络已经"网盖"了人们社会生活的方方面面。同时,第四代移动通信技术时代也产生了大量网民利用网络构建网络权力的实践活动。有这样的网民基础,加上第五代移动通信技术的应用普及,第五代移动通信技术时代的网络社会活动和网民构建网络权力的行动,必将大大超出我们的预期。

第五代移动通信技术将释放出更大的网络便利,让普通网民成为创作和参与主体,把普通网民从理论到实践上,打造成为真正意义上的网络权力的主体。第五代移动通信技术下,以普通网民为主体的互动方式将有崭新的变化。广大网民以其"平民化"的传播内容、个性化的创作表达、视频化的传播方式、更为迅捷的传播速度,自发建构普罗大众的集体意识,并以感性意识形态的形式催动网络权力的拓展。基于此,第五代移动通信技术变革下的网络社会,将会极大地拓展以普通网民为主体、以感性意识形态为先导的网络权力。这种网络权力虽然具有情境性特征,却因其蕴于网民关系网络之中,能够达到形散神聚的持久性效果。

一、从理论到实践:普通网民成为网络权力的主体

网络化时代,普通网民从沉默的大多数和权力的被支配者,逐步成长为网络权力的建构者、拥有者乃至网络权力的主体,开始拥有网络权力。而第五代移动通信技术时代的到来,将更大程度地有助于普通网民成为创作和参与的主体,把普通网民从理论到实践上打造成为网络权力的真正主体。

根据中国互联网络信息中心(CNNIC)公布的报告,中国网民的发展呈现出明显的多元化发展态势,开始有了向中老年群体、低收入人群和低学历人群渗透的趋势。[①]这一情况表明,中国的网络社会呈现出丰富的多元性,并且,基数庞大的草根群体正在逐渐成为中国网络社会的主体。中国社会中下层群体具备特有的传播实践方式和人际互动模式,这些特质将逐渐塑造出中国互联网空间新的传播生态。

基于此,某些学者提出的"将中国网络社会看作信息拥有者和信息匮乏者之二元对立的'数码鸿沟'"[②]的观点,已经不再符合中国的现实。中国社会的主体——社会中下阶层,已经成为网络空间的主体,甚至将进一步成为互联网的主导力量。"中国的社会信息化过程,已由20世纪90年代精英垄断的局面,进入到更广社会内的中下阶层和中低端信息传播技术紧密结合的新阶段。"[③]近年来,随着移动网络的加速发展,互联网几乎涵盖了中国社会各阶层的绝大多数群体,社会活动的所有领域都被纳入了网络社会之中。这客观上为网民的网络权力建构提供了更加便捷的条件。普通网民成为网络权力的主体。

不仅如此,网络社会发展到今天,整个网民队伍的整体素质,也发生了明显的改变。网民的文化素质在提高,网民对社会热点问题的关注呈现出越来越负责任的认真态度,网民的民主意识在增强,网民的社会主人翁精神在增强,他们对社会生活乃至于社会发展和改革的许多问题,有发声的需求和欲望。虽然由于网民的素质参差不齐,网络嬉戏之声不绝,网络暴力之行常有,甚至在某一时间、某一事件中泛滥成灾,但是他们不是主导网络的主要力量,主导网络的主要力量,还是具有较高素质的、有文化、有修养的网民大众。

尽管普通网民具备了享有构建和使用网络权力的可能,但是网络权力往往需要普通网民的联合行动,才能迸发出强大有效的力量。第五代移动通信技术的广泛应用将无限放大这一可能。

在互联网2.0出现之前,大众信息的传播形式是文字书写,传播逻辑是精英逻辑。即使电脑代替电视成为大众传播的主要媒介,大众仍然是"沉默的大多数",他们只是一个个阅读者,是受众,是聆听者,而并不是传播内容的创造者,也不是个体意识的发声者,更不是代表群体意识的发言主体。

①中国互联网络信息中心,《第54次中国互联网络发展状况统计报告》,2024年8月29日,https://cnnic.cn/n4/2024/0829/c88-11065.html。

②闫慧:《中国数字化社会阶层研究》,北京:国家图书馆出版社,2013年,第11—13页。

③邱林川:《信息社会:理论、现实、模式、反思》,《传播与社会学刊》2008年第5期。

进入互联网2.0时代之后,网络交流的方式越来越凸显出社会化和人际化特征。[①]尤其是微博、微信的出现,其"零进入壁垒"的特质,为个人参与到公共领域的讨论,甚至个人在公共领域内行动,提供了极大的可能性。网络平台的出现,为众多普通网民提供了网络发声、网络交流的便利条件。这种新生事物,尤其调动了众多年轻网民的积极性和主动性,他们主动出击,由以往的被动的媒体受众,变成了新媒体的主动传播者。这样一来,就打破了以往实体权力支配者独控信息传播的局面,普通网民只要有愿望、有行动,就有机会成为网络信息的传播者。进而,普通网民也就有了参与网络社会行动、对社会问题进行网络发声、表达自我意愿、进行网络交流沟通的可能。而网络权力就是在网民这一系列的网络行动之后产生的。诚然,网民中的大多数仍然是"打酱油"的角色,他们在网络上的主要行动是以看客的身份阅读、点赞和转发各种文字的。

　　从第四代移动通信技术开始,这种情况就开始转变了。第四代移动通信技术的短视频,成为让普通网民毫无障碍地把自己的生存状态和所思所想进行分享的工具。人类历史上第一次把社会性传播的发言者的准入门槛降到如此之低,使海量普通大众成为今天真正意义上的传播者,这是一个革命性的转变。这种技术的进步,推动了人们思想的进步。很多网民一跃而跳出了"沉默地带",变成了网络活动的主角。他们开始按照自己的思想进行网络发声,他们开始试探着按照自己的意愿进行网络权力建构实践。第四代移动通信技术时代,出现了许许多多网民建构网络权力的成功实践。其中,网络反腐就是这些成功实践的一个典型。

　　第四代移动通信技术改变生活,第五代移动通信技术改变社会。第四代移动通信技术时代,人与人的连接已几近完成,第五代移动通信技术将实现人与物、物与物的连接,也就是家庭、办公室、城市里的物体都将实现连接,走向智慧和智能。第五代移动通信技术带来的技术变革将引发巨大的社会变革,使得网络交往的逻辑彻底改变:基于第五代移动通信技术,立体化、全方位、广覆盖的社会信息服务体系将迅速建立,智慧社会建设将逐步

---

① 在互联网1.0时代,互联网只是一个针对人的阅读的发布平台,互联网由一个个的超文本链接而成。在互联网2.0时代,互联网不仅仅是超文本标记语言(Html)文档的天下,还成了交互的场所。而互联网2.0具备的要素有:"用户具有把数据在网站系统内外倒腾的能力;用户能够在网站系统内拥有自己的数据;所有的功能都能经由浏览器完成,完全是基于互联网。"这些要素归根结底都落在了"人"上,人机交互、用户体验成为主流,微博即互联网2.0的典型代表。百度文库"互联网1.0与互联网2.0的区别",http://wenku.baidu.com/view/707b3df04693daef5ef73dd0.html。

推进,城乡数字鸿沟、群体数字鸿沟将不断缩小。于是,不仅普通网民将从数量上占据网络社会的主体地位,平民逻辑也将代替精英逻辑成为网络交往的主要逻辑。这些都是普通网民在实践层面成为网络权力主体的必要条件。更关键的是,伴随着技术进步,带来的思想上的进步。第五代移动通信技术时代,普通网民成为网络世界行动的主角,按照自己的逻辑自由行动的愿望将更加强烈。这将极大地释放其参与网络活动的主动性和能动性,使普通网民有了自发自觉地组织和开展共同行动的意识和能力,并在具体情境之中实现其现实效力,从而使以普通网民为主体的网络权力从理论上可能变成现实实践,进而发展成日常行为。

二、由集体意识出发:感性意识形态催动网络权力拓展

第五代移动通信技术带来了网络交往的新形式和新逻辑。这不仅使普通网民成为网络权力的主体有了现实上的可能,还将引领新的交流方式,并以其"平民化"的传播内容、个性化的创作展示、视频化的传播方式,自发建构普罗大众的集体意识,以感性意识形态催动网络权力拓展。

观念是人们对事物主客观认识的系统化集合体。人们自身形成的观念往往会成为其行动的依据。集体意识为网络权力的建构提供了观念基础。迪尔凯姆在《社会分工论》一书中对集体意识进行了论述,他认为,集体意识是把社会中不同个体团结起来的内在凝聚力。[①]一旦人们聚在一起,就会出现共有的体验强化过程,迪尔凯姆称之为集体意识的形成。进一步,迪尔凯姆提出了两个相互关联和加强,以促进集体意识形成的机制:一是共有的行动和意识;二是共有的情感。[②]共同的活动,是互为主体性形成的标志;共同的关注,使共有情感的表达得以提高;反过来,共有的情感,将进一步增强共同活动和互为主体性的感受程度。

在网络权力建构的过程中,集体意识起到的是奠定基础的作用。通过个体集合共同发出相同或类似的话语和对某些对象表现出相同的姿态,集体意识能够构建出群体的高度同质性,从而达到形成共同体的外在表征。而作为人类基本思想观念的本源,意识形态是最根本和最稳定的意义和价值基础之一。

在形成网络社会集体意识,并对其汇聚发展壮大起主导性和基础性

---

① [法]爱弥尔·涂尔干:《社会分工论》,渠东译,北京:生活·读书·新知三联书店,2000年,第42页。

② [法]爱弥尔·涂尔干:《宗教生活的基本形式》,渠东、汲喆译,上海:上海人民出版社,2006年,第286—312页。

作用的是实践中的感性意识形态形式，这打破了意识形态理论形式的霸权地位。在普通网民进行网络沟通和建构网络权力的过程中，感性意识形态起着至关重要的作用。在网络社会中，个体认同和群体认同往往呈现出非结构性和碎片化。网络事件千变万化，网络热点各不相同，而存在于网络事件和网络热点背后的感性意识形态，则可以为个体和群体提供具有相对连续性和稳定性的参照点和情感归宿。基于这个参照点和情感归宿，人们被不同的身份归属、社会角色和生活经验撕裂了的个体和群体认同，便有了重新归拢和建立起来的可能性，从而有了实现统一的认同与归属感之可能。

基层大众的意识形态存在着明显的感性化特点，大多表现为对具体的形象的直观感觉的感性认识。这并不否认来自基层社会的意识形态有理性形式，每个个体的意识形态，必定是感性与理性的统一。感性意识形态是以感觉、知觉和表象作为存在形式的，理性意识形态的存在形式是一个理论体系。只是相比经过周密逻辑的思维过程形成的理性意识形态，在日常生活之中，人们更习惯于"自然而然"的感性意识形态。①

网络社会，感性意识形态的重要意义在于直白、生动、易于理解、便于传播。刘少杰指出："在文字文化时代，理论意识形态占据统治地位。因为文字文化时代，意识形态的表达和传播依赖的是书本报刊等印刷品中的语词语句……（这些语词语句）必然属于概念体系和逻辑推论的结果，它是间接性的认识，拥有抽象的理论形式。在互联网时代，感性意识形态向理性意识形态的统治地位发起了挑战。因为借助视觉文化，感觉、知觉、表象等这些感性意识形态形式，更易传播，更易接受，更易理解，更方便互动，更为普通网民大众所接受。"②

从第四代移动通信技术时代开始，直播作为一项新兴的媒介技术，凭借其自身所具备的即时联结与双向沟通的特点，慢慢成为一种中国青年网民网络社交的新型方式。但是直播对设备、技术等有较高要求，在第四代移动通信技术环境下，直播的主体还是专职网红或专业团队，主流的直播主要限定在哔哩哔哩、斗鱼、虎牙等平台。而随着普通网民主体性的增强，网民不再愿意被动地接受信息的灌输，而是愿意自主寻求符合自己兴趣的信息，甚至想要成为信息的制造者和自我意识的传播者。于是，网络短视频开始迅速发展。不同于直播和中长视频，制作和发布短视频不需要特定的表达形

① 刘少杰：《网络化时代的社会结构变迁》，《学术月刊》2012年第10期。
② 刘少杰：《当代中国意识形态变迁》，北京：中央编译出版社，2012年，第43页。

式和团队配置要求,具有制作流程简单、准入门槛低等特点,是在第四代移动通信技术环境下普通网民能力范围之内的。于是,抖音、快手等软件几乎成为普通网民移动设备上的必备软件,通过网络短视频社区进行社交已经在不知不觉中成为人们的日常社交习惯。

随着第五代移动通信技术发展的逐步深入,技术门槛和创作成本的急剧下降,直播和中长视频也不再是专职网红或专业团队的专利。普通网民极有可能成为网络创作的主体。第五代移动通信技术平台上普通网民交流的主要形式将是自己创作或改编的中长视频,这是通过感性意识形态形式传播的典型内容。不像单纯的文字表达那样含义明确、逻辑清晰,中长视频往往个性鲜明、情景突出、内容冗杂、含义不清,包含很多杂音或附加成分,甚至缺乏理性、没有逻辑。但是相比承载理性意识形态的语词语句,恰恰它们更具生活气息,更有时代价值,更具人文地域特点,更方便网民大众进行自我思索与判断,更新鲜,也更接地气。以网红李子柒的视频为例,她的美食视频中往往会保留食材处理或制作过程中发出的声音,例如烤肉接触到石板的那一声脆响,或是食物在锅中炖煮所发出的让人感到幸福的咕嘟声,有时还会保留喊奶奶吃饭的声音。这种看似多余的感性的处理方式反而成为视频的增色点,使得视频更加温馨,"有声有色,看得见,听得到",网友们也更容易共情共享,起到了相比理性教化更好的传统文化传承效果。

在第五代移动通信技术时代,非逻辑的感性意识形态必将成为未来网络社会交往的主流观念基础。感性意识形态的传播优势,传播的速度、广度和深度将远超理性意识形态。由此,感性意识形态将在网络权力的拓展过程中起到重要的引领作用。多数普通网民并不会像传统权力精英一样资源和位置优势明显,目标明确,策略明晰,但是这并不代表他们不能成为网络权力建构的主体。普通网民存在于感性意识形态中的意义与价值态度,以及其已经定型为网络"惯习"的策略和行为方式,决定着网络权力建构的走向。就是在这大多数普通网民多种多样的、自发的、具有明显生活气息的、但是目的性并不明显的网络行动中,网络权力建构行动慢慢开始有了一套自己的程式,开始了自我推进和发展。

技术发展,带来了操作的便利,也带来了网民思想的活跃。于是,第五代移动通信技术带来的普及化的视频交往方式和平民化网络逻辑,不仅将促成普通网民成为权力主体这一客观现象,更以其划时代的社会变革促进感性意识形态进一步发挥和放大其作用,使得网民不自觉地遵循感性意识形态建构网络权力的路径,又"自然而然"地形成集体意识,达成网民联盟,拓展网络权力。

三、形散神聚:蕴于网民关系网络的网络权力

网络权力流动于网民自主编织的关系网络之中,来自网民群体的共同行动,并在具体情境之中实现其现实效力。与之对应,网络权力多是基于某一特定网络事件或网络热点而产生,由此,网络权力的建构过程呈现出情境性特征,权力效果也常常体现出瞬时性。在松散多元且充满张力的普通网民之关系网络中,权力看似不稳定,也难以持久,但这恰是网络权力的流动形态所致。但是随着网络应用的普及,网民队伍的日益壮大,加上网络技术的进步,特别是第五代移动通信技术的推广,网民开展网络联系的渠道会越来越多、越来越广,交往互动的频率越来越高。因之,网民维系网络关系的范围会越来越大;网民把自己塑造成网络主体的机会越来越多,网络权力在网络上的维系也会越来越容易。

传统权力形式有其实体性,其来源是个体或群体的优势位置或资源占有。网络权力的独特性在于,其产生现实影响力的根源,并不仅仅来自权力主体的位置或资源,而且包含源于网络空间蕴于关系网络之中的策略行动。换言之,即使缺乏位置或资源的优势基础,网民也可以利用网络技术的特点和自身的策略性行动,在互联网平台上以自我的实践行动,搭建起网民间巨大规模的互动关系网络。这种经由个人所形成的社会关联或网络中蕴含的能量,首先塑造了基于特定情境的网络权力,即,由特定网络事件引发,网民个体皆可能享有和达成,并通过在网络和现实空间中的策略性行动实施自身意志的影响力。其主体是关系网络中的个体网民,客体是事件涉及对象。

现代意义的权力是所有行动的普遍特征,是行动者在互动的具体情境中,彼此之间例行化了的自主与依附关系。[1]网络权力则不然。扁平式的网络平台,给了众多网民以相对均等的机会发声。处在热点事件当中或者掌握了热点问题的网民,一旦在网上发声,迅即就会招来大批网民围观议论。发声的网民,接下来就会成为可能的网络权力主体,他们不必是现实社会的精英,也不必在现实社会中占有某种优势。就是在这种经由热点事件或热点问题引起,由普通网民发起、众多网民参与的网络活动,在反复的网络互动中,聚集起了集体情感,进而产生出感性意识,孕育出了网络权力。

于是,蕴于网民关系网络中的网络权力产生了形散神聚的特性。这种

---

[1][英]安东尼·吉登斯:《社会的构成:结构化理论大纲》,李康、李猛译,北京:生活·读书·新知三联书店,1998年,第77—78页。

经由网民个体所形成的关系网络,会随着互联网具体情境中个人之间的不断接触而进一步延伸,从而形成互动的结构。而当互动的结构以一种高度的关注和情感驱动被不断重复时,一种相对稳定的"互动仪式链"便自然而然地产生。

"互动仪式链"①为我们提供了维系网络权力的理论可能。比特定情境和网民关系网络更加稳定的,是蕴于网民内心的社会认同和共享价值,但是,潜在的认同和价值需要仪式的激发和维持。基于共同的认同和价值信念,人们逐渐形成符号化的仪式。仪式是人们的各种行为姿势相对定型化的结果。人们做出这些姿势,不但能够进一步固化内在的认同和共享价值,也有利于进一步形成和维持某种特定的社会关系,从而使蕴于关系网络之中的网络权力,得以保持其稳定性。②

"互动仪式链"是网民维系网络交流活动而保持的相互之间随时联系的网络纽带,它看似松散,但可随时被网民"叫醒",并且会因为热点事件或热点问题随时迸发出情感能量。

"互动仪式链"内化于网民个体的思维与行为之中,维系着网民关系网络,也维系着蕴含着巨大力量的网络权力。于是具有相对稳定性的网络权力便应运而生,它主要表现为一种关系性的能够作用于现实资源和规则,并能够框架某网络事件之后的类似政治进程和社会实践的具体发展和意义,进而改变事实存在状态、变革社会秩序的运行模式的支配力。

第三节　第五代移动通信技术时代
网络权力拓展的新方向

网络社会的到来,不仅带来了"看得见、摸得着"的工具上的进步,更带来了人们思想上的深刻改变。从第二代移动通信技术、第三代移动通信技术到第四代移动通信技术、第五代移动通信技术,网络技术突飞猛进,给社

---

① 柯林斯正是以"互动仪式链"的连续层次性克服了情感能量的短暂性问题:体验转化成符号(短暂的、情境的主体间性);体验在另一种层序上的延续与重新创造,作为符号具体化的主体间性)→用新创造的符号在那些淡忘了最初体验的人之间的第二层序的循环→个体单独时,即其他人不在场的情况下,知晓如何利用符号并习惯性地使用符号(符号循环内在化于个体)。[美]兰德尔·柯林斯:《互动仪式链》,林聚任、王鹏、宋丽君译,北京:商务印书馆,2009年,第148页。

② 宋辰婷:《从互动到仪式:网络权力常态化的困境与超越》,《学习与实践》2018年第1期。

会生活带来了翻天覆地的变化，人们的思想也与时俱进。总结一下第四代移动通信技术时代我们不难看到，整个社会的经济、政治、文化、科技、教育等各个领域，都站到了一个崭新的高度。网民的数量、质量，以及普通网民的所思所想、所求所盼，也站到了一个崭新的高度。第五代移动通信技术单就速度上就比第四代移动通信技术高出了百倍以上，其他方面的网络技术相比第四代移动通信技术也必将有巨大成长。站在这样新的高度上展望未来，一般的想象翅膀是不够用的。但是可以预见的是，网络社会将会在人们开放、包容、理智的思想引导下，不断开创人类美好的明天；亿万网民也会更加主动、负责、有担当地围绕建设和谐社会而开展网络权力的建构实践。

和其他的人类社会实践一样，网络权力建构，人的因素是第一位的。技术的进步是靠人类的大脑来开发的。和技术的不断进步一样，人类自身的进步，一刻也没有停息。人是社会活动的主体，技术是人的辅助工具。"工具是人的器官的延长，如镢头是手臂的延长，望远镜是眼睛的延长。"我们讨论网络技术的进步，讨论网络权力的建构，一时一刻也不能忽视网民这个主体。

伴随着第五代移动通信技术时代的到来，一代新人也在成长。新时代的网民，具备了很多老网民不具备的特质。他们的知识储备相对较多、较新，他们脑海里的禁忌、禁锢相对较少，他们思想活跃、思路敏捷，他们敢言敢爱敢恨、善于表达，他们的新点子新主意多、创新能力强，他们对网络的研究和使用更熟练，他们的世界观在成长，他们对社会实践的欲望也在增强，等等。随着网络的发展，实体权力也越来越重视与网络权力的呼应。第五代移动通信技术+新时代的网民，会创造出很多奇迹。

第五代移动通信技术时代的到来，一方面，在网络技术上，为亿万网民提供了更加便捷、更加迅速、更加全新视角、更加"无阻无拦"的网络沟通方式，网民可以毫无延时地传播自己的所知所见、抒发自己的观点看法、倾诉内心的喜悦和块垒。另一方面，第五代移动通信技术所引发推动的经济、社会、政治、文化等方面的巨大变化，又会反过来影响人们思想和行为的改变，进而影响到网络传播内容的改变。以上这两个方面的变化，作用到网络权力的建构上，其结果只能是，网络权力的建构方式越来越容易，网络权力的建构内容越来越丰富，网络权力的维系越来越容易、越来越持久。

第五代移动通信技术带来的是网络技术的进步，最直观的是网速的提升和网络服务的多样化，但是伴随而来的可远不止这些。整个网民队伍的不断扩大和素质的提升，新技术新产业的不断发展和壮大，网络自由度的提升和网民参与社会活动的行动自觉，网民民主意识的不断增强，政府管理部门对网络民生的日益重视，尤其是网络经济和网络文化给全社会带来的利益冲击、文化冲击和视角冲击，加上全球网络一体化的迅猛推进，等等，这一切，都给未来的网络社会发展增加了许许多多的不确定性。在这样的发展背景下，新时代的网民会以什么样的操作，以什么样的内容作为关注重点，以多大的热情和什么样的节奏，来构筑新时代的网络权力？新时代的网络权力会以怎样的姿态，与实体权力相伴随，共同推动社会的进步和发展？这是摆在我们面前的重要课题。相信，第五代移动通信技术时代的到来，中国社会的发展，乃至整个世界的发展，会更美好。

第九章 元宇宙视域下网络权力的
发展与展望

元宇宙最早出现在科幻作家尼尔·斯蒂芬森1992年出版的科幻文学作品《雪崩》中，这里面的元宇宙描述的是一个持续存在的虚拟世界，与现实世界人类生存的方方面面都有联系，与其互动并对其产生影响。在人类社会的今天，在信息技术的推动下，"元宇宙"已由科幻逐步走向了现实。元宇宙开始被看作是通过信息技术创造出来的虚拟世界与现实世界融合共生的人类社会新形态。①甚至有学者直接指出，元宇宙不仅仅是未来的互联网，而且是未来社会本身。②

重大的技术革命，往往都会带来社会层面的联动变革。作为正在实践的网络社会未来图景，我们对于元宇宙的探讨，不能仅仅停留在技术层面上，需要用联系的观点，对元宇宙将为人类社会生活带来的影响，进行社会科学领域的深入探讨。网络权力是呈现互联网独特逻辑和社会潜能的极具代表性的领域之一。本章将尝试从网络权力的维度，以窥斑见豹式的研究，揭示元宇宙社会层面的潜能和变革性影响，在元宇宙视域下对网络权力的发展进行展望。

第一节 元宇宙社会：从科幻走向现实

在第五代移动通信技术（5G）、增强现实技术（AR）、虚拟现实技术（VR）、人工智能技术（AI）、扩展现实技术（XR）、区块链技术（BC）、物联网技术（IoT）、数字孪生技术（DT）等多种新技术的加持下，源自科幻文学作品的

---

① 清华大学新闻与传播学院新媒体研究中心：《元宇宙发展研究报告2.0版》，2022年1月21日，https://www.xdyanbao.com/doc/jw4svawhjp?bd_vid=11407979339236926586。

② 王天夫：《虚实之间：元宇宙中的社会不平等》，《探索与争鸣》2022年第4期。

元宇宙概念,正逐渐成为社会现实。现实社会中已经掀起元宇宙热潮,很多学者也开始关注元宇宙,从多学科进行元宇宙的相关研究,但是对于"元宇宙",目前并没有形成统一的行业描述或学术定义。

大多数互联网行业领导者,以符合自己世界观或能彰显自己公司能力的方式,来定义元宇宙。例如,微软首席执行官萨提亚·纳德拉将元宇宙描绘成一种可以将"整个世界变成一个应用程序"的平台;[①]Meta[②]的首席执行官扎克伯格在表达元宇宙的愿景时,侧重于沉浸式虚拟现实(VR),以及将相距遥远的不同个体连接起来的社交体验,将元宇宙形容为"一个实体化的网络"[③]。

在学术界,元宇宙也是一个热门概念。博斯沃思等认为"元宇宙是一组虚拟空间,用户在其中可以同不在同一物理空间的他人合作进行创建和探索"[④];科杜里则将元宇宙视为"一个持续性、沉浸式、大规模可供数十亿人实时访问的巨型计算平台"[⑤];马修·鲍尔定义元宇宙是一个"大规模、可互操作的网络、能够实时渲染3D虚拟世界,借助大量连续性数据,如身份、历史、权利、对象、通信和支付等,可以让无限数量的用户体验实时同步和持续有效的在场感"[⑥]。国内较为权威的元宇宙定义,是清华大学新闻与传播学院新媒体研究中心给出的:"元宇宙是整合多种新技术而产生的新型虚实相融的互联网应用和社会形态,它基于扩展现实技术提供沉浸式体验,基于数字孪生技术生成现实世界的镜像,基于区块链技术搭建经济体系,将虚拟世界与现实世界在经济系统、社交系统、身份系统上密切融合,并且允许每个用户进行内容生产和世界编辑。"[⑦]虽然定义各异,但很多学者在一个根本观点上达成了共识:"元宇宙可能是继

---

① Satya Nadella. Building the Platform for Platform Creators. LinkedIn, May 25, 2021.

② 2021年11月28日,美国Facebook公司正式更名Mate(元),宣布重点转向"元宇宙",开启了全球"元宇宙"研发热潮与科技竞争。

③ Alex Sherman. Execs Seemed Confused About the Metaverse on Q3 Earnings Calls. CNBC, November 20, 2021.

④ Andrew Bosworth and Nick Clegg. Building the Metaverse Responsibly. 2021-09-27. https://about.fb.com/news/2021/09/building -the -metaverse-responsibly.

⑤ Raja Koduri. Powering the Metaverse. Intel, 2021-12-14.

⑥ [加拿大]马修·鲍尔:《元宇宙改变一切》,岑格蓝、赵奥博、王小桐译,杭州:浙江教育出版社,2022年,第43页。

⑦ 清华大学新媒体研究中心@新媒沈阳团队:《2020—2021年元宇发展研究报告》,北京:清华大学新闻与传播学院新媒体研究中心,2021年,https://www.xdyanbao.com/doc/lr8dslc5i1?bd_vid=11815896573135663956。

万维网和移动互联网之后的下一个主要计算平台。"①即,元宇宙带来的转变类似于,甚至将大于,从传统互联网向现代移动互联网和云计算的转变,它将彻底改变我们的日常生活和思考方式,元宇宙社会将是网络社会的下一个进化形态。

鲍德里亚早在20世纪70年代就提出了类"元宇宙"的后现代理论预测。在《生产之镜》《符号交换与死亡》《末日的幻觉》《仿象与拟真》等著作中,他多次论述"超现实"(hyper reality)的概念,将超现实描述为一种状态,即现实和拟态(simulation)无缝连接,让人难以区分。虽然在其著作发表后,很多人表示了对"超现实"的恐惧,但是鲍德里亚认为,重要的是个体在哪里获得更多的意义和价值,在他的推测中,这将是拟态社会,而非真实社会。在拟态社会中,模型和符号建构经验结构,并消灭了模型与真实之间的差别,人们以前对真实的体验以及真实的基础均将消失。②

在理论意义上,我们今天探讨的元宇宙社会,非常类似鲍德里亚意义上的"拟态世界"。但是从直观的经验层面,现在我们的确还无法确定元宇宙到来时日常生活的一天是什么样子的,以及那将带给我们怎样的体验。但是我们可以回溯计算机和互联网,这最近的两个技术急速变迁的时代,来反观即将经历的元宇宙时代。当时,即使是互联网最狂热的支持者,也难以想象这样一个未来:数以百万计的网络服务器可能承载着数十亿个网页;人们每天会收发3000亿封电子邮件;脸书这样的社交网络每天有数十亿活跃用户……当今社会互联网的潜力和需求显而易见,但在互联网发展的初期,几乎没有人能够针对未来建构一个统一的、正确的愿景。对于元宇宙也是这样。况且,人类社会发展进步的步伐,总是越来越宽阔的。其宽阔的程度,总是超出人们的想象。

随着元宇宙的不断发展,其核心要素开始逐步明晰:完整再现现实世界的虚拟世界、沉浸式的3D体验、使虚拟世界活起来的实时渲染、互操作性和统一的数据传输标准、去中心化的信息共享、实时同步的海量信息、同时存在且能瞬间聚集的无限用户,等等。恰如现在的网络社会并非当初所设想的完全虚拟的赛博空间一样,作为深度数字化生存空间的元宇宙,也将会是虚实深度交互的空间,是一种超越单纯技术创新的复杂的技术社会复合体

---

① Raja Koduri. Powering the Metaverse. Intel, 2021-12-14.

② [法]让·鲍德里亚:《鲍德里亚访谈录1968—2008》,成家桢译,上海:上海人民出版社,2022年,第300—317页。

和人造世界。①因此,对元宇宙进行社会科学层面的学理化研究,从网络权力的维度探讨元宇宙社会潜能和变革性影响,将会是一次对互联网未来发展方向有意义的社会科学式的展望。

第二节　网络权力:权力新形态抑或"数字乌托邦"?

一、网络权力:数字行动主义和后霸权主义的不同研究取向

随着网络社会的深度发展,权力关系正在发生变革。信息技术已经使得权力的形态开始发生改变。网络权力,这种网络社会中权力的新形态,被视为扁平的、扎根的、流动的和动态的,而不是传统意义上是基本固定的等级制度的权力结构模型。②

在从权力维度理解网络社会深刻变化的众多学者中,曼纽尔·卡斯特是最广为熟知的一位,他在网络社会三部曲——《网络社会的崛起》《认同的力量》和《千年的终结》中,旗帜鲜明地提出了网络权力的概念。卡斯特认为,在网络社会中,权力是多维度的,存在于全球金融、政治、军事安全、信息生产等网络中,网络权力重新设计和定义了社会规则和规范。更具有颠覆性的是,对于网络权力的本质和力量来源,卡斯特的解释是:"网络社会,权力存在于信息符码形成与再现的意向之中,社会根据网络权力进行制度组织,人们根据网络权力进行生活营造和行动抉择。网络权力的基础是人们的心灵。无论是谁,无论采用怎样的手段,只有赢得了人们心灵的战斗才能实现真正意义上的权力。"③这相当于宣告,网络社会的权力主体发生了变化,普通网民联合起来的网民群体,成为网络权力的主体,开始对传统的权力结构产生实质性的冲击。

卡斯特式的网络权力解读,有众多的追随者。比如网络行动主义的相

---

① 段伟文:《探寻元宇宙治理的价值锚点——基于技术与伦理关系视角的考察》,《国家治理》2022年第2期。

② Lash. Power after Hegemony: Cultural Studies in Mutation? *Theory*, *Culture & Society*, 2007, 24(3), pp.55-78; Mackenzie, A. and Vurdubakis, T. Codes and Codings in Crisis: Signification, Performativity and Excess. *Theory*, *Culture & Society*, 2011, 28(6), pp.3-23; Smith, M. These on Philosophy of History: The Work of Research on the Age of Digital Searchability and Distributability. *Journal of Visual Culture*, 2013, 12(3), pp. 375-403.

③ [美]曼纽尔·卡斯特:《认同的力量(第二版)》,曹荣湘译,北京:社会科学文献出版社,2006年,第415页。

关研究,他们关注了2011年的社交媒体(推特、油管网、脸书和博客)在"阿拉伯之春"和"占领华尔街"运动中发挥的作用。①他们认为,与传统的政治组织形式相比,网络社交媒体组织的社会行动,展现出了生命力和进步性。图图费克奇和弗里龙认为,信息技术对政治行动主义的影响如此之大,以至于"询问信息技术是否会产生影响是没有意义的;相反,我们可以并应该研究的是其影响机制和关键机制"②。

同时,对于以卡斯特为代表的对网络权力的乐观观点,很多学者予以质疑。他们认为,以卡斯特为代表的数字行动主义的言论,表现出对无政府主义和扁平化组织的偏好,以及对等级制度的厌恶。在这里,数字乌托邦主义(digital utopianism)和技术决定论(technological determinism)的话语论调与人类奋进的其他领域里一样明显。③甚至有学者直接批判卡斯特的理论忽视了对监视和隐私问题的讨论,并假设所有公民具有平等的网络访问权利,是一种盲目的乐观主义。④

将网络权力视为数字乌托邦的观点,采用的福柯式的权力视角,强调的不仅仅是权力关系的压制层面(传统的主权权力模式,其中一个权威个人或团体对被规训的公民强制行使权力),还有日常生活的、分散的、经常带有自愿性质的权力形式。⑤拉什认为,通过新兴数字信息经济及"新商品"数据,一种"后霸权"(post-hegemonic)形式正以微妙的方式运作。这种权力从传统霸权制度中"泄露",渗透到日常的、理所当然的事件中,这意味着我们正处于普适计算和媒体无处不在的时代,同时也是政治无处不在的时代。权力成为生命形式的内在要素,但由于其无形和

① Bruns, A., Highfield, T. and Burgess, J. The Arab Spring and Social Media Audiences: English and Arabic Twitter Users and Their Networks. *American Behavioral Scientist*, 2013, 57(7),pp.871-898; Gleason, B. Occupy Wall Street: Exploring Informal Learning about A Social Movement on Twitter. *American Behavioral Scientist*, 2013, 57(7),pp.966-982; Howard, P. and Hussain, M.The Upheavals in Egypt and Tunisia: The Role of Digital Media. *Journal of Democracy*. 2011,22(3),pp. 35-48; Murthy, D. T*witter: Social Communications in the Twitter Age*. Oxford: Wiley, 2013.

② Tufekci, Z. and Freelon, D. Introduction to The Special Issue on New Media and Social Unrest. *American Behavioral Scientist*, 2013,57(7),pp.843-847.

③ Kavada, A. Introduction. *Media, Culture & Society*,2014,36(1),pp.87-88.

④ Fuchs.Book Review: Manuel Castells, Networks of Outrage and Hope: Social Movements in the Internet Age. *Media, Culture & Society*, 2014, 36(1),pp.122-124; van Dijk, J. Book Review: Castells, M., Communication Power. *Communications*,2010,35(4),pp.485-489.

⑤ [法]米歇尔·福柯:《规训与惩罚》,刘北成、杨远婴译,北京:生活·读书·新知三联书店,2019年。

理所当然的性质而没有得到承认。[①]在网络社会中，"很大一部分实际权力被计算机算法的作者所掌握……代码编写者越来越多地成为立法者，决定线上（以及线下）环境的默认设置和功能、隐私的匿名的保护模式、访问权限的授予，等等"[②]。

从理论层面，数字行动主义和后霸权主义向我们揭示了看待网络社会中权力新形式的不同视角。一方面，普通网民拥有了成为网络权力主体的机会；另一方面，数字霸权相比以往社会的霸权形态更隐蔽、收益更多。本文无意在两种理论观点上站队，但是在价值层面上乐于见到网络社会在权力维度上为普通网民带来的机会与希望。对于普通网民来说，网络权力是一种软权力，是一种动态的流动的权力，它不可能像实体权力那样强硬，那样直接而有威力。网络权力所传导的更多的是一种自下而上的网民的利益表达和意义诉求。

二、互联网2.0时代网络权力的现实困境

网络社会给予了普通网民成为权力主体的机会与希望，但是网络权力的实践在互联网2.0时代却存在着现实困境。虽然互联网2.0的理想是提倡共享和参与式民主，其中普通网民既可以为数据做出贡献，也可以在信息技术的供给中受益。但是实际情况是，普通网民却几乎无法从中获益，能够受益的是谷歌、亚马逊、脸书、推特等互联网平台巨头。

安德烈耶维奇认为，新兴信息文化构建了新型社会、经济和政治劣势。那些拥有较强文化和经济资本的企业能够让大数据为自己服务，而其他主体则无法从大数据中获益。[③]相较于平台，作为数据的创造者——普通网民，在互联网中的获益性非常有限。虽然数字行动主义的乐观估计是，互联网有助于创造"新型信息的守门人和数据解释者"[④]，即互联网赋权的普通网民，但是互联网世界的现实秩序，仍是由占据主导地位的传统权力和等级制度来构建的。

甚至，在互联网2.0时代，平台巨头已呈权力垄断之势。由于"网络效

① Lash, S. Power after Hegemony: Cultural Studies in Mutation? *Theory, Culture & Society*, 2007, 24(3), pp.55-78.

② Lessig, L. *Code: Version 2.0*. New York: Basic Books, 2006, p.79.

③ Andrejevic, M. *Infoglut: How Too Much Information Is Changing the Way We Think and Know*. New York: Routledge, 2013, pp.34-35.

④ Ruppert, E. and Savage, M. Transactional Politics. *The Sociological Review*, 2011, 59(S2), pp.73-92.

应",即不断扩大的数据收集能力,令"使用平台的用户越多,平台就对每个人越有价值",平台已成为"垄断、提取、分析与使用越来越多被记录的数据的有效方式"[1]。换句话说,越多人使用平台,他们就会留下越多数据,平台服务就会变得越个性化;同时,越多服务提供者使用平台,平台能提供的服务就越多样,于是也就能吸引越多用户;而越多用户与服务提供者使用平台,就会发生越多交互,因此也就有越多数据可以提取;以上这些又吸引更多用户与服务提供者。当这些发生时,平台以外的消费者和服务提供者的缺乏,又进一步提高了不加入平台的成本,甚至向最抗拒平台者施加入局的压力。此外,由于当今主流平台可以从其用户处收集数据并重新融入其架构,从而提供更能满足受众需求的产品,这令其竞争者事实上无法进入相关市场。

作为互联网下一个进化形态——元宇宙,意味着人们的工作、生活、休闲等活动在虚拟世界中的比重将不断增加,虚拟世界将成为数百万人乃至数十亿人的平行世界,虚拟世界位于我们目前的信息和实体经济之上,并将两者有机结合起来。因此,"如果一家中央公司控制了元宇宙,它将变得比任何政府都更强大,甚至成为地球的主宰"[2]。当前的互联网2.0时代,权力已经过于集中在少数巨头手中,这种现实困境明显与去中心化、平等化、多元化的互联网精神相违背。对于未来的元宇宙发展方向,我们希望它由多元群体来推动,而不是由单一主体来推动,从而促使多元群体成为元宇宙的主要受益者。这种受益不仅仅包括经济层面,还应该包括社会的、文化的、教育的、民生的、政治的,诸如网络权力等一系列社会层面的受益。

第三节　元宇宙社会中网络权力拓展的可能性

网络权力的现实困境,使我们意识到对于网络权力的探讨,不能仅限于理论层面的演绎,而是要进入具体的技术发展脉络和现实情景中研究网络权力拓展的可能性。这也为我们从网络权力的维度,挖掘元宇宙的社会潜能和变革性影响提供了方向。

---

① Srnicek, N. *Platform Capitalism*. Cambridge and Malden: Polity Press, 2017, p. 43.

② [加拿大]马修·鲍尔:《元宇宙改变一切》,岑格蓝、赵奥博、王小桐译,杭州:浙江教育出版社,2022年,第150页。

一、赋权和去中心化：网络权力实现的技术驱动力

托尼·帕里西认为，元宇宙建立规则中基本的一条是，元宇宙是一个没有任何人可以控制的、开放自由的，并且适合所有人的最为广泛的社会空间。[①]在这种技术的乐观预期之下，卡斯特式的网络权力在元宇宙社会即将成为现实：在元宇宙的虚拟世界里，普通网民可以摆脱现实世界的桎梏，开始崭新的社交与生活，网络权力的主体是普通网民，网民间的社会关系是自由平等的，而网络权力就蕴于这样的社会关系之中。但是正如互联网2.0时代网络权力的现实困境那样，如果在元宇宙社会中，网民的数据信息被某些个人和组织系统性地操控和利用，那么造成的权力垄断将更加可怕。因此，要想在元宇宙中真正实现以普通网民为主体的网络权力，需要有赋权和去中心化的技术条件保驾护航。

在技术层面，元宇宙社会中，所有事物将完成彻底化的数字化信息表达。数字化的一个重要特征，就是摆脱实体媒介的束缚，可以几乎无成本地快速传递信息。[②]这有着天然的赋权倾向。数字化信息利用的普遍化、标准化趋势与数字社会结构的扁平化，将显著提升普通网民的表达能力，最大限度降低来自现实社会的不平等差异。"虚拟空间不再是以某个人或权力中心为原点的'放射性'联系的空间，而是成为一个'处处皆中心'或'去中心'的互联网络的社会空间。"[③]在去中心化的元宇宙社会中，每个网民都是一个节点，每一个节点上的网络权力不再是单向的流动，而呈现为全域性的流动，真正实现"流动的权力胜于权力的流动"。

更重要的是，以区块链为代表的元宇宙技术，核心要义之一就是去中心化。以区块链技术为例，区块链是由一个去中心化的"验证者"网络所管理的数据库。当今大多数数据库都是集中式的，即一条记录被保存在一个数字仓库里，并由一家跟踪信息的公司管理。这家公司是这些数字唯一的管理者和所有者。与集中式数据库不同，区块链记录不存储在单个位置，也不由单方管理，而是由一群可识别的个人或多家公司共同管理。区块链经济领域的应用"分类账"（ledger）就是通过遍布世界各地的自治计算机网络达成的共识来维护的，这样去中心的"账本"内容很难被篡改，确保了其安全性。

---

① 焦建利：《托尼·帕里西：元宇宙的七大规则》，《中国信息技术教育》2022年第5期。

② ［美］尼古拉·尼葛洛庞帝：《数字化生存》，胡泳、范海燕译，北京：电子工业出版社，2017年，第229页。

③ 张明仓：《虚拟的实践论》，昆明：云南人民出版社，2005年，第182页。

优点明显的"去中心化",缺点也很明显。元宇宙技术的去中心化,是以牺牲效率作为代价的。因为去中心化技术,需要很多不同的计算机执行相同的工作,所以本质上这样做比使用标准数据库成本更高,且会消耗更多能量。现实中我们已经看到,基于网络共识的区块链交易,需要几十秒甚至更长的时间才能完成,比现有技术下的其他网络交易要慢得多。但是从长远来看,要实现真正意义的"自由与平等"的元宇宙,去中心化技术必须迎难而上。虽然暂时从效率上来看,区块链确实不如大多数其他数据库和计算结构效率高,但是其去中心化特征,是引发围绕用户和开发者权利、虚拟世界的互操作性等一系列重要问题变革的基础,也是实现元宇宙中以普通网民为主体的网络权力的必要条件。Epic Games(美国一个成立于1991年的游戏公司)首席执行官蒂姆·斯威尼在推特上说:"区块链是实现开放元宇宙的基础。这是通向最终的长期开放框架的最合理途径,在这个框架中,每个人都可以控制自己的存在,不需要受'守门人'的限制。"①只有当数据处理必须经过去中心化网络中大多数人或大多数公司的同意,而不是由某个人或者某家公司来决定时,我们才能从技术手段上彻底预防权力垄断。

"赋权"和"去中心化"的技术,不仅是未来元宇宙的关键技术,也是颠覆当今互联网的平台范式的关键。它们提供了一种机制,通过这种机制,从财富到基础设施和时间等各种重要而多样的资源,可以很容易地聚合在一起,其规模可以与最强大的平台巨头相媲美。这个目标的出现,让我们看到了希望。这将为我们提供一种实现机制,从而可以利用地球上每个人与每台计算机的综合力量和资源,去构建一个去中心化的、健康运行的元宇宙。在这个意义上,"赋权"和"去中心化"的元宇宙技术,将会成为网络权力实现的技术驱动力和技术保障。

二、感性共创:普通网民成为权力主体

由一张封面照片和一串陈旧的纯文本状态更新组成的个人博客的时代,一去不复返了。移动互联网时代,普通网民已经有能力运用源源不断的高分辨率照片甚至视频来表达自己。虽然很多网民发布它们的目的,只是分享自己在某时某刻正在做什么、吃什么或想什么,但是就是这样的互联网生活日常化,才使普通网民有机会成为互联网内容创作的主体。已知的互联网发展历史,给我们的经验是,首先,普通网民具有充分的主动性和能动性,会寻找最能代表他们所体验世界的数字模型,这个模型需要包含丰富的

---

① Tim Sweeney(@TimSweeneyEpic),Twitter,2021-01-30.

细节、能捕捉现实状态、达到音频和视频的混合，以提供一种"在现场"的感觉；其次，随着在线体验变得更加"真实"，普通网民将更多的现实生活放到网络上，将更多的时间放到网络上，明显的标志就是，新的社交应用程序不断出现，而这些应用程序，通常首先受到年青一代的欢迎。综合来看，这些经验共同支持这样一个观点：作为互联网的将来——元宇宙将充分吸纳普通网民的参与和创作，并为这种参与和创作，提供更加便利的舞台，普通网民从实质意义上将成为元宇宙的主体。

Z世代，即互联网的"原住民"，出生在网络信息时代，受信息技术、即时通信设备、智能手机产品等影响比较大的一代人，是互联网时代普通网民中的先行者，也将大概率成为未来元宇宙的网民主体。尤其是更新一代的"iPad原住民"，对互联网呈现了更强的依赖性。他们在成长过程中，期望世界是可以互动的，相信自己的主动性和创造性，希望世界受到他们的"触摸"和"选择"的影响。

Z世代的行为偏好，呈现了与以往世代的显著差异。我们可以从他们现在的互联网活动偏好上，窥见元宇宙的可能发展方向。例如，在Z世代广泛参与的二次元文化社群、网络游戏社群、粉丝网络社群中，用户自生成内容（User Generated Content，简称UGC）模式，即普通网民用户生成内容的模式，已经非常普遍。普通网民不仅仅是互联网内容的浏览者，更是互联网内容的生产者，他们开始主动地通过内容共创和分享，进行交互。甚至，UGC模式中网民共创的民间内容，成为保持虚拟社群活力的重要助力，并产生了可观的集群效应。人人参与、人人共享、人人共建的元宇宙未来趋势在这里得以体现。

需要注意的是，以普通网民为主体的内容共创，往往是感性的。与现实世界不同的是，价值表达和情感倾向借助网络平台的匿名性、隐蔽性、迅速性、广泛性和共鸣性，实现了感性思维的网络化。也就是说，感性思维占据了互联网交往中的重要地位。对于感性追求和放大，使得在网络社会交往中，占据主导地位的往往是图像文化，以及感性化的文字和语句表达。①感性表达甚至于一定程度上最真实地反映了普通网民的内心，也将继续成为元宇宙社会中普通网民创作表达的主要方式。

目前，UGC模式更多的是一种区别于专业内容生产（Professional Generated Content，简称PGC）的发展模式，然而对于未来的元宇宙，它可能更多地

① 刘少杰：《网络社会的结构变迁与演化趋势》，北京：中国人民大学出版社，2019年，第147—174、290—291页。

成为一种底层逻辑和社会秩序。在元宇宙社会中,"用户生产内容"或将升级为"用户共创内容",从"生产"到"共创",多了一层共同体的意涵。如果说在目前的移动互联网时代,生产者更多的还是一个个原子化的个体,彼此的创作行为和创作内容互相独立甚至互相竞争,那么在元宇宙时代,在开源和区块链的技术支持下,则有望实现一种以共创性和共生性为特征的新的秩序。①普通网民不仅是元宇宙中的文化生产主体,更将成为元宇宙中社会意义的主体,能够普遍、深入地参与到元宇宙社会中的标准制定、意见提出、决策通过等具有实质意义的社会活动中,推动权力秩序自下而上的内生式变革。这样一来,普通网民在元宇宙社会中,将化身为实在意义上的元宇宙社会权力主体。

三、交互能力和集聚能力:蕴于网络权力中的巨大能量

2019年,中国香港国际机场使用Unity虚拟引擎构建了一个数字孪生,可以连接整个机场的无数传感器和摄像头,以实时跟踪和评估客流、进行维护。我们从这里看到,跨越物理平面和虚拟平面的元宇宙,正在变为现实。

在普通网民的世界中,元宇宙的搭建也逐渐成为现实。《动物之森》是由任天堂开发的一款知名游戏,以开放性著称,游戏中所有玩家生活在一个动物居住的村庄,以角色扮演的形式展开各种活动。该游戏使用真实时间,凭借着强大的自定义系统和互动属性超出了单纯的游戏的范畴,成为全球玩家社交的新阵地。2020年,一对来自美国新泽西州的夫妇选择在《动物之森》上举行了自己的婚礼,5名亲朋好友参与了这次的云婚礼。之后《动物之森》上的云婚礼成为年轻人的一种婚礼新趋势,小红书、哔哩哔哩等平台上还不断出现专门的《动物之森》婚礼攻略。2022年,中国的一对90后新人,为了让因疫情影响而无法观礼的宾客也能感受到现场的热烈气氛,同样选择了在《动物之森》上1:1复刻线下婚礼现场,打造了一场浩大的元宇宙虚拟婚礼。②

从香港国际机场的数字孪生构建,我们看到了技术层面元宇宙的雏形,在普通网民的世界中,沿着相同的轨迹,元宇宙的现实可能也逐渐显现。在元宇宙虚拟婚礼中,通过普通网民的自定义创作,游戏中的替身小人真正成了他们的网络化身。他们可以参与婚礼现场的环境布置,可以打造新人入

---

① 胡泳、刘纯懿:《"元宇宙社会":话语之外的内在潜能与变革影响》,《南京社会科学》2022年第1期。

② 腾讯新闻:《真会玩! 国内新婚夫妇在线上办了一场"元宇宙虚拟婚礼"!》,https://new.qq.com/rain/a/20221009A062P300。

场、交换戒指等全套婚礼环节,可以真实观看婚礼的全流程,甚至还可以完成送祝福、领喜糖、抽取伴手礼等一系列互动。元宇宙虚拟婚礼实现的全景沉浸式交互,在技术层面上,远不及目前很多互联网行业巨头正在打造的元宇宙项目,甚至在现阶段还需要普通网民投入大量时间和金钱,花费远大于现实中的婚礼仪式。但是它的意义在于,普通网民可以自主定义和建构的元宇宙,这是元宇宙将来发展的希望所在,才不至于使得元宇宙发展成为平台巨头控制的下一个互联网形态。普通网民在自主定义和建构中产生的交互能力和集聚能力,将聚沙成塔,化微能量为巨力量,也将成为网络权力变为现实的希望。

甚至,由于虚拟空间中时间和空间区隔的打破,普通网民甚至在这里寻找共鸣、达成互动、形成合力,要比现实空间容易得多,顺利得多。这种区隔的打破,在元宇宙社会中将更加明显,"在元宇宙空间中更容易形成新的异质性团结"[①]。于是,"数字表象获得了比集体表象更具吸引力、凝聚力和扩展力的社会力量。正是数字表象展开的广阔景观,使它具有了在地方空间中通过群体活动而形成的集体表象无与伦比的扩展力量。元宇宙中有难以计数的兴趣共同体,但当其中形形色色的共同体通过共有表象链接成千百万人同时在线或持续互动的社会过程时,元宇宙就成为超越地方空间的具有整体联系的精神社会"[②]。在这个意义上,元宇宙社会中由普通网民互动和集聚产生的力量之大,可能远非今天的我们所能想象,而这种无法想象的巨大力量,就是将来蕴于网络权力中的巨大能量。

随着元宇宙发展所需要的基础技术的逐年改进,随着互联网服务变得更普及、更快、更透明,随着标准化和互操作性的逐步实现,随着"iPad原住民"一代年龄的增长,越来越多的普通网民将从虚拟世界的消费者或业余爱好者,转变成专业开发者。由此我们更有理由相信,在元宇宙社会中,来自普通网民的微行动、微资源,将产生足以撼动以往具有绝对优势地位的互联网寡头的巨力量,实现真正意义上的网络权力。

四、分布式决策的自治组织:网络权力的理想组织形式

在理念设计中,元宇宙被赋予了构建平等、自由、多元、自组织、去中心化社会的远景,其自治的生态系统,也将成为网络权力的摇篮。其中给予网

---

① 张宪丽、高奇琦:《元宇宙空间的社会整合与社会分工:来自涂尔干的启示》,《理论与改革》2022年第6期。

② 刘少杰:《从集体表象到数字表象———论元宇宙热潮的演化逻辑与扩展根据》,《河北学刊》2022年第4期。

络权力成长和发展的支持,不仅仅有技术的进步、行动主体的成长、行动能力的增强,也有新型组织模式的保障。在自由、合作与开源主义的原则下,以区块链、智能合约与链式存储等底层技术为依托,一些非传统的组织模式逐步出现,成为虚拟世界中建构新型公共秩序的先行试验。其中,去中心化自治组织(Decentralized Autonomous Organization,简称DAO)是当下最具潜力的方案之一。[1]

DAO是一个分布式决策的自治组织形式,最先出现在3D虚拟现实平台Decentraland[2]中。在DAO中,传统组织内复杂的人际关系、磨人的规范和烦琐的组织制度变为数字化的自动化模式,任何用户都可以提案并且投票决定运行的政策和规定。就本质来讲,DAO是在区块链"去中心化"的核心思想之下衍生出来的一种新组织形态,旨在达成同一个共识的群体自发产生的共创、共建、共治、共享的协同行为。很多学者对DAO这一新型组织形式,给予了很高评价,认为DAO有利于实现真正意义的民主,其中权威人物的缺席和对开放式空间的使用,有助于个体之间的相互交流,从而使参与者自由地表达自己的想法和观点。[3]并且,其基于区块链技术的去中心化和不可改变性、借助智能合约(self-executing smart contracts)实现的决策过程的自动化与透明化,以及其高效、扁平化的投票机制,为现实社会臃肿的信用担保与巨型官僚体系提供了一种精简化、智能化甚至无人化的替代方案。[4]

虽然形式新颖,但是DAO这一组织形式,已经广泛存在于我们的日常生活中,如社区团购,就是DAO最简单、最经典的形式。以社区团购买菜为例,某个社区居民具有绕过中间商的买菜渠道,但是需要达到一定的量才能够购买成功,于是其就在社区范围内建立微信群,在群内发起群接龙,想要购买者入群、接龙要买的品种和金额,达到需要的量后,按照群内接龙记录送菜、收钱。这种社区团购的经济性和便利性肉眼可见,以至于越来越流

---

① 于京东:《元宇宙:变化世界中的政治秩序重构与挑战》,《探索与争鸣》2021年第12期。

② Decentraland是一个分布式共享虚拟平台,建立在以太坊上。在Decentraland世界,用户的社交体验将包括化身、其他用户的定位、语音聊天、消息发送以及与虚拟环境的交互。这需要不同的协议来协调,而这些协议会在现有的P2P解决方案,如Federated VoIP或互联网RTC13上运行。

③ Pita, Sara & Pedro, Luís, Verbal and Non—Verbal Communication in Second Life, *Virtual Worlds and Metaverse Platforms: New Communication and Identity Paradigms*, IGI Global, 2012, pp.100–116.

④ Galia Kondova, Renato Barba. Governance of Decentralized Autonomous Organizations. *Journal of Modern Accounting and Auditing*, 2019, 15(8).

行，现在很多社区还沿用了这种做法，组团买蛋糕、买大闸蟹等，以量大获得价格的优惠。

虽然简单，但是在社区团购活动中，已经体现了DAO中的核心特征：去中心化，组织形式的低门槛，使得人人可以成为DAO的发起人；去信任化，大幅度突破传统人际信任的范围；智能合约，自动、透明和不可变更的智能合约提供了技术保障；高效、扁平化的投票机制；"直接民主"和"全员参与"的机会；组织内部关系的瞬时性和灵活性；等等。

放眼世界，DAO形成了一种全球群体，在社交、消费、投资、协议、服务等领域，呈现出多样化的发展趋势。其参与者大多是20—40岁之间的青年人，活动异常活跃，甚至美国还出现了以DAO的形式组团竞拍奢侈品的现象。[1]当然，作为一种新型自治组织，我们对于DAO的发展，不能盲目乐观。有些学者对以DAO为代表的新型分布式决策的自治组织，报以忧虑。这些忧虑，包括安全漏洞与技术缺陷引发的信息安全问题，包括虚拟世界的选票操纵与寡头统治的可能，也包括公民个体化和社会原子化加剧的可能。[2]

但是，人类社会不能因为忧虑而裹足不前。我们已经看到了DAO带来的实实在在的现实作用，经济层面的效率和实惠还只是表面。在DAO中，参与者有一种在传统组织中找不到的成就感、意义及目标。他们把以往只能在现实社会熟人关系间的信任基础和共识，通过智能工具和信息公开传递给更多陌生人，使或大或小的自治组织有共同行动的可能性，实现了更大范围、更灵活的协同。这些正是网络权力的实现，期望组织达到的理想状态。所以，虽然组织形式的完善，还有很长的路要走，但是我们抱有信心与希望，因为这样集去中心化、去信任化、多元性、灵活性、透明性、低门槛、高效性、扁平化、智能性等诸多优点于一身的，以DAO为代表的新型分布式决策的自治组织，是目前能预见的网络权力的理想组织形式。

---

① 《提炼了400多位DAO创建者的见解，我们看到了DAO的签约》，公众号"元宇宙之道"，2021年9月10日。

② Malcolm Campbell-Verduyn, ed. *Bitcoin and Beyond: Cryptocurrencies, Blockchains, and Global Governance*. London: Routledge, 2018.

第四节 元宇宙视域下中国网络权力的发展展望

从网络权力的维度,本章探讨了未来元宇宙社会可能给普通网民带来的生活上的变化。我们的态度是乐观的,卡斯特式的网络权力,将有很大可能在元宇宙社会中成为现实。普通网民将成为权力的主体,其权力主体意识和行动能力都会大大增强。依靠平等、自由、多元的元宇宙理念,依托"赋权"和"去中心化"的元宇宙技术,依赖分布式决策的自治组织,普通网民将在自主自发的互动中重新定义和建构权力,集聚产生今天的我们无法想象的巨大力量,创造元宇宙社会崭新的权力格局。

当然,在这样的未来愿景中,元宇宙的实现,将会通过相互竞争的虚拟世界平台,以及来自世界各地数以亿计的普通网民的共同行动和共有资源整合而产生。相比寡头组织的单一发力,这个过程需要的时间可能更长,也可能更加曲折、艰辛。甚至,通过这种方式产生的元宇宙也将是不很完美的,需要进行无穷无尽的改进。但这种方式诞生的元宇宙,才是我们应该期待并想努力实现的未来。这个未来,既不遥远,也不虚无。嫩芽已经从石缝中钻出,成长壮大是大势所趋。

在元宇宙建构的技术层面,中国在很多方面已经处于领先地位。首先,在支付工具方面,中国的数字支付系统,比世界上大多数国家和地区的数字支付系统更普及、更强大、更集成、更实惠,也更容易使用;其次,在平台技术方面,中国的微信、抖音、淘宝、拼多多、哔哩哔哩等平台,已经初步实现了数字技术与现实世界的无缝连接;再次,在基础设施方面,中国大力建设第五代移动通信技术基础设施,投资额远远超过美国以及世界上的其他国家和地区,而第五代移动通信技术正是直接决定元宇宙的"真实"程度、参与范围和实现时间的关键性技术;最后,在科研准备方面,人工智能和机器学习技术,对于向元宇宙输入数据以及促进不同地域间的技术连接至关重要,而这两项技术是中国目前重点发展,并且实力明显的两个领域。我们同样期待,在社会层面,中国将以大国姿态引领未来元宇宙的健康发展和持续优化。

第十章 网络权力作用下的
中国社会治理变革要求

随着信息技术的不断发展和应用,尤其是第五代移动通信技术带来的技术革命,以普通网民为主体的网络权力的日渐成长,已成为不争的事实。网络空间和线下空间逐渐融合,新的社会场景不断出现。民众通过互联网进行社会自组织的能力进一步增强,民众和国家信息沟通的距离和方式发生变化,民众的社会认同出现新的分化和整合,社会矛盾和社会不平等的表现形式发生转变。这使得对于网络权力的认识,已经不再是一个单纯的理论问题。在网络权力的作用之下,种种社会变化给中国社会治理带来新的挑战,成为重要的现实问题。这些挑战体现在网络社会治理能力提升、民众的国家认同、网络社会组织治理、治理制度供给等多个方面。

第一节　网络权力背景下中国网络社会的演进趋势

信息技术的广泛使用,意味着人类网络社会的发展进入新的阶段。卡斯特等学者将网络社会定义为信息、资本、资源等在全球范围内形成了相互联结的网络,可以自由流动的社会。①而现代化和全球化以来,现代社会的最重要特征之一,就是整个社会的属性从固态转变为流动,从沉重转向轻灵的流动。②最新一代的移动互联网技术,又一次促进了这一社会总体的演进趋势,在促进人与人、人与物、物与物的网络连接,各个主体的信息和资源流动上,提供了更高的速度。在现代社会的时空层面上,大大加快了社会变化的速度,进一步缩短了社会互动的空间距离。网络社会的发展,使得线上行

---

① [美]曼纽尔·卡斯特:《网络社会的崛起》,夏铸九、王志弘等译,北京:社会科学文献出版社,2006年,第434—441页。

② [英]齐格蒙特·鲍曼:《流动的现代性》,欧阳景根译,上海:上海三联书店,2002年,第12—19页。

动具有更加现实的意义,这也意味着中国的线下社会和线上社会正在逐渐走向融合。

随着新的移动通信的应用,在社会生活层面,我们最直观的感受就是新的社会场景被不断创造出来。传统的社会行动的场景,被不断地复制到所谓的互联网空间之中,甚至全新的社会行动场景也被建构出来。例如,在前互联网时代,组织中的会议需要组织成员来到会场,面对面才能开会。而在第三代移动通信技术时代,人们可以通过在网页上发送信息,建立起远程的文字和语音会议室。进入第四代移动通信技术时代之后,人们可以通过声音和图像的实时传递,远程进行视频会议。随着未来增强现实技术(AR)和虚拟现实技术(VR)的演进,人们可以通过第五代移动通信技术建立起虚拟现实会议室,模拟真实会议室的所有场景,甚至搭建新形态的会议室。这样的社会场景变化,还有很多,如电商交易、在线医疗、在线教育、网络社会组织、网络电子政务,等等。

新的社会场景的出现,也将带来人们社会行动方式、思维方式、认同方式等一系列的变化。在社会行动的方式上,人们传统的线下实体行动,逐渐转变为线上的信息行动,行动以信息流的方式来完成。社会行动的主体也从原有的"人的行动者",转变成"人工+智能"。在更多的社会情境下,人和人工智能将会共同进行行动的决策。人与人之间的联系、人与物之间的联系,以及物与物之间的联系将更加紧密,产生出更多基于网络的新型群体关系和社会心理认同。信息技术带来的这些具体的社会行动场景、社会行动意义的变化,也最终会体现到宏观的整体社会层面,引发整个社会产生新的变化。这些新变化产生于网络权力背景之下,也将直接作用于网络权力的现实实践,推动网络权力在中国网络社会的新变化中不断发展、不断成熟、不断壮大。具体来说,当代中国网络社会主要发生了以下这些新变化。

一、基于新信息技术的社会自我组织能力进一步增强

传统观念中,当代中国是一个缺乏社会组织的社会,民众之间呈现出一种原子化的状态。与西方悠久的社会组织和自治传统相比,中国官方注册的社会组织相对较少,参与社会自治的程度也相对有限。[①]但是随着互联网在中国社会的普及,我们可以发现中国社会并非没有组织社会组织的意愿。许多社交群、工友群、社区群、朋友群、民间文体活动群等网民自发组织起来的各种群体,如雨后春笋般地冒出;传统的各种社会组织也以新的形式在互

---

① 文军:《中国社会组织发展的角色困境及其出路》,《江苏行政学院学报》2012年第1期。

联网上生根发芽。在中国的互联网空间和现实社会空间的融合过程中,存在着新的隐性网络自组织形态,一种介于传统的组织和个体之间的临界状态。由于互联网形成组织的速度空前提高,看上去原子化的社会成员,可以通过互联网的平台,在极短的时间里聚合和组织起来,形成一种具有资源动员能力和现实行动能力的网络组织。①这些基于互联网的组织,可以在很多领域发挥传统社会组织的作用。尤其是当社会成员面临共同的利益关联,需要进行利益诉求表达、抗争维权、公益募捐等集体行动时,原本看上去没有现实组织和联系的社会成员,会在极短的时间内组织起来。

信息技术带来的便利,将进一步激发中国社会民众的网络组织能力。在社会组织发展相对成熟的西方国家,民众一般都有积极参与社会组织线下活动的传统。但是即便如此,互联网的发展也会给传统社会组织的参与度带来一定的负面影响,人们花费在线上的时间明显增多。相对西方而言,中国的互联网社会组织的发展没有太多传统组织形式的羁绊,更具有一种跨越性和创新性,呈现出更大的发展空间和活力。

移动互联网下的组织互动场景的搭建,与传统社会组织成立和运行的过程相比,具有明显的优势。其一,基于高速移动网络的社会互动场景,例如会议场景、网络募捐场景等,其搭建成本是极低的。网络社交平台,为组织的形成提前搭建好了场景,不再需要现实中的物理场景搭建(例如场地租用、舞台搭建)费用。其二,制约现代社会成员参与社会组织活动的时间和空间上的界限,在网络社会不是问题了。随着第五代移动通信技术的应用,组织成员可以处在一种随时的线上在场状态。第三,互联网本身具有的信息流动特性,使得更大范围内的利益相关者、兴趣相关者可以在瞬间相互聚集起来,具有一种迅速发现和群聚的功能,使得组织的边界无限扩展,组织形成的速度无限缩短。

这些都使我们需要重新审视中国社会的自我组织能力。网民自我组织的能力增强,民众集体行动的能力也会增强,形成新的集体认同的机会也会增多,这就会产生出具有一种通过互联网沟通而实现目的的信息力量。②如果加以积极正面的利用引导,可以让网民更广泛地参与到网络社会治理之中,发挥网络组织在网络社会治理中的积极作用。

---

① 陈氚:《隐性网络自组织——互联网集体行动中的组织状态和治理困境》,《教学与研究》2017年第11期。

② Castells.*Communication Power*.Oxford University Press,2009,p.47.

二、基于信息能力的新社会分层趋势呈现

在网络社会,传统的财富、权力、声望仍然是社会分层的重要维度,但是新的信息维度上的不平等也会逐渐显现。在论述信息社会的不平等——"数字鸿沟"时,早期学者强调信息接入的鸿沟,即不同社会成员能否接入互联网,会带来一种社会意义上的不平等。[①]而随着中国社会互联网的逐渐普及,由于经济因素导致的互联网接入困难将会持续减少。信息不平等将会进入一个新的发展阶段,即不同社会成员利用信息能力的不平等。

信息能力不仅仅是社会成员获取信息的能力,更包括借助信息技术进行各项社会行动和社会决策的能力。随着越来越多的社会行动以信息行动的方式来实现,拥有不同的信息技术手段,或者对信息技术利用程度上的差别,将会决定人们在行动结果上的差异,这些差异也会以信息能力或者信息权力不对等的形式体现出来,形成新的信息弱势群体和信息强势群体。

第一是大数据收集、分析和行动决策技术。由于未来越来越多的社会行动以信息流的方式在网络情境下展开,这就使得人们的行动会留下越来越多的数据痕迹。对大数据的收集和分析,不仅仅可以从科研的角度来探索网络社会中事物发展变化的规律,更重要的是,它可以预测出行动者的心理和行动趋势,并加以有效的利用。然而大数据的收集和分析技术,目前仍然掌握在少数行动者的手中。如果我们把大数据看作一种资源的话,目前掌握资源的是核心的互联网巨头和政府,形成了一种相对的数据资源垄断态势。与之相比,社会个体成员成为一种数据资源分配中的弱势群体。同时,即使拥有了大数据资源,对大数据的信息分析和处理能力,也会有巨大差异。例如,个人的大数据处理能力无法和互联网商业机构抗衡。而当国家部门不具备充足的大数据分析和利用能力时,在进行行动的决策时,政府部门相对于互联网巨头也会处在一种弱势地位,成为信息时代相对的弱势一方,这一点,也是在前互联网的中国社会无法想象的。

第二是人工智能技术的利用。随着人工智能技术对社会行动决策的介入,我们会发现一方借助人工智能进行的博弈,和另一方纯粹依靠人类判断进行的社会博弈,也会存在技术上的代差,导致结果上的巨大差异。随着人工智能技术的商业化推进,能否把人工智能技术更加公平化地推广使用,将

---

① 胡鞍钢:《新的全球贫富差距:日益扩大的"数字鸿沟"》,《中国社会科学》2002年第5期。

会影响社会整体上的不平等水平。

信息能力差异造成的新的社会不平等，并不意味着社会分层结构会发生颠覆性的变化。因为从互联网的发展历史来看，在前互联网社会中的权力、财富等优势资源，在互联网被商业化和现实化的过程中，并没有被颠覆，而是会直接转化为信息能力。信息能力和资本的投入是直接关联的，在网络社会中的信息数据中心，同样也会是新的资本和权力聚集中心。在这个意义上，财富和信息能力的相互转化，也许不会缩小社会的整体差异状况，只不过是传统的社会不平等的一种新的表现形式。在传统优势向信息能力优势转化的过程中，那些率先成功转化的组织或个体行动者，将有可能在权力占有和社会博弈中占据更加有利的位置。

三、网络社会民众和国家关系的延续与改变

随着网络沟通场景的出现，国家和民众之间的关系，也出现了新的变化趋势。无论是中国还是西方社会，在常规科层制的官僚系统中，民众和拥有权力的执政官员之间的联系，是通过一套严密的制度来完成的。现代政治体系中，民众和官员之间的联系是高度程序化的。国家治理的有效性，也在相当程度上与国家和民众之间信息沟通的能力密切相关。移动互联网时代的到来，使得民众和国家之间的沟通，在理论上可以跨越官僚体系的层级，形成一种从底层到顶层的直接信息沟通。

从信息的收集方面看，国家从民众中获取信息的能力得到空前的增强。政府可以通过互联网在第一时间了解民众对公共事务的意见和反馈，从而对公共政策的制定产生有利影响。国家也能通过互联网渠道，更好地传递有效的政策信息，接受民众的监督。从信息的传递方面看，前互联网时代是一种层级制的信息传递结构，需要经过逐级的信息上传下达程序，存在着信息失真的风险。互联网时代则可以突破这种传统的层级结构，推动信息结构的扁平化和高效化。[①]

这样一种更加直接的信息传递结构，尽管在理论上可以越过传统官僚体制中的中间环节，提高效率，避免耽搁和失真，但是在实际运行过程中，却面临很多问题。首先，传统的科层制的治理系统，在相当一段时间内仍然是国家治理的基本架构，是现代政治治理体系的重要基础，有其不可替代的作用，并不会在短时间内被取代。新的"民众—国家"的信息结构和互动结构，

---

① ［美］弥尔顿·L.穆勒：《网络与国家：互联网治理的全球政治学》，周程等译，上海：上海交通大学出版社，2015年，第8—13页。

184

如果完全绕开层级制,就会造成层级结构的中间环节处在一种悬浮的状态,无法发挥中间部门的应用功能。其次,国家的高层权力机构,通过互联网直接面对民众的过程,存在着数量上的一对多关系。作为国家,将有可能面对海量的沟通需求,需要处理民众经过网络传递的海量信息。这在实践上是行不通的。

但是,互联网却在人类社会发展的历史上,第一次让国家和民众可以通过新的信息技术手段,在理论上做到实时的、无中间环节的大规模信息沟通。这种沟通的高速度和高时效,远远超过了以往任何手段。政党、政府和民众,同时成为网络空间中的沟通主体,这也改变了国家、政府和民众的传统关系。与西方注重程序合理性的形式民主相比,信息技术带来的国家—民众间的信息直接沟通、协商和共识达成,是一种更加实质化和本质化的人民当家作主。

四、信息多元化下的社会认同变化

在前互联网时代,主流的大众媒体往往占据社会舆论的主导话语权,在很大程度上塑造了民众认识世界的图景。尽管民众可以选择不同的媒体,但是接受的内容往往是具有高度一致性的。互联网的发展,造就了信息生产的多元化。社会民众也可以自己生产信息,并通过互联网迅速传播。网络社会呈现出一种信息多元化的景象。

在这种情况下,针对同样一个事件和议题,各个相关的群体和个体都具有发布信息的能力。由此,对于一般社会成员而言,所谓的事件真相并没有通过单一的渠道,由单一的主体表达。在各种信息传递的背后,有可能会掺杂着各种立场、价值观和利益诉求。这些信息从不同的视角表达出来,使得所谓真相也更加模糊,存在着一种后真相时代的"真相竞争"现象。

"真相竞争"的存在,也使得民众的社会心理认同过程产生了变化。在前互联网时代,人们可以更加信服权威的说法,对信息来源的权威性更加重视。在互联网时代,同样的真相有着不同的信息呈现时,信息来源的权威性仅仅是形成认同的一个方面。信息本身的合理性、清晰程度、可理解性、情绪色彩都会成为民众信服和认同的依据。对于全球范围内众多传统的官方媒体,或者主流媒体而言,互联网时代所面临的,是一种更加开放的全球性"竞争型认同"局面。甚至传统意义上最具权威的政府各部门发布的信息,在互联网时代也有可能会遭到民众的质疑。

"竞争型认同"局面的发展,不会在每一次都导致某一种认同或者价值观获得压倒性的胜利。相反,在很多情况下,它可能会导致社会民众认同的进一步分化。互联网无限联通的先天结构和无比强大的聚集能力,使得无论多么小众的特定群体,都可以凭借互联网打破时空界限的能力迅速联结,形成自身的群体认同。面对多元化的信息时,人们不会轻易选择那些试图说服自己的信息,而往往会通过过滤和筛选,注意那些和自己已有立场相一致的信息,从而强化自己原有的认同。①随着中国社会的发展,社会利益群体的不断分化,也最终会体现在网络社会中,形成网络和线下同时存在的群体认同分化。但是,在涉及社会基本价值理念和国家意识形态、民族认同的事务上,国家并非无为而治的行动者。相反,国家应当是真相竞争和认同竞争的最重要行动主体,仍然有责任和能力进行社会价值观的整合,形成基本的社会共识。

第二节 中国网络社会治理面临的挑战

网络社会是一个发展变化极其迅速的崭新社会形态。新的网络技术的不断涌现,让中国网络社会日新月异,也推动了网络权力在中国网络社会中的发展、成熟与壮大。这是社会发展上的好事,但也给中国网络社会治理提出了诸多挑战。

一、治理能力与网络社会发展相适应的挑战

网络社会是一个变化速度很快的社会,面对网络社会的发展,政府治理社会的方式变化却是相对缓慢的。尽管中国政府在信息技术的应用创新上已经走到了世界的前列,例如对网络舆情的大数据分析、人脸识别技术的应用、社区网络化治理中的互联网应用,智慧社区推广建设,等等。但是,传统的治理思维习惯、治理组织架构和治理路径却是相对稳定、不易改变的。与互联网企业相比,政府在治理技术变革中先天处在相对劣势的地位。

第一,在治理思维上,还是以管控思维为主。例如在面对互联网舆情时,传统的思维方式是尽快平息网络上的舆论,采用删帖、信息屏蔽、设置关键词屏蔽的方式来进行信息的管控。诚然,对于违反法律、违背社会主义基

---

① [美]菲利普·津巴多、迈克尔·利佩:《态度改变与社会影响》,邓羽、肖莉等译,北京:人民邮电出版社,2017年,第219页。

本价值观,或者触及国家分裂等危害基本公共安全的信息,进行管控是完全有必要的,也是受到绝大部分民众拥护的。但是对于很多本可以进行公开讨论的议题,或者怕影响地方政府、相关机构或者公众人物政绩或形象的信息,以及涉及民众切身利益的信息,进行简单的封锁和删帖,则会引发民众极大的反感,甚至会起到意料之外的负面结果。

简单的网络信息封锁之所以越来越难以奏效,其原因在于,随着信息技术的发展,信息传播渠道和传播速度远远超出以往的想象。在很短时间内,原有的发布的信息,在理论上可以被无数民众保存,删除了原始的来源后,信息也会在网络上留下痕迹。此外,网友同样可以通过各种技术手段,从各种无法完全封锁的信息途径,重新进行信息的传播。因此,从理论上,完全杜绝信息的传播基本上是难以实现的,即使实现也需要极高的成本,产生极大的风险,引发许多负面的效应。不必要的删帖和信息封锁,会损害国家和政府的公信力。尤其是当民众看到信息出现,然后又看到信息删除这一过程时,就会对原有的信息产生更大兴趣,更加倾向于相信原有信息的正确性。这种试图管控一切信息的想法,反而会促进负面信息的传播,同时给网民留下一种不透明的政府形象。

第二,网络治理主体的姿态拿捏。在信息技术条件下的社会治理中,另一种思维误区来自治理主体对治理对象的能力误判。在通俗的社会心理学理论中,通常将民众界定为所谓的"乌合之众",强调民众在聚集后往往具有一种盲目性和非理性,甚至是低级的。如果长期以这种精英主义的傲慢来面对网络时代的民众,将民众视为非理性的、易受煽动的、易被欺骗的对象,则必然会在治理过程中采用过度技术化和过度策略化的强力手段来实现一些目的。然而人民群众的眼睛是雪亮的,这是因为网络状的开放信息结构框架,从根本上是对各种智力因素的汇集,随着网络聚集数量的增加,群体决策的信息处理能力、理性程度、集体博弈能力都可能会超出单个个体。但也不可否认,在很多突发公共事件出现以后,集体情绪、情感、记忆、偏见、日常生活经验等因素也会影响民众的集体行动。总之,过低地判断民众的认知能力、理性能力和行动能力,会造成一种权力的傲慢;而完全顺从网络中涌动的民意,也会导向一种网络民粹主义。

第三,在治理的架构上,传统的组织结构和网络社会的复杂现象之间,也存在着先天结构上的差异。传统治理体制是一种纵向层级制、横向部门制的条块分明的结构。而在网络社会中,所面对的治理对象是相互联系的、扁平化的、高速性、流变性的复杂社会现象。

从纵向结构看,传统的层级制,在对网络社会现象进行治理时,首先面对的冲突就是"时间冲突"①。层级制的政府组织,在发现问题到解决问题的过程中,需要根据实际情况进行层层汇报。而较高层级则需要进行复杂的决策过程,然后再将命令层层传递。这样一种过程,固然保证了决策和执行的理性化和规范化,但是却在时间上难以适应网络时代的要求。任何一个环节的时间迟滞,都有可能造成在网络社会中出现治理措施滞后的问题。

从横向结构来看,治理组织结构中各个部门之间分工明确、各司其职,但是网络社会中的社会现象,往往跨越了传统的职能部门分工。网络舆情不可能按照职能部门分工的那样明确地出现在哪一个部门职责范围内,也不可能仅仅依靠互联网管理部门一家进行舆情的平息。网上舆情大多是线下社会真实存在的矛盾的网上反映。如果线下的矛盾得不到回应,就难免会出现"头疼医头,脚疼医脚"的网络治理现象。各个部门之间存在的责任分工、数据鸿沟、数据相互不能共享的情况,会制约政府网络社会治理能力的提升。

第四,在社会治理的技术应用上,目前我国政府技术能力和信息化水平,仍然与最先进的互联网企业存在不小的差距。一旦政府的信息技术落后于社会平均水平,政府就会成为信息能力意义上的弱势群体,与治理对象之间存在行动能力和行动效率上的差距。而新技术在政府的应用,会受到使用习惯、资金经费、人才等方面的制约。尤其是我国幅员辽阔,各个地区,甚至各个部门之间的资源情况存在着很大的差异,并不是所有地区都有充足的经费来应用最先进的信息技术手段。在信息技术人才的储备上,新兴互联网企业对信息技术人才的吸引能力要远远超过政府部门。

二、网络社会治理中民众社会认同领域的挑战

网络社会的到来,是对全球范围内传统国家权威地位的重要挑战。②一方面,网络社会的信息和资源的流动,超出了传统国家管辖的边界;另一方面,正如我们在对中国网络社会发展趋势的描述中指出的,信息生产的多元化、信息传播渠道的多元化、社会认同的分化,是一种客观存在的趋势。在这样的一种发展趋势中,国家所倡导的主流价值观念和主流的国家认同,必然会遭遇多方面的竞争。

---

① 陈氚:《网络社会治理中的时间冲突》,《中共中央党校学报》2017年第6期。
② [美]曼纽尔·卡斯特:《认同的力量》,曹荣湘译,北京:社会科学文献出版社,2006年。

从客观上讲，在社会心理尤其是社会认同领域，认同的形成过程是各方行动主体进行竞争的过程，在网络空间中尤其如此。任何忽视这一现象的政府，都会因为不适应新的竞争，而逐渐丧失社会认同方面的主动权。如果政府采用简单粗暴的管控方式，试图用取消竞争，或者否认社会认同分化的方式，来实现社会心理和社会认同上的统一，那么也将会遭到民众激烈的心理抗拒，有可能导致政府治理效果的"南辕北辙"。由此，在社会认同领域，政府未来面临的挑战也将是艰巨的。一方面，网络空间中信息多元化的趋势，有可能进一步影响到民众对官方价值观和政府本身的认同。另一方面，更加开放的社会，又会反过来要求政府不能为了维护传统的主流认同地位，来取消这一竞争。但是国家又必须承担起凝聚社会共识、形成积极的社会认同的历史责任，赢得民心。

在民众对国家的信任关系上，信息技术的演进带来的是一种机遇和挑战并存的局面。如果国家可以把握竞争型认同这一局面，不断提升自身在意识形态领域的吸引力，则有可能使民众在社会比较中，更加加深对国家和政府的认同。同时，通过信息技术，政府行动透明性提升，也将极大提升政府公共决策的正当性。当然，如果政府采用被动和消极的措施，继续沿用灌输式和指令式的信息方式，在政府（尤其是地方政府和具体基层行政部门）自身行为的透明度上，并未做出与互联网发展相适应的及时提升，那么将有可能在治理过程中，更多地遭遇民众的不信任。

三、对网络社会自组织科学管理的挑战

从社会组织的监管角度来看，其主要难点在于，传统的社会组织是有形的、有限的、固定的、性质明确的、有合法注册的、看得见摸得着的，但是通过互联网形成的社会组织状态是无形的、无数的、不固定的、性质不明确的、自然而生随欲而灭的，甚至是看不见摸不着的。这类组织大多是没有线下实体的，但是这种类网络组织以微信群、QQ群以及各种网络群组的形式存在，仍然具有接近正式组织的资源动员能力和集体行动能力。对于这些已经形成的类组织，可以通过网络技术手段进行一定的管理。但是由于网络社会中群体聚集速度的加快，网络聚集很可能在极短的时间内发生。基于地理位置的建群机制、面对面建群机制和通过用户名等建群机制，都可以使网民迅速从原子化的状态转变为组织化状态，有的"一忽儿出现，一忽儿消逝"，监管起来，难度很大。

这些网络隐性自组织的存在，往往是现实社会中利益联合体的网络映射。尤其是在基层社会领域，一旦发生现实中的共同利益冲突，或者群体维

权抗争事件出现，我们就会发现，具有相同利益诉求的个体，可以在网络中跨越地域空间的限制，在相当短的时间里聚集起来，通过互联网进行最大程度的社会动员。①在中国社会，以往发生的环保邻避行动、社区居民与物业之间的维权活动，以及一些特殊的群体上访事件中，我们都可以看到网络隐性自组织发挥的重要作用。这种基于网络的组织方式，使得看上去相互孤立的社会成员，可以迅速壮大为相互支持的群体，大大增强了社会成员的博弈能力。

当然，这种基于网络的自组织状态和自组织能力，并非必然给社会秩序带来冲击，更未必带来负面影响。这是网络社会民众自发形成的一种利益表达的手段和维护自身合法权益的方式。现代社会中不同的群体之间在不同的具体事务上，出现利益分化是一种客观存在的现象，社会也必然会存在着种种矛盾和冲突，社会成员通过网络聚集的方式来增强自身的组织力量，也有着积极的意义。如何正面引导这些网络组织，保障其合法维权的基本权利，又能及时化解社会矛盾带来的风险，防范由于社会矛盾激化造成的群体性事件，是一个需要在网络社会治理中权衡考虑的重要事情。从更积极的一面来看，网络中蕴含的自组织潜力，也可以被运用在社区层面的基层社会治理上，让这些网络组织主动承担起传统社会组织的一部分功能。

四、网络社会治理的制度供给不足的挑战

人类历史上的每一次重大社会变迁，总会带来不同程度的秩序混乱。在社会学诞生初期，古典社会学家在面对农业传统社会到现代工业社会转变的过程时，提出了社会失范的概念，正是因为当时旧的制度约束力逐渐下降，而新的社会现实相适应的制度和道德规范尚未建立起来。今天，我们已经迈入网络化时代，社会的各个领域都因网络而改变。信息网络技术让社会的政治、经济、文化、教育、科技等都发生了翻天覆地的变化。这种变化很自然地让一些现存的制度过时，也很自然地让社会管理者面临着许多制度上的缺失。这种状况不是单独的哪个领域，而是表现在包括经济、政治、文化、社会、教育、科技等在内的各个方面。党中央提出的全面深化改革，意义也在这里。

未来更多的新社会场景出现，将会带来一系列规范和制度上的变化。

---

① 朱海龙：《人际关系、网络社会与社会舆论——以社会动员为视角》，《湖南师范大学社会科学学报》2011年第7期。

当然,大多数的互联网社会场景,是对传统线下场景的一种复制。也正因为如此,在大多数时候,互联网场景遵循的也是一般的社会规范和行为规则,这些制度大多数是不成文的和非正式的制度,以一种社会共有知识的形式存在,构成了当下网络社会场景中的规则,使得网络社会场景也遵循着社会的一般准则,形成了既有的网络场景中的秩序。然而对于正式的法律文本而言,当行动的社会场景从现实空间转移到网络空间之后,就面临着原有法律适用范围上的变化。原有法律规定在互联网空间中是否继续生效,就需要进行专门的法律解释工作和立法工作。随着更多新信息技术的应用,新的网络社会场景可能和原有的线下场景的差异程度更大。全新的社会场景可能被创造出来。在这种情况下,无论是一般的社会非正式制度,还是法律层面的正式制度,都无法覆盖这些全新的场景。

例如在大数据治理领域,数据的利用和共享曾经并没有任何规则上的限制。然而随着大数据技术的发展,数据成为个体网络行动的痕迹。拥有大数据资源和大数据分析能力的行动者,理论上可以对社会成员进行大数据画像,对社会成员的行为习惯和行为方式进行预测。2018年,欧盟出台了《通用数据保护条例》(GDPR),这一举措被视为对社会成员数据隐私的保护,同时对互联网企业的大数据能力进行了限制。我国在这一领域,至今尚未有完善的法律法规。社会成员的网络数据,不仅仅关系到社会成员的个人隐私,同时也是一种重要的数据资源。对国家而言,这些数据资源增强了国家对民众的管理能力;对互联网企业而言,这些数据资源更是构成了一种可以在未来带来经济回报的数据资本。如何保证社会成员,尤其是社会弱势群体的信息和数据权利,同时平衡互联网商业的技术发展,以及对公权力形成透明的监督,这也需要在未来提上制度制定的议程之中。

第三节　网络权力作用下的中国社会治理转型

网络社会已经发展成为一种新的社会形态。网络权力的建构成为众多网民的一种行动自觉。网络权力的流动性和网络空间利益主体的多元性,为网络社会治理出了一道必答题。重视网络权力,重视网络空间诸多利益相关者的关切,以此为切入点,开展有中国特色的网络社会治理,是中国网络社会治理的必然选择。

一、网络权力与中国社会治理现实

当下的网络权力理论延续了西方现代和后现代社会理论的学术脉络，这种网络权力理论是建立在网络化时代和西方社会不断发展、演变的社会现实之上的。它对于中国社会的解释力，需要中国学者结合实际，进行反思和甄别。有一点尤为值得注意，即，中国社会与西方社会相比，由于种种历史原因，进入工业时代的时间大大滞后，经历了漫长的追赶时期。而在网络时代，在一个开放的全球化背景下，中国与西方几乎同时进入了互联网时代，同时感受到了互联网对国家治理、社会治理、经济发展、文化建设、价值观转型等带来的冲击和收益。因此，在一定程度上，西方理论对解释和理解中国的网络社会现状具有重要的借鉴意义。

当前中国社会进入了发展和改革的深水期，各种利益冲突和矛盾时有凸显，各种突发性事件和区域的社会群体性事件也不断出现。尽管中国社会在进入网络时代以来，并未出现大规模的全国范围的社会运动，但是由于民族问题、土地问题、环境问题、群体利益问题等而导致的局部网络聚集、街头聚集事件等，也是不容小觑的，值得我们去认真地思考和分析。中国当前的诸多社会问题，都可以置于网络权力的理论思维下深入思考。

首先，在网络化和经济全球化的时代，依托信息技术和网络技术带来的全球商业分工协作，一方面促进了发达地区的经济飞速发展，一方面也为部分发展相对落后的地区带来了更紧迫的、更大的发展压力。网络时代的经济全球化在一定程度上加剧了经济发展的不均衡。理论上讲，网络化时代加上经济全球化，会普惠性地推动全球经济的发展，但是悖论的是，地区发展的差距反而加大了。这种经济发展的不均衡，是一种普遍化的商业伦理、资本取向、新的价值取向向全球扩展的产物。也就是平等、自由竞争、机会均等的价值理念在世界各地传播的同时，造成了一些区域发展的不平等，加深了这些区域在资本分工链条上的弱势地位。这种现代商业社会价值理念和实际发展结果的不均等，形成了强烈的对比，直接后果就是落后地区传统观念伦理的失落与经济发展的落后并存，造成了当地民众的相对脱离感、剥夺感增强。由此可能产生出一种反现代主义，反全球化，回归宗教伦理的社会思潮。

而网络时代的另一个特点，就是国家对民众价值观的控制力日渐减弱。互联网的普及，新的传播工具的出现，给了亿万网民收集利用信息极大的便利，也给了境外反对势力和民族分裂主义可乘之机。按照卡斯特的看法，网络时代，象征着父权制的国家治理很可能遭遇越来越严重的挑战。国家治理一旦不能获得足够的民众认同,其合法性地位就会受到持续的挑战,这时,就需要建立一个统一的中华民族的共同认同,来有效地抵御治理风险。

面对由民族问题引发的潜在社会风险,我们首先应当避免边疆少数民族地区自我建构起一种"抗拒性认同";同时,也不应当简单地用文化的强势地位和政治上的强权去进行风险干预,以免造成边疆少数民族的集体错觉和过度反应。正确的做法,是通过加快边疆经济的发展、文化的建设、民生的改善,来增加少数民族地区人民的获得感和归属感。

对于处置当下土地利益和环境保护、就业就医、教育养老、民生诉求等方面产生的社会聚集事件,互联网的作用依然不可忽视。首先,在信息的传播上,任何一个小的地方性突发社会冲突,都有可能在全国范围内迅速传播,影响力迅速扩大。在互联网和移动通信普及之前,这些局部的聚集性事件可能不会引起大范围的关注,其冲突的解决过程也未必能受到全国范围民众的监督。而在网络社会发达的今天,地方政府处置突发性事件的过程,很难跳出亿万网民的监督范围,一旦有失误之处,就可能被实时向全国乃至全球发布。这就要求地方治理者要适应网络时代的特点,在信息公开上主动、准确、透明,在处理突发事件时合法、合情、合理。其次,网络不仅仅无时无刻地传递信息,也同时具有将社会情绪聚合、放大的效力。当局部的社会事件曝光在网络之上时,与此无直接利益相关的网民大众,同样会抱着各自的态度参与进来,这种"众志成城"之势,逐渐形成压倒性的舆论,激发广泛的群体认同感。最后,网络还具有将网民大众直接动员和组织起来的功能。当民众希望采用抗争手段对抗社会不公正时,常见的做法,就是通过信息网络相互联系、不断聚集,再从网络空间的聚集转移到现实空间中来,例如从网络组织转化为实体的组织,从占领网络公共空间走向街头聚集。

二、网络社会权力结构与中国社会治理方式转型

当中国社会逐步向全球化、信息化、网络化的社会迈进的时候,新的社会特征和新的权力形式也会随之出现,国家社会治理的方式,也应当随着社会的最新改变而改变。以往传统的社会治理方式下,中国的社会治理取得了巨大的成效,也收获了一定的经验和教训。进入网络社会,信息和技术爆炸式推进,快速网络直播,瞬时网络沟通,为广大网民抒发民意、民主监督、网络建群、建构网络权力,提供了空前的便利条件;民众知识和信息的获得,也变得非常容易。可以说,这是一个民众信息权力与国家信息权力同步扩张的时代。因此,从社会治理的角度出发,政府应当正视这种新的趋势,转变治理理念和治理思路。

首先,要增强信息的透明度和时效性。国家应当正视民众在网络社会中信息获取能力的增强,意识到通过信息的垄断来加强社会控制力的做法已经过时。在网络技术条件下,信息的传播异常快速和便捷,阻止信息的传播变得艰难。信息不公开和信息滞后,是网络谣言产生的温床。过去的实践反复证明,国家或地方政府对应该公开的信息不公开,或者公开不及时,会给后续的事件处置、民意平复,乃至社会治理,造成极大的被动。不仅如此,这种"隐藏"信息的做法,还会伤及民心民意,其造成的负面影响,会在信息社会中得以放大,引发公众的不满和反感。与其控制信息,不如选择拥抱信息,主动公开非保密信息,将政府的行为和意图公开化、透明化,取得更广泛的民众支持。

　　其次,要改变传统的社会管理单向度的思维模式。长期以来,我国的社会管理一直遵循自上而下的管理模式。无论是单位和社区对居民的管控,还是农村中集体经济体制下的基层政权,都建立在一套庞大的社会动员系统和身份管理系统中。这一系统强化了国家对社会的掌控能力,保证了社会的稳定,为国民经济的发展奠定了基础。然而在网络化时代,从地方政府决策到国家层面重大决策,所遇到的民众意见反馈越来越多,民众的利益诉求也越来越多元化。网络化时代的民众,不再仅仅是社会管理被动的接受者,他们逐渐转换社会身份,成为政策制定的监督者、公平正义的维护者、合法权利的争取者和社会管理的参与者。网络技术使得民众在国家管理方面拥有的权力大大增强,这对国家治理而言,未必具有负面的影响。相反,这将有利于推进国家民主建设,有利于民众对国家单向度的治理做出及时的反馈,形成一种纠错机制,进而形成一种比以往时代更加快速地改革倒逼机制,推动社会健康发展。

　　在网络社会,互联网提供了一个很好的民意表达平台。从社会治理的角度上讲,这就是一个民情上达的直接反馈机制。能不能维护好这个平台,能不能利用好这个机制,考验着政府的智慧,关系到社会的长治久安。从理论上讲,信息技术手段的普及和应用,可以使政府更加有效地听取民声、了解民意,做到"耳聪目明",可以有的放矢地进行决策和开展社会管理;同时,又可以把政府执政为民的善意及时传递开来,赢得民众的支持与理解。作为执政者,应当重视和维护这种网络沟通机制,将网络传递的社会集体信念、价值观、民意诉求,与执政理念相融合,发展出新的社会集体共识,更好地聚集民心,改善社会管理,促进社会进步。

　　信息技术作为一种中性的手段,其最终的社会影响,取决于使用者的态度。对于国家而言,应当利用信息技术来不断提升执政能力,提升政策主张的公开、公正、透明程度，接受民众利用互联网开展的民主监督，这也正是社会主义民主的具体体现。尽管网络社会蕴含着一定的风险，有可能引发新的社会安全问题，但是如果对其加以正确引导，趋利避害，则可以形成一种国家与民众间的、敞亮的、快速的、有效的沟通机制，建立一个多方对话、理性交流协商的网络公共空间，增强我国的社会治理能力和效果。

第十一章 韧性社会治理共同体：
面向元宇宙社会的社会治理理论建构

当代中国社会已不再是网络权力初露萌芽的"青葱阶段"，而是已经进入大规模扩展的网络社会阶段。[1]中国作为一个短时间内从农耕文明迅速转向工业文明，同时又受到后工业文明影响，快速迈入网络社会的大国，在发展的道路上，社会各领域都面临着改革的压力。从积极面对网络权力变化的大背景下，社会治理的方式方法，也应当适应发展和改革的形势，因时制宜、因地制宜地进行改革。而依照网络社会之前的那种靠单个部门"单枪匹马"地完成某个治理任务、解决某个区域难题、化解某个社会矛盾的做法，已经愈来愈不可能了。适应变化了的形势，变革社会治理手段，创新社会治理模式，提升现代社会的治理质量和效率，促进社会治理体系和治理能力的现代化建设，成为当代中国社会发展进步的必然要求。

元宇宙被视为网络社会发展的下一阶段，[2]机遇与挑战并存。信息全球化、网络社会化的步伐将进一步加快，这在推动社会快速发展的同时，也必将带来社会各领域风险的增加与放大。尤其是在中国这样一个信息技术普及人群如此之广、渗透日常生活如此之深的转型社会中，如何正视信息技术对社会治理带来的影响，适应形势发展，更新观念，趋利避害，做好准备，在即将到来的元宇宙社会，不断增强社会治理能力和效果，充分利用网络权力的助力，实现社会治理现代化，应当成为我国当前社会改革发展研究的一个重大课题。

---

① 刘少杰：《中国网络社会的交往实践和发展逻辑》，《学术月刊》2022年第8期。
② Raja Koduri.Powering the Metaverse.Intel，Dec 14th，2021.

第一节　新信息技术影响下的社会治理机遇与挑战

网络社会已经发展成为一种新的社会形态。①蕴于全球化、网络化的风险性和网络空间利益主体的多元性，为网络社会治理出了一道必答题。重视社会变迁与风险，重视网络空间诸多利益相关者的关切，前瞻性地预判元宇宙社会——网络社会发展新阶段的治理机遇与挑战，深入了解中国网络治理的现状与不足，开展有中国特色的网络社会治理，是优化现有社会治理体系的必然选择。

网络社会是一个社会变化速度加快的社会，有学者将其概括为社会时间的加速现象。②这首先表现在信息技术的发展和应用方面的突飞猛进。在计算机芯片领域，相当长的一段时间里，芯片都保持着每18—24个月速度翻倍的定律。在人工智能领域，2016年，谷歌的阿尔法围棋就击败了世界围棋冠军李世石，而2017年的新一代AlphaGo Zero，通过更新迭代，对战上一代人工智能的成绩，达到了惊人的100∶0。在2020年之前，中国的网络课堂应用相对较少，由于受突发的新冠肺炎疫情的防控措施影响，网络课堂这一新的社会场景，一夜之间在中国社会广泛普及，一些软件的用户迅速上升到上亿人数。

在元宇宙社会，新信息技术将进一步加快社会变化的速度。随着第五代移动通信技术(5G)、增强现实技术(AR)、虚拟现实技术(VR)、人工智能技术(AI)、区块链技术(BC)、物联网技术(Iot)、数字孪生技术(DT)等多种新信息技术的飞速发展，元宇宙社会许诺的愿景正在一步步成为现实：现实世界在虚拟世界中完整再现，3D带来沉浸式的真实体验，互动操作性逐步增强，统一的数据传输标准成为大势所趋，实时同步的海量信息，使得去中心化的信息共享得以实现，以虚拟化身存在的普通网民可以瞬间聚集并产生巨大能量……元宇宙意味着人们的工作、生活、休闲等活动在虚拟世界中的比重将不断增加，而不仅仅是通过数字设备和软件对现实世界中的这些部分进行拓展和辅助。③下一次技术转型由此引发，虚拟世界将第一次与现实世界位于平行的统一层次上。"元宇宙位于所有单独的、

---

① [美]曼纽尔·卡斯特：《网络社会的崛起》，夏铸九、王志弘等译，北京：社会科学文献出版社，2006年，第434—441页。

② [德]哈尔特穆特·罗萨：《加速》，董璐译，北京：北京大学出版社，2015年。

③ 宋辰婷：《元宇宙的社会潜能和变革性影响——从网络权力的维度》，《理论与改革》2023年第1期。

由计算机生成的'宇宙'以及现实世界之上，这就好比宇宙中大约有数十万亿亿颗恒星一样。在元宇宙中，还可能存在元星系。元星系是一个虚拟世界的集合，它们都在一个单一的权力结构下运作，并通过一个视觉层清晰地连接起来。"①

技术转型之所以难以预测，就在于它不是由单独的任何一项发明、创新或个人推动的，而是许多变化共同作用的结果。而每一次技术转型都意味着社会关系、制度和结构的联动变革。在新信息技术的不断加持下，作为已经发生且正在实践的新的信息技术图景，元宇宙带来的不仅是对个人和组织的强大赋能，以及优化现实社会的巨大潜能，它还对现有社会结构和制度提出了严峻挑战。这种挑战，在社会治理领域表现得尤为突出。

将元宇宙看作是下一代互联网，把元宇宙社会看作是新的社会形态，这有助于解释和应对它在社会治理领域带来的挑战。互联网的非营利性质源于其早期历史，即政府发起的研究型实验室和大学，实际上是唯一拥有计算人才、资源和建立"网络的网络"这一宏大目标的机构，而在营利性部门中，很少有人理解其商业潜力。但对于元宇宙来说，情况恰恰相反，它是由私人企业开创和建立的，且目标很明确，就是提供商业服务、收集数据、出售广告位和销售虚拟产品。Epic Games 首席执行官蒂姆·斯威尼在推特上已经明确表达了他对元宇宙发展的担忧："元宇宙将比其他任何事物都更具有渗透性和感染力。如果一家中央公司控制了元宇宙，它将变得比任何政府都更强大，甚至成为地球的主宰。"②

而这种新信息技术带来的治理挑战，在当前的平台霸权和算法治理中已经初见端倪。谷歌、脸书等互联网平台巨头融合了"商业平台和公共基础设施的特征"③。诚然，他们在互联网2.0时代提供了优秀的互联网服务，例如谷歌地图，当前许多职业和业务都以此为基础，但这背后蕴含着巨大的平台霸权和治理风险。用户享受了"免费服务"，作为回报，他们为这些服务提供了"免费数据"，这些数据已被应用于建立价值数千亿甚至数万亿美元的公司。这些公司将具有这些数据的独家永久拥有权，甚至可以称为霸权，因为对提供这些数据的用户本身都不可见。正如兰巴赫所言，"数字领土"在

① [加拿大]马修·鲍尔：《元宇宙改变一切》，岑格蓝、赵奥博、王小桐译，杭州：浙江教育出版社，2022年，第58页。

② Tim Sweeney (@TimSweeneyEpic), Twitter, Jan 30th, 2021.

③ Kreiss, D., & McGregor, S. C. The "Arbiters of What Our Voters See": Facebook and Google's Struggle with Policy, Process, and Enforcement around Political Advertising. Political communication, 2019, http://doi.org/10.1080/10584609.2019.1619639.

平台霸权支配下开始变为"企业领土",国家不得不邀请互联网企业进入治理领域,进行共同治理,借此"企业领土与国家领土相交"。①在信息技术优势与数据资源累积的双重功能支持下,互联网平台巨头已经崛起成为强大的实际权力拥有者。平台权力在不加约束的条件下,在提供有限公共服务的同时,它还会对国家权力和公民权利构成严重威胁,这为网络社会治理带来巨大挑战。

情感上讲,我们希望元宇宙的建立能够延续互联网建立的非营利性路径,但是现实是很多组织或企业都在想方设法建立或把持元宇宙。在这种情况下,政府应当重新回到网络社会的中心位置。元宇宙不仅需要虚拟世界平台运营商和服务提供商,更需要能够保证其健康运行的管理机构。面对即将到来的元宇宙,政府应当正视自身与互联网平台巨头在信息技术能力上的差距,顺应发展大势,努力赶超,以有能力、有担当、有计划、有规则的管理者姿态,运筹帷幄,担负起元宇宙社会治理核心角色的任务。

第二节 从"社会治理"到"韧性社会治理共同体"

面对网络社会治理的现实困境和风险挑战,从理论上寻找答案,然后用以指导实践,是可靠的解决方法之一。社会治理是一个现代意义的应用概念,在社会学理论领域追根溯源,其实它和社会学的经典议题——社会整合和联结,紧密相关。

一、中国语境的"社会治理共同体"

现代意义的"社会治理"研究源于西方,是典型的跨学科研究。国外治理研究分为很多研究领域,包括地方(local)、城市(urban)、区域(regional)、社会(societal)、次国家(sub-national)、国家(national)、国际(international)、全球(global)、公司(corporate)、网络(internet)、多层次(multi-level)等多种治理领域,各个领域的研究路径、理论取向也存在差别。在很多关键性问题上,如治理与民主的关系、治理失败的缘由、治理的构成要件、治理的不同形式、"新自由主义"解释地方治理的有效性等,西方学界还存在着激烈的讨论。

---

① Lambach, D.The Territorialization of Cyberspace. International Studies Review, 2019, http: //doi.org/10.1093/isr/viz022.

作为一个从西方引入的概念，社会治理背后隐含着权力分散、治理主体多元化、利益群体多元化等诸多规范性的要求。对于这种新的理念，有的学者将其视为一种完全中性的、去意识形态化的技术手段；[①]有的学者将其视为西方价值理念的引入，提出应当以马克思主义的视角重新解释中国本土的治理理论。[②]中国正在面临急剧的社会转型，遭遇现代性与后现代性共存、交融、冲突的张力影响，这构成了治理理论在中国的特殊语境，使社会治理在中国具有了不同于西方理论与现实环境的特殊意涵。

当代中国社会治理发展的趋势，是多元主体共同参与的合作共治。其核心是协调好国家与社会的关系。而协调好关系的根本，在于不同主体持有或达成一致的思想意识及价值观。因此，从社会学的维度，对于社会治理的讨论有必要回归到滕尼斯的"共同体"概念。这种理论的回归，并不是为了怀旧，而是因为滕尼斯的共同体理论内核中的基本要素和价值精神，对于现代社会治理，仍然有很强的理论指导意义。顺着这条理论脉络，可以回应这样一个问题：如何在现代化不断推进，科学技术突飞猛进的时代，建设一个好的社会、一个有着共同体精神和多元主体共同价值观的社会？

"社会治理共同体"正是基于当代中国语境出现的一个兼具社会学理论意涵和现实意义的一个概念，即在现代化的治理技术的支持下，能够同时具备现代化的特征，又有共同体的传统精神内核的现代共同体新形式。而"社会治理共同体"已被很多学者认为是解决中国语境下政府行动多、社会行动少，社区主要群体不在场，居民主体性缺失和参与度低等治理难题的良方。[③]

共同体理论，本质上是构建社会深度联结的一种努力。在一定程度上，我国从民国开始，到现代、当代的社会建设和社会治理的理论和实践，都是重建社会深度联结的一种努力。滕尼斯论述"共同体"时，强调了人与人之间的联结，[④]在这个关系中蕴含着"为他人提供服务的力"[⑤]。因此，虽然在滕

① 俞可平：《论国家治理现代化》，北京：社会科学文献出版社，2014年。

② 王浦劬：《国家治理现代化——理论与策论》，北京：人民出版社，2016年。

③ 刘少杰：《新形势下中国城市社区建设的边缘化问题》，《甘肃社会科学》2009年第1期；陈伟东、马涛：《居委会角色与功能再造：社区治理能力的生成路径与价值取向研究》，《吉首大学学报（社会科学版）》2017年第3期；刘乐明：《和谐之道：党建引领社区公共安全治理的动力与机制研究——以上海市A区"田园模式"为例》，《江西财经大学学报》2020年第3期。

④ ［德］斐迪南·滕尼斯：《共同体与社会》，张巍卓译，北京：商务印书馆2019年，第75页。

⑤ ［德］斐迪南·滕尼斯：《共同体与社会》，张巍卓译，北京：商务印书馆2019年，第85页。

尼斯笔下,共同体是一个隐秘性的传统存在,但是它还是一个天然有机体,能够从中抽象出用于建构现代社会"社会治理共同体"精神内核,诸如习惯、情感、协同力、亲密关系。在政策层面,党的十九届四中全会会议公报首次提出了"社会治理共同体"这一关键词,其中"社会治理共同体"指的是包含党委领导、政府负责、民主协商、社会协同、公众参与、法治保障和科技支撑的多方位社会治理体系。

理论层面和政策层面的"社会治理共同体",虽然内涵不完全相同,但是其本质是一致的,都强调社会层面的深度联结和整合。但是实践操作当中,尤其在社会动员层面,党政群体、社会团体、单位组织、基层社区等,很难做到有机衔接。条块分割严重、多层次力量无法整合,仍是现实问题。真正做好挖掘科学理论,用理论引导实践,才能持续地、有效地激发多方主体在社会治理中的活力,也才能持续地、有效地建设起和维持好中国特色的"社会治理共同体"。

二、韧性社会治理共同体:面向网络社会的共同体建构

进入到网络社会,信息技术的飞速发展为"社会治理共同体"的建构与发展提供了技术基础和实践驱动力,"社会治理共同体"又加入了"社会韧性"这一要素。

在技术发展中,人类社会已经进入到信息技术深入嵌入社会创新和应用的新阶段,网络社会治理也将面对新的变局,其中一个重要变局是技术的社会化创新与应用为个体化行动提供的技术支持。信息技术向纵深发展,支持的正是以指数数量增加的不在场和不可识别行动,使得行动尤其是不在场和不可识别行动空间趋于无穷大。[1]当然,传统治理缺乏针对不在场和不可识别行动的规则,这将构成网络社会治理的重要挑战,但是同时,信息技术支持下的身体不在场可能和行动自由,将使普通网民获得空前的主体性和能动性,这正是激发主体活力和建构社会治理共同体的必要条件。

网络社会是风险和机遇并存的社会。它给社会治理提出了新问题,它同时也给解决这种新问题提供了机会和条件。2020年10月,党的十九届五中全会指出,要增强机遇意识和风险意识,建设韧性城市。在这个意义上,网络社会的社会治理,不仅应当是共同体意义上的社会治理,还应当是建设充满韧性的社会治理共同体,即社会层面不仅要实现深度的整合与联结,这种深度联结还应当充满韧性。霍林最早提出韧性概念,

---

① 邱泽奇:《技术化社会治理的异步困境》,《社会发展研究》2018年第4期。

认为韧性决定了一个系统内部不同主体间关系的持久性,一个韧性的系统假定人们理性能力的有限性,支持异质性和不同选择。[1]区别于传统治理模式的国家权力下沉,及其对基层社会的直接管控,韧性治理重在强调:①国家权力与基层社会权力保持必要距离和相对均衡,且实现有效的功能互补以提升社会治理效能;②国家对基层社会的自生秩序和基层民众的自主选择给予基本尊重,以此提升国家治理的弹性和调适能力;③多元治理主体均承认能力的有限性,社会治理以充分培育和发挥基层民众积极性和创造力为重点。[2]

网络社会的韧性治理共同体,符合真正意义上的共同体精神内核。韧性的实质,既包含社会层面的深度联结,即社会团结,也包含面对外部力量冲击下有能力适应和应对,能够及时有效地恢复和成长。社会韧性,就是社会在遇到破坏性冲击时,依靠社会结构的力量,及时实现社会整合,及时适应调整和恢复重建。于是,面向网络社会的韧性社会治理共同体,指的是在信息技术支持和多元治理主体的协同下,同时具备传统共同体内核和现代互联网精神,在支持异质性和充分动员基层民众力量的过程中实现深度的社会团结和社会韧性,在网络社会的不确定性风险中有能力最大程度保存、恢复和发展自身的强大共同体。

社会韧性从何而来?"人们在一定的社会中生活,就会发展出一定的、基于某种社会关系的联结性,在一定的阈限中这种连接性就是社会韧性。"[3]即,社会韧性来自人们的社会性,来自人们生活的共生性和依赖性,这在本质上与社会学意义的社会整合和社会团结高度一致。网络社会提供的信息技术,简化和便利了普通民众间社会联结的修复和重建,成为韧性社会治理共同体的技术基础和实践驱动力。

当今网络社会,在具有巨大的风险性和不确定性的同时,其良性运行和健康发展也会为增强社会韧性、建构韧性社会治理共同体提供强大力量。网络社交新媒体已经日益构成社会联结和组织整合的主要方式,人类社会越来越被互联网所塑造,互联网也因此成为社会韧性的重要支撑平台。于是在网络社会治理中,面对自身能力的有限性,传统治理主体不仅要加快自身能力和技术的提升,还应当学会"借力",充分关注信息技术支

---

① Holling, C. S. Resilience and Stability of Ecological Systems. *Annual Review of Ecology and Systematics*, 1973, 4(1).

② 唐皇凤、王豪:《可控的韧性治理:新时代基层治理现代化的模式选择》,《探索与争鸣》2019年第12期。

③ 王思斌:《社会韧性和经济韧性的关系和建构》,《探索与争鸣》2016年第3期。

持下的高资源匹配精度、高传播效率带来的社会网络的日渐灵活、不同群体的快速广泛联结、基层社会凝聚力的迅速增强,以及社会系统物理韧性和社会韧性的持续提升。在此基础上,建设韧性社会治理共同体,激活社会内生动力,改变传统的刚性稳定的社会治理运行机制,变固态为动态,"变压力体制为参与体制,增加体制的韧性"①,在实质意义上促进社会治理模式的转型与升级。

第三节　元宇宙视域下的韧性社会治理共同体建构

正如现在的网络社会并非当初所设想的完全虚拟的赛博空间一样,作为深度数字化生存空间的元宇宙,也将会是虚实深度交互的空间,一种超越单纯技术创新的复杂的技术社会复合体和人造世界。②在这个意义上,元宇宙不仅仅是互联网发展的未来阶段,更是社会本身发展的未来阶段。③因此,对于社会治理在互联网时代的转型和升级,需要前瞻性地纳入元宇宙的框架中进行思考与规划,正确理解元宇宙,正视元宇宙的可能性风险,利用新信息技术带来的社会潜能,引导智能科技向善,推动人类社会向健康可持续的智慧社会有序发展。

一、技术基础:以政府为核心的算法治理

算法正在成为研究网络社会治理的重要立足点。根据计算科学的定义,算法是指导计算机实现特定计算步骤的一系列指令。随着当下算法技术的日益普及,算法的治理和社会意义日益凸显。正如前文所述,互联网平台巨头依托算法技术可以有效控制信息流动,影响普通网民和其他企业、组织的言论与行动。"每当谷歌调整其搜索算法,或脸书调整其用以管理故事布局的算法,某些商业主张就突然变得可行,而其他的则立即终止。"④互联网2.0时代,互联网平台巨头的权力强大且直接,在算法治理的条件下,"很大一部分实际权力被算法的作者所掌握,代码编写者越来越多

---

① 于建嵘:《从刚性稳定到韧性稳定——关于中国社会秩序的一个分析框架》,《学习与探索》2009年第5期。

② 段伟文:《探寻元宇宙治理的价值锚点——基于技术与伦理关系视角的考察》,《国家治理》2022年第2期。

③ 王天夫:《虚实之间:元宇宙中的社会不平等》,《探索与争鸣》2022年第4期。

④ Greenfield, A. *Radical Technologies: The Design of Everyday Life*. London and New York: Verso, 2018, p.212.

地成为立法者"①。

元宇宙的设计愿景和技术基础,使我们有很大希望用崭新的"算法治理"(algorithm governance)代替当前过于依赖互联网企业的"算法的治理"(government by algorithm)。②元宇宙的设计愿景之一,是允许用户无论走到哪里或者选择做什么,他们的成就、历史,甚至财务状况都能在众多的虚拟世界和现实世界中被认可。为了实现这一愿景,虚拟世界必须首先实现"互操作性",这个术语,是指计算机系统或者软件交换和利用彼此发送的信息的能力。在某种意义上,互操作性成为一个伪技术问题,即,其最难的部分并不是技术,而是各个利益主体环节的打通。而有能力从根本上推进互操作性的理想角色,就是政府。目前元宇宙面临的一个挑战是,在缺乏有力管理机构的情况下,虚拟世界的平台运营商和服务提供商,明显不足以创建一个健康的元宇宙。这也是为什么我们说政府在元宇宙中的核心性毋庸置疑。政府需要站在元宇宙社会的中心,统领管理,引导平台企业和其他组织、个人,共同建设一个目标一致、标准一致的元宇宙体系。

现实是,政府监管和技术发展之间存在堕距。整个20世纪,各国政府都证明了自己有能力驾驭新技术,从电信到铁路、石油和金融服务,再到互联网。但是在过去大约15年,各国政府都没有达到目标。元宇宙不仅为用户、开发人员和平台提供了机会,而且为新的规则、标准的制定和治理机构的发展提供了机会,也给政府在网络社会的治理带来了新的思路。无论是在技术层面,还是在监管能力上,以元宇宙发展为契机,政府都需要重新获得有效的管理权,重新获得在数据、算力、算法上的优势,实现以政府为中心的算法治理。

元宇宙发展所需的每项基础技术,都在逐年改进。互联网服务变得更普及、更快、更透明;计算能力也得到了更广泛的部署,能力更强,成本更低;标准化和互操作性的漫长实现过程也正在进行中。并且,有效应对平台霸权等问题的手段正在出现,如"算法审计"(algorithm auditing)。③我们相信,元宇宙的建构和发展过程,是政府和市场、社会共同成长演进的过程,也将

① Lessig,L. *Code: Version 2.0.* New York: Basic Books,2006,p.79.

② Musiani,F.Governance by Algorithms. *Internet Policy Review*,2013,2(3).

③ "算法审计"(algorithm auditing)是对算法系统中不应有或未预期的后果予以诊断,使之可见化,包括但不限于审计数据操纵、社会偏误、删截数据、社会歧视、侵犯隐私和产权、滥用市场能力和影响认知能力等方面,能发现并应对诸如搜索引擎的信息茧房、过滤气泡(Filter Bubble)、电子商务网站的价格歧视和操纵、算法动态定价中的负面后果、网页搜索片段造成的政治党派性加深等问题。

是一个算法治理逐步健康成熟的过程。在这个过程中,日渐成熟的以政府为核心的算法治理,将努力解决平台霸权下算法治理造成的各种乱象,提升社会韧性,实现真正意义的算法治理,将网络社会技术的红利回报社会,回馈给普通民众。

二、社会联结力:信息技术加持下的共意凝聚

韧性的共同体结构,具有功能主义的性质,可以容纳它的成员或参与者并在其中得到一定的支持。在这种意义上,社会韧性具有社会团结的性质,它是各部分之间所具有的联结力。[①]在元宇宙视域下的韧性社会治理共同体中,我们希望这种联结力的来源是多元的。其来源不仅仅是传统国家和各级政府,更不能只是某些互联网巨头,要将网络群体中的大多数,即普通网民群体纳入其中。

多元主体的共意凝聚及其带来的联结力,也是治理理论的应有之义。现代意义的治理,不仅关乎国家能力建设,而且涉及一个涵盖不同行为主体的复杂交互网络的建构和维系。正如有学者指出的那样,治理的后果,是创造一种秩序和集体行动。[②]治理应是包括企业、社会组织和其他各方力量参与的协同治理(collaborative governance),强调政府、社会和私营部门相互沟通,共同努力,实现任何单一部门无法独自实现的目标。[③]并且,基于网络社会治理的现状,在治理中纳入多元主体,尤其是普通网民主体,更是当务之急。亿万网民不但是社会治理的客体,更应当是社会治理的主体。当前的算法治理中,"基于精密算法的数字技术的单向学习路径呈现出'零道德反思'的缺陷,缺乏人的主体性参与的数字技术无法逾越自身工具理性的桎梏,只有通过打造真正意义上的数字公民,才能够使数字技术摆脱治理工具箱的定位,充分释放其治理潜力"[④]。

进入网络社会以来,空间与情境、现实与虚拟、公域与私域等诸多场景,开始重叠耦合,无论是从基于物理空间的"硬要素",还是从基于心理和行为的"软要素",以人为中心的及时、精准、广泛的互联网连接,正在技术层面使

---

① 王思斌:《社会韧性和经济韧性的关系和建构》,《探索与争鸣》2016年第3期。

② Stoker, G. Governance as Theory: Five Propositions. *International Social Science Journal*, 1998, 50(155).

③ Ostrom, E. Crossing the Great Divide: Coproduction, Synergy, and Development. *World Development*, 1996, 24(6).

④ 顾爱华、孙莹:《赋能智慧治理:数字公民的身份建构与价值实现》,《理论与改革》2021年第4期。

得人与人的社会联结达到有史以来的最大化。随着元宇宙技术的不断发展,增强人与人之间联结力的技术支持还在不断扩大和强化。于是在技术层面上,不少学者表现出了对未来治理升级的期盼,认为"共同治理"时代即将到来,决策将"基于数字而非投票"进行,因为数据收集和分析将创造"最清晰、最全面的共同利益",使其成为"真正的代议制——比人类历史上的任何其他民主模式都更具代表性"①,公众的愿望、期望和欲望在信息技术手段下,将被迅速了解、测量、回应和满足。

社会治理联结力的实现,仅靠信息技术的加持肯定是不够的,更需要的是社会共意的凝结和凝聚力的达成。在信息技术迅速发展的过程中,数字沟通的网络迅速发展,出现了一种大众化的自我沟通形式。这种自我沟通的信息发起者,是不确定性的网民个体或组织,传播的广度是前所未有的,传播的网络是民众自我控制、自我搭建的。从技术上讲,现代国家和企业几乎无法完全封锁住这种分散化、水平化、自组织化的信息传播过程。通过这一过程,普通网民的价值观、信念都可以通过沟通网络自由迅速地传递,而不再以传统方式被大众传媒单向塑造。于是民众自发的共享价值观也日益增多,并成为其共意凝聚的基础。

这种以普通网民为主体的共意凝聚,在即将到来的元宇宙社会中更是如此。合作、创造和自我表达,正是元宇宙社会的核心价值之一。因此从客观上讲,社会共意的凝结和凝聚力的达成,对于未来的社会治理来说,是机遇,也是挑战。机遇在于来自以普通网民为主体的共意凝聚,是一种民众的自主自发力量的激发和聚集,这是一种很大的力量;挑战在于这种力量是否能与政府期待的治理方向一致,如果不一致,则有可能成为阻力,导致治理效果的"南辕北辙"。因此,在凝聚社会共识、形成积极的社会共意的层面上,政府需要主动作为,勇担历史责任,审时度势,赢得民心。政府需要在理念和行动上及时转型,改变传统的被动应付的姿态,力争走在时代的前列,做出与互联网发展相适应的姿势,不断提升自身在社会各领域的公信力、吸引力、号召力,推动民众在社会比较中更加加深对国家和政府的认同,实现政府引领的、有统一内核的、各方共意凝聚的社会团结。

---

① Susskind, J. *Future Politics: Living Together in a World Transformed by Tech*. Oxford and New York: Oxford University Press, 2018, p.248.

三、抗冲击性：应对风险社会的网民自组织

在全球化、网络化的今天，现代性带来的各种风险相互叠加和累积扩大，贝克笔下的风险社会正逐步以现实的样貌呈现出来。从应对风险和与社会实体的关系来看，韧性社会治理共同体，强调的是一个社会共同体遭遇外在风险或破坏性冲击时，具有保存自身的调适能力和恢复能力。而这样一个韧性社会治理共同体，不仅离不开有效的政府和治理体系、充足的经济基础、技术资源保障，更需要紧密联系的、共同参与的多元主体间的协同与合作，这种合作的达成，才能为社会韧性建构起最牢不可破的抗冲击基础。

网络社会中普通民众焕然一新的自组织能力，为韧性社会治理共同体的抗冲击性建设提供了重要基础。传统观念中，当代中国是一个缺乏社会组织的社会，民众之间呈现出一种原子化的状态。与西方悠久的社会组织和自治传统相比，中国官方注册的社会组织相对较少，参与社会自治的程度也相对有限。①但是随着互联网在中国社会的普及，我们可以发现，中国社会中并非没有组织社会组织的意愿。许多社交群、工友群、社区群、朋友群、民间文体活动群等网民自发组织起来的各种群体，如雨后春笋般地冒出；传统的各种社会组织，也以新的形式和面貌在互联网上生根发芽。由于互联网形成组织的手续便利，速度空前提高，看上去原子化的社会成员，可以通过互联网的平台，在极短的时间里聚合和组织起来，形成一种具有资源动员能力和现实行动能力的网络组织。②这些基于互联网的组织，可以在很多领域发挥甚至超出传统社会组织的作用。尤其是当社会成员面临共同的利益关联，需要进行利益诉求表达、抗争维权、公益募捐等集体行动时，原本看上去没有现实组织和联系的社会成员，会在极短的时间内组织起来。甚至相对西方而言，中国的互联网社会组织的发展没有太多传统组织形式的羁绊，更具有一种跨越性和创新性，呈现出更大的发展空间和活力。

随着元宇宙社会的到来，与传统社会组织成立和运行的过程相比，网民的自组织的优势明显增强。其一，最大幅度降低了社会互动场景搭建的成本，网络社交平台，为组织的形成提前搭建好了场景，不再需要现实中的物理场景搭建（例如场地租用、舞台搭建）费用。其二，不再有制约现代社会成员参与社会组织活动的时间和空间上的界限，随着元宇宙社会的到来，组织

---

① 文军：《中国社会组织发展的角色困境及其出路》，《江苏行政学院学报》2012年第1期。

② 陈氚：《隐性网络自组织——互联网集体行动中的组织状态和治理困境》，《教学与研究》2017年第11期。

成员可以处在一种随时的线上在场状态。其三,互联网的信息流动特性进一步增强,使得更大范围内的利益相关者、兴趣相关者可以在瞬间相互聚集起来,具有一种迅速发现和群聚的功能,使得组织的边界无限扩展,组织形成的速度无限缩短。其四,互联网上的这种网民自组织,不需要像现实社会那样,申办社会组织需要办理各种繁杂的审批手续。围绕着一个话题,一个事件,一种爱好,甚至只要"情投意合",就可以组建一个组群,"立等可取"。

这些都使我们需要重新审视中国社会的自我组织能力,不能再将视线只局限于对于网民自组织约束力度的加大,以及对社会秩序可能性冲击的担忧上。政府作为社会治理的主体,是第一责任人,应该超前思维,主动应对,顺势而为,趋利避害。譬如,这种网民的社会自组织,从积极的一面来看,网民自我组织能力增强,民众集体行动的能力也会增强,形成新的集体认同的机会也会增多,这就会产生出具有一种通过互联网沟通而实现目的的信息力量。[1]如果加以积极正面的利用引导,则可以让网民更广泛地参与到网络社会治理之中,这将构成单一组织无法实现的巨大力量和强大共同体韧性。而最为理想的状态是,如果能将网民的自组织潜力和信息力量建构进入同一的共同体认同中,"心往一处想,劲往一处使",那么韧性社会治理共同体就会自然形成,其抗冲击能力会达成一种最牢不可破的状态。

第四节　面向元宇宙的中国社会治理的理论展望

当今中国社会逐步向全球化、信息化、网络化的社会迈进,新的社会特征和新的社会风险也会随之出现。面对最新的社会改变,中国的社会治理已经开始了自觉的改革与转型,在中国语境下提出了建设"社会治理共同体"的目标,并面向风险社会、网络社会,在"社会治理共同体"中又加入了"社会韧性"的要素。面对即将进入的元宇宙社会,虽然我们无法准确预测其样态,但是可见的是,元宇宙发展已经带来种种社会层面的赋能,已经开始为中国特色的韧性社会治理共同体建设提供新的技术加持和能力提升,很大可能将实现韧性社会治理共同体的"升级"。

如图11-1所示,从"共同体"层面理解社会治理,这一兼具共同体的传统精神和现代治理新形式的概念的内核就是深度的社会联结。面向风险社

---

① Castells. *Communication Power*. Oxford: Oxford University Press, 2009, p.47.

会,"韧性"的加入,增强了社会治理共同体的"预防"能力——应对风险和不确定性;"整合"能力——社会层面的深度协同和快速组织动员;"适应"能力——应对风险和不确定性的强化学习和机体适应,以及"恢复"能力——快速有效恢复以保持正常生产生活秩序。进一步,在元宇宙赋能下,在技术基础、社会联结力和抗冲击能力方面,韧性社会治理共同体将迎来升级的机会。日渐成熟的以政府为核心的"算法治理",将应对平台霸权下"算法的治理"造成的各种乱象;信息技术加持下的共意凝聚及其带来的联结力,将塑造共同体中社会团结的精神内核;强大的自组织能力和多元主体间的协同合作,将成为抵御不确定性社会风险的坚固屏障。

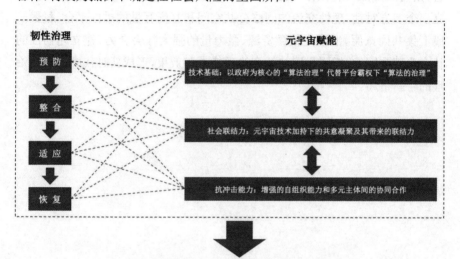

图 11-1 元宇宙赋能的"韧性社会治理共同体"

需要指出的是,元宇宙赋能带来的是民众信息权力与国家信息权力同步扩张的可能。因此,从社会治理的角度出发,政府应当正视这种新的趋势,转变治理理念和治理思路,变被动为主动,发展出新的社会集体共识,更好地聚集民心,把来自普通民众的力量真正纳入社会治理之中,促进社会治理进步与转型。

当然,在社会治理转型的进程中,政府的核心地位毋庸置疑。政府需要站在元宇宙社会的中心,统领管理,改革现今算法治理的种种弊病,引导平台企业和其他组织、个人等多元治理主体,共同建设一个真正享有共同体精神的、拥有强大内聚力的、具备足够抗冲击性的韧性社会治理共同体。

今天,元宇宙凭借它愈发精进的技术支撑和依旧平等民主的价值设想,再一次重启着旧日的乌托邦社会工程。若对现实结构和问题置若罔闻,元宇宙所蕴含的内在潜能和变革的可能性也时刻都有被扑灭或者变异的风险。①具体到社会治理领域也是如此。现代国家应该正视元宇宙即将带来的社会影响，主动面对这种机遇与挑战。对于中国政府而言，应当不断提升政府部门利用网络技术的能力，不断提升执政能力，不断提升政策主张的公开、公正、透明程度，不断提升经济、社会、文化、教育、医疗等各个领域顺应网络社会发展的创新能力、应用能力，不断提升网民的素质，促进网络社会的健康发展。就社会治理而言，尽管即将到来的元宇宙社会蕴含着一定的风险，有可能引发新的社会安全问题，但是如果对其加以正确引导，趋利避害，则可以形成一种国家与民众间的、敞亮的、快速的、有效的沟通机制，建立一个多方对话、理性交流的网络公共空间和互商互量的柔性平台，凝聚一股汇集共同意愿，汇聚无数微资源、微力量的强大社会合力，建立起韧性的社会治理共同体，增强我国的社会治理能力和效果，形成新时代中国社会治理的崭新格局。

---

① 胡泳、刘纯懿：《"元宇宙社会"：话语之外的内在潜能与变革影响》，《南京社会科学》2022年第1期。

第十二章　网络权力背景下的
中国社会治理变革路径

在理论层面上探讨了构建韧性社会治理共同体的可能性后,本章将进一步探寻网络权力背景下的中国社会治理变革的现实路径。

随着网络社会的加速发展,网民数量和网民素质都在大幅度地增长,网络沟通、网络传播、网络表达、网络发声,已经成为许多网民尤其是新时代网民的自觉行为。网络信息权力就处在网民大众的网络互动的过程中。网络技术在整个社会的全覆盖,增进了人们社会交往的程度,提高了社会生活的透明度。快速传播的网络技术,又拆除了信息传播和沟通的时间壁垒和地域壁垒。如此一来,众多网民以网络上的热点事件和热点关注为契机,自主建构网络权力的行动此起彼伏。虽然这种以情境和感性意识形态为依托建立起来的网络权力,大多数既不强大又不持久,但是这种持续不断的网络权力涌动,是会产生水滴石穿的作用的。更何况,如果遇到社会上的强热点事件和关注度高的事情,譬如重大的民生问题,网民自主建构起的网络权力会迅速变得既强大又持久。因此,重视网络权力的存在,在社会治理改革中考虑网络社会的特点,合理疏导和利用网络权力,就成为新时期社会治理的新课题。

第一节　政府主导下多元主体参与的治理路径

网络权力背景下,中国的社会治理主导者——政府,需要有效处理“管控”与“互动”的角色关系。面对这样的角色关系带来的挑战,政府在治理中承担主导角色的同时,还要正视和尊重以普通网民为主体的网络权力,政府与市场、社会行动者需要保持互动而非单方面的强制关系。由此,我们提出网络权力背景下政府主导、多元主体参与的治理路径。该路径的有效实施之途在于,使政府处于网络社会治理中心的同时,政府与其他治理主体形成互动型关系和协调治理模式,并针对治理对象对社会的正负面影响,分门别类地展开治理实践。

网络社会具有旺盛的生命力,在社会交往方式、社会结构形态、权力作用方式、社会认同形式等方面均产生了重要的影响。但是互联网在给人类带来巨大发展进步的同时,也带来了一些崭新问题,社会治理也因此迎来了崭新的挑战。比如在信息制造和传递方面,互联网重新界定了媒体、国家和民众之间的关系。①因为私有部门和利益群体能够生成与分享相关信息,由此,互联网对国家及传统媒体对知识的垄断构成了一个挑战。针对网络社会问题,传统的管理和压制手段难以起到应有的效果,新型治理策略呼之欲出。

根据互联网治理工作组(Working Group on Internet Governance)的定义,网络社会治理主要指,政府、私有部门和社会大众履行各自角色,将共享的原则、规范和规则、决策程序与项目加以发展与应用,使之能够有效地作用于互联网的演化与使用。②这一界定,明确强调了互联网治理中的多元角色参与性质。其实早在2003年,"多元利益相关者"(Multistakeholderism)治理理论已成为互联网治理讨论的核心,它主要强调互联网治理中的私有部门、非政府部门与政府权威的协调配合。③多元利益相关者主义思想,源于哈贝马斯关于公共空间的理论,它假定在恰当的场景下和拥有共享的规范中,策略行动者能够在去除政治动机和压力的前提下,去传达、倾听、调整看法,就公共关注的实践达成一致。该理论有四个基本前提,即利益相关者必须接受相互依赖的事实;愿意分享信息和彼此学习;同意一起协作,面对发现的问题;期望共享的谈判性的共意。

之所以强调多元主体共同参与网络社会治理过程,是因为伴随着互联网技术的发展和普及,传统的价值观念、权威结构、组织形式、权力运行和社会认同皆发生了急剧变化,单一权威结构和单维的治理主体模式,受到了网

① Susan Khazaeli and Daniel Stockemer. The Internet: A new route to good governance. *International Political Science Review / Revue internationale de science politique*. 2013, 34(5), p.465.

② Working Group on Internet Governance. Report of the Working Group on Internet Governance. Chateau de Bossey, June 2005. This definition was noted in the WSIS Tunis Agenda for the Information Society, Document WSIS-05/TUNIS/ DOC[6(rev. 1)-E (November 18, 2005), paragraph 34, available at http://www.itu.int/wsis/docs2/tunis/off/6rev1.html (accessed July 1, 2014).

③ Shawn M. Powers and Michael Jablonski. *The Real Cyber War*. Urbana, Chicago, and Springfield: University of Illinois Press, 2015, p.129.

络社会治理实践的严峻挑战。正如美国学者贝克所言,过去二十多年的快速全球化带来的一个结果是,传统社区形成和维持的方式受到破坏,无论是在微观的地方情境还是宏观社会的场景中均为如此。①而随着信息沟通交流技术(ICTs)逐渐变得可移动、可获得,以及与全球性的关联,人们会形成自身想象的共同体,不是基于已经建立的、传统的单一权威,而是构筑于他们自己的理性与激情,②以及他们的价值判断。概言之,互联网时代,权威结构由单维变成了多元,而随着信息权力的不断涌现,权力主体也逐渐走向多元化。

权力主体的多元化,使得仅仅依靠强制加诱导的强权/硬实力治理遭遇挑战,"软权力"治理模式亟待引入网络社会治理当中。软权力,是一种使他者追求权力主体追求的目标的权力,依靠对支配对象的合作而非强制进行,主要基于形塑他者偏好的能力而发挥作用。③这种权力的基础,是吸引而非强制,能够为权力对象所高度认同。网络社会中的信息权力,无疑是软权力的一种类型,它不是强调对支配对象的控制与压制,而是注重其认同和参与。这种现代权力观,对于网络社会治理,尤其是对多元利益相关者共同治理理念,有极大的促进作用。

互联网"善治"有三个基本标准,即透明、高效与响应性。④在网络社会治理中,践行"透明、高效与响应性"的标准,除了依照分类治理逻辑展开互联网治理之外,还需要依托多元利益相关者共同治理的理念。在具体实践中,要基于中国国情,在党的统一领导下,以政府为主导,增强政府及相关部门、社会组织、普通民众等多元主体的协同配合。

《中共中央关于制定国民经济和社会发展第十三个五年规划的建议》中,在治理体制设计上,明确提出"党委领导、政府主导、社会协同、公众参与、法治保障"的多元合作体制,为网络社会治理提供了准确的方向,也与国际上网络社会治理的"多元利益相关者"治理实践高度吻合。

综上所述,建构网络权力背景下,社会治理的多元主体协同参与路径的

① David Edmunds and Eva Wollenberg. Disadvantaged Groups in Multistakeholder Negotiations. CIFOR Programme Report, June 2002, p. 2, available at http://www.cifor.org/publications/pdf_files/Strategic_Negotiation_report.pdf.

② Evelyn I. Légaré. Canadian Multiculturalism and Aboriginal People: Negotiating a Place in the Nation. *Identities*, 1995, 4(1), pp.347-366.

③ [美]约瑟夫·S.奈:《硬权力与软权力》,门洪华译,北京:北京大学出版社,2005年。

④ Susan Khazaeli and Daniel Stockemer. The Internet: A new route to good governance. *International Political Science Review / Revue internationale de science politique*. 2013, 34(5), p.466.

基本策略如下：

第一，坚持中国共产党的领导，把握党的有关治理的政策和方向。

第二，坚持社会治理的政府主导角色。政府在依托网信办等职能部门，担负日常网络社会治理工作的基础上，在网络社会宏观治理中承担主导角色。同时，注重对各个利益相关者的沟通协调，充分发挥各类治理主体的作用。针对不同类型的治理目标，分门别类地设计具有针对性的治理策略。重视网络权力的利用，减弱网络信息权力的负面影响，在实践中提升政府的公信力，开展有的放矢的治理。

第三，各类社会组织在社会治理中应该担当必要的角色，发挥应有的作用。比如社交媒体应该及时公布正确的信息，避免不实的报道，为正确引导网络舆情而采取行动；市场组织在营利的同时，需要坚守社会责任，守住道德底线，营造公平和谐的市场环境；各类社会服务组织可以在缓解民众情绪、对弱者提供专业服务、为弱势群体送温暖方面开展工作；等等。

第四，加强对公民的思想教育。社会公众也要增强法治观念，提高自身素质，树立责任意识，自觉抵制网络谣言的传播，主动抵抗各种非理性宣传和报道，抵御网络民粹主义，遵守网络道德，保护事件当事人的隐私，做一个网络中的高素质网民。

第五，加强信息网络技术的现代化建设。信息网络技术的突出特点就是发展变化快，这让网络社会治理工作，总有一种"追不上"的压力感。随着网络社会的发展，网络技术和网民数量都在迅速增长，这会给网络社会治理增加难度和强度。解决问题的突破口在哪里？就在技术进步。"降妖就得孙悟空。"因此，政府应该围绕信息网络技术的提升，加大科研、人才、资金等的投入力度，努力站在网络信息技术的前沿。只有这样，才能在网络社会治理过程中，占主动，打胜仗。

多元利益相关者共同治理策略，在网络社会治理实践中被证明是行之有效的。但是任何一项制度措施，都不可能是完美无缺的。网络社会在不断地发展变化，与之对应，网络权力背景下社会治理的方法策略也要有相应的调整。变是绝对的，不变是相对的。这就需要治理主体在网络社会的治理过程中，清晰认识到多元利益相关者治理模式存在的不足，在实践中尽量考量这些缺陷因素，并设计相关应对措施，尽量弥补这些不足，从而不断提升网络权力背景下社会治理的效率。

第二节　社会治理变革的技术性创新思路

一、加快推进前沿信息技术在网络社会治理中的应用

应当充分利用网络社会在第五代移动通信技术、人工智能技术、物联网技术等领域方面的技术,推动网络技术的应用创新,将新的信息技术应用在社会治理,尤其是基层社会的治理之中,推进治理技术的信息化。在传统的社区治理中,社区居民的参与程度不高,参与意愿不足,很大程度上和社区事务过于琐碎、占用的时间成本过高有关。如果可以在基层社区治理中打造基于新信息技术的互联网社区治理场景,使得民众的地理社区和网络社区进行有机的融合,可以降低民众的参与时间和空间成本,提升民众参与社会治理的意愿。

网络社会治理的领导是中国共产党,主导是政府及相关部门,主体是多元利益相关者。在互联网快速发展的今天,我们需要充分发挥企业,尤其是互联网企业在社会治理中的重要主体作用。由于大型互联网企业和政府相比,具有先天的人才和技术上的创新优势,因此应当充分发挥企业,尤其是大型互联网企业在网络社会治理中的作用,形成政府和企业合作的技术应用和治理机制。在网络化和信息化时代,我国的一大优势是拥有一批在全球互联网领域具有领先地位的互联网公司。应当充分发挥这一优势,鼓励互联网企业开发相应的社会治理软件和硬件设施,将最新的技术运用到社会治理之中。

因此,在网络社会治理的财政支持上,也应当加大对信息技术在社会治理中应用的资金投入,鼓励治理领域的技术应用创新,同时加大对基层社会治理人才的吸引力度,鼓励技术型人才和复合型人才加入治理队伍之中。

二、实行更加积极的社会认同竞争策略

网络社会治理中,赢得民众对国家的认同,包括对社会主流价值观的认同,是最终保障社会稳定和社会秩序的关键。在互联网信息多元化的局面下,客观上全球性的社会认同竞争局面已经不可避免。从北京市,乃至国家的角度而言,必须改变以往的宣传策略,实施更加积极、主动、进取的社会认同竞争策略。

第一,从价值观念的形式化宣传策略转变为价值观念的内容吸引策略,

避免宣传的形式主义倾向。形式化宣传策略往往采用各种明显的宣传工具，简单进行口号式和灌输式的宣传，强调宣传的可见性，却并不深究受众的社会心理规律和接受效果。在行政命令下，宣传往往停留在外显化和形式化的层面，即只要传递空洞的口号，就完成了上级指派的宣传任务和指标。互联网给全社会带来的是多元化的价值理念，民众在各种思想价值观念的比较中，往往会选择那些易于接受和理解、富于感性、打动人心的价值理念。因此，应当继续提升主流意识形态和主流社会价值观的互联网吸引能力，用更好的方式、更真诚的态度、更具体的内容赢得人心。

第二，在保证国家安全和社会稳定等政治底线基础上，尽量避免使用简单粗暴的方式来取消互联网中的多元信息渠道。全球化时代，在国家软实力领域，更应当具有充足的道路自信、理论自信、制度自信和文化自信，相信民众可以在比较中做出正确的选择。一旦简单否定多元价值观念的存在，就会陷入一种网络社会的舆论怪圈，即越禁止越吸引；越是希望采用强力手段维系某一观念，就越会引发民众对其他替代性观念的好奇；越是过分拔高某一事物，就越会导致民众的逆反心理。以开放自信的心态，增强自身的软实力，正确迎接挑战这一姿态本身，就会增加民众对社会开放性、透明性的认同，打造出一个自信的软实力形象。

第三，实施积极的"政府—民众"网络互动策略，形成规范的"政府—民众"网络沟通制度。进入互联网时代，我国各级政府对民众网络诉求的回应，正逐渐规范化和常态化，回应方式越来越公开，速度越来越快。从最初的回应不及时、被民众抱怨信息不公开，到现在可以短时间内迅速回应热点舆情，体现了政府行为的透明性和公开性，营造了亲民、高效、透明的政府形象。未来在和民众的互联网沟通中，应当从过去的被动回应式，逐渐转变为持续沟通式，更加积极主动地发现人民群众关注的热点问题，积极有效沟通。在沟通的过程中，应当避免隐瞒、拖延，做到实事求是、真实有效、态度真诚、符合法律，也就是遵循沟通理性的真实性、真诚性和规范性原则。

三、现实社会矛盾的网络预测机制和联动解决机制

在互联网领域中反映出来的网络聚集和网络暴力，往往是现实中社会矛盾的直接体现。如果脱离了线下的矛盾解决机制，直接通过互联网舆情管理的方式来解决问题，则会导致社会矛盾隐患的进一步加大，造成未来社会矛盾的升级。因此，应当充分利用互联网的信息沟通优势，建立起线上和线下协同、各个具体部门间协同的综合社会矛盾联动解决机制。

首先，应当充分利用互联网的信息发现机制，增强对重大社会矛盾的预

测和防范能力。对于互联网上呈现出的舆情，不应将其视为对社会稳定的挑战，而是应当视为解决现实矛盾、缓解更大层面社会冲突的契机。应当运用大数据、人工智能等技术进行客观分析，从网络热点舆情中提炼出有价值的具体社会矛盾，发现民众最关心的、涉及切身利益的呼声。通过大数据分析和人工智能技术的结合，提前分析和预测有可能出现的社会舆情热点，对现实中存在的社会矛盾和社会冲突风险进行预警，提示各个部门及时对社会矛盾进行早期防范性治理，在基层化解潜在社会矛盾。

其次，要建立起线上和线下、各个部门之间的协同治理机制。应当建立起网络管理部门、互联网平台和其他政府部门的联动工作方式，各司其职，各负其责，形成一种针对具体的网络社会问题进行线下矛盾处理和线上舆情沟通有机结合的双重解决机制。同时，在信息时代，各个部门之间的沟通障碍和利益障碍应当被进一步打破。当治理对象以普遍联系的、速度极快的、效率极高的网络结构存在时，也必然要求治理部门打破原有的条块分割的组织体制，形成灵活性、网络状的协同共治结构。线上线下的协同治理，也有利于破解网络隐性自组织瞬间集聚产生的风险问题，及时处理线下的群体性社会利益冲突。

最后，在处理网络时代的社会矛盾时，应当更加注重矛盾解决的公开性和公正性，坚持以人民为中心的行动导向，切实维护人民群众的根本利益。避免过度使用策略化、技术化的网络公关手段。那些认为随着时间推移，可以平息网络中的热点，降低民众关注度的做法，不能从根本上解决问题，反而会为未来的社会治理积聚更大的风险隐患。

网络社会已经发展成为一种新的社会形态。网络权力的建构成为众多网民的一种行动自觉。网络权力的流动性和网络空间利益主体的多元性，为网络社会治理出了一道必答题。重视网络权力，重视网络空间诸多利益相关者的关切，以此为切入点，开展有中国特色的网络社会治理，是中国网络社会治理创新和转型的必然选择。

结语 向善而行:网络权力的发展愿景

在网络社会,网民们用自身的实践,展现了福柯笔下毛细血管式的关系型权力。然而网络权力却并非完全类似福柯笔下的一张无所不包的权力之网。作为行动主体的普通网民,逐步具备了较强的自我意识和能动性,在社会生活中不再处于悲观被动的境地,不再被支配、被行动、被组织,而是主动地编织关系网络,实现互动性策略,从而成为自主建构的关系网络中的核心和主导者,在实践中将自身塑造成为网络权力的主体,使流动于关系网络之中的网络权力能够为己所用,以充分体现自身的意志,发挥强大的现实效力。进一步,网民们在网络交往中无意识地形成了互动仪式,互动仪式以相对稳定的姿势维系着网民的关系网络,也维系了蕴于关系网络之中的网络权力。

不同于在中国互联网的研究初期,贬低普通网民、忽视网络权力的观点,[1]也不同于将网络权力看作是以一种"监督权"[2]"信息中介"[3]或是"社会运动力量"[4]的姿态,作为对实体权力补充的观点,本书认为,网络权力是网络化时代出现的崭新权力形态。在网络社会,网络权力将与传统实体权力共存,这将创建出网络社会新的权力格局。

在本书中,我们研究的是网络权力作为崭新权力类型的产生背景和过

---

① 周光辉、周笑梅:《互联网对国家的冲击与国家的回应》,《政治学研究》2001年第2期;胡新华、陈晓强:《大学生网民群体的越轨及其社会控制》,《中国青年政治学院学报》2002年第5期;彭鹏:《电子乌托邦:网络民主的神话》,《南京政治学院学报》2003年第5期。

② 刘畅:《"裁判员困境"与"第三方"入场——对第五种权力一种特性的剖析》,《南京社会科学》2009年第4期。

③ 黄荣贵、桂勇:《互联网与业主集体抗争:一项基于定性比较分析方法的研究》,《社会》2009年第5期;汪建华:《互联网动员与代工厂工人集体抗争》,《开放时代》2011年第11期。

④ 杨国斌:《连线力:中国网民在行动》,邓燕华译,桂林:广西师范大学出版社,2013年。

程,以及它所蕴含的巨大力量,对于网络权力和社会变迁之间的交互影响和复杂关系,我们的研究遵循的是价值中立的原则,在理论研究上不做价值预设。但是作为网络社会不可忽视的重要新生事物,网络权力在实践层面上已经开始发挥重要影响作用,这一点毋庸置疑。网络权力对网络治理,乃至中国社会治理,提出了新挑战,也提供了新思路。因此在实践层面上,尤其是当下中国正处于社会治理的重要转型期,我们必须将其价值层面的考虑也纳入网络权力的研究之中。

"向善而行"是对网络权力提出的价值期许。本书认为,通过政府、社会与公众等多个主体的共同努力,推动网络权力向着满足人民美好生活需要的方向发展,成为中国社会治理的助力而非阻力,具有重要意义。柏拉图在《理想国》中指出,存在三种形态的善:一是它本身的善;二是它带来的后果为善;三是由于"带来的报酬和其他累积的种种好处"才接受的善。对网络权力提出的"善"的价值要求,既指网络权力主体本身包含的善,也包括网络权力的建构过程及结果所带来的善。

在具体的互联网技术应用中,早期研究者所想象的平坦世界并没有因为互联网技术进步而一往无前;相反,网络社会中各项的事业成功与否受制于结构、位置、利益、行动者,甚至是偶然事件的综合影响。由此,"向善而行"成为需要追寻的发展愿景。对于网络权力亦然。这就要求,在实践层面上,既要重视普通网民的能力提升和素质建设,提高网络权力主体本身包含的善的可能性,又要加强网络社会的制度化建设,尤其是要提升网络社会治理水平,提升网络权力的建构过程及结果所带来的善的可能性。

我们必须清醒地认识到,一方面,中国网民还处于逐渐理性的进程之中,并不是所有网民都已经成长为成熟的网络权力主体,网络空间中的民粹主义倾向还很严重。[1]另一方面,互联网时代只是提供给了普通网民建构网络权力的可能,要真正成为权力主体,拥有网络权力,需要网民策略性的权力建构行动和成熟的网络权力运用能力。很显然,在现阶段,很多中国普通网民还不完全具备这种能力。

当前中国社会已然进入了发展和改革的深水期,各种利益冲突和矛盾时有凸显,提升社会治理水平,实现网络社会的社会治理转型,时不我待。中国社会与西方社会相比,在工业时代一直处于后发和追赶的位置。而中国与西方几乎同时进入了互联网时代,同时感受到了互联网对社会治理带

---

[1] 布成良:《当代中国民粹主义的表现、实质与应对》,《山东师范大学学报(社会科学版)》2020年第3期。

来的冲击和收益。中国当前的诸多社会问题,也都可以置于网络权力的理论思维下深入思考。正视网络权力为社会治理转型带来的压力与动力、机遇与挑战,不仅有助于充分发挥网络权力"善"的效应,更将有助于中国在互联网时代搭上全球社会治理发展与转型的快班车。

中国共产党第十九届五中全会通过的《中共中央关于制定国民经济和社会发展第十四个五年规划和二〇三五年远景目标的建议》明确提出了要"加强数字社会、数字政府建设,提升公共服务、社会治理等数字化智能化水平"。在大数据时代,政府必然要经历一次走向智慧治理的变革。智慧治理是依托大数据、物联网、云计算等现代信息技术,秉持着更加兼容开放、以人为本的价值追求,由政府主导的多元协同网络所实施的精细化治理。这与本书所倡导的网络权力与网络社会治理双向互动促进逻辑——网络权力促进当代社会治理变革,网络社会治理水平的提升又促进了网络权力"向善而行",不谋而合。

总体上,笔者对于网络权力发展的前景,充满乐观的预期。互联网时代,展现在大众面前的是一个空前广阔的社会空间和活动舞台,在这个空间和舞台上,普通网民的主动意识被唤醒,视野也变得广阔,主动参与社会生活的激情被激发。网络社会赋予普通网民以能动性,又赋予了普通网民成为权力主体的机会,而正是这个机会,蕴藏了积极的互联网逻辑和宝贵的互联网价值,也彰显了这个时代的伟大之处。基于这个机会,网民中的积极分子展开的权力建构实践,将极大地促进社会的变迁与发展。

社会变迁是一个复杂的、不可预测的过程,不能简化成为某个人或者某群人的合力,但却是由个体根据新情况做出的独特反应的组合结果。[1]个体行动与社会变迁之间,存在一个永恒的、复杂的、动态的循环,他们彼此之间都以一种不可预测的方式互相影响。网民的策略性行动千变万化,具体的权力建构实践也不是一个模式化的行为过程。但就是这种灵活多变的、非模式化的实践,会以它独特的方式,在与网络社会治理双向互动促进下,以进步向上的姿态,超乎寻常的现实效力,"向善而行",影响社会的变迁,逐步建构出网络社会的崭新图景。

---

① Bourdieu, Pierre. *Outline of a Theory of Practice (trans. R. Nice)*. Cambridge: Cambridge University Press, 1977, p. 73.

参考文献

一、中文图书

1.《马克思恩格斯选集》(第2卷),北京:人民出版社,1972年。

2.[美]阿尔温·托夫勒:《第三次浪潮》,朱志炎等译,北京:生活·读书·新知三联书店,1983年。

3.[美]阿尔温·托夫勒:《权力的转移》,刘红等译,北京:中共中央党校出版社,1991年。

4.[美]艾尔东·莫里斯、[美]卡洛尔·麦克拉吉·缪勒主编:《社会运动理论的前沿领域》,刘能译,北京:北京大学出版社,2002年。

5.[法]爱弥尔·涂尔干:《社会分工论》,渠东译,北京:生活·读书·新知三联书店,2000年。

6.[法]爱弥尔·涂尔干:《宗教生活的基本形式》,渠东等译,上海:上海人民出版社,2006年。

7.[英]安东尼·吉登斯:《社会的构成:结构化理论大纲》,李康等译,北京:生活·读书·新知三联书店,1998年。

8.[英]安东尼·吉登斯:《社会学方法的新规则》,田佑中译,北京:社会科学文献出版社,2003年。

9.[美]奥斯特罗夫:《水平组织》,陶宇辰译,海口:海南出版社,2006年。

10.[美]保罗·李文森:《数位麦克鲁汉:当麦克鲁汉从电视走进网络世界,回顾传播媒体的经典理论》,宋伟航译,台北:猫头鹰出版社,2000年。

11.蔡文之:《网络:21世纪的权力与挑战》,上海:上海人民出版社,2007年。

12.蔡文之:《网络传播革命:权力与规制》,上海:上海人民出版社,2011年。

13.[美]查尔斯·普拉特:《混乱的联线——因特网上的冲突与秩序》,郭立峰译,保定:河北大学出版社,1998年。

14.陈周旺、刘春荣编:《集体行动的中国逻辑》,上海:上海人民出版社,2012年。

15.[法]德赖弗斯、保罗·拉比诺:《超越结构主义与解释学》,张建超等译,北京:光明日报出版社,1992年。

16.[德]斐迪南·滕尼斯:《共同体与社会》,张巍卓译,北京:商务印书馆,2019年。

17.[美]菲利普·津巴多:《态度改变与社会影响》,邓羽等译,北京:人民邮电出版社,2017年。

18.冯仕政:《西方社会运动理论研究》,北京:中国人民大学出版社,2013年。

19.[德]哈尔特穆特·罗萨:《加速》,董璐译,北京:北京大学出版社,2015年。

20.[美]汉娜·阿伦特:《人的条件》,竺乾威等译,上海:上海人民出版社,1999年。

21.胡泳:《众声喧哗——网络时代的个人表达和公共讨论》,桂林:广西师范大学出版社,2008年。

22.[美]克莱·舍基:《未来是湿的》,胡泳等译,北京:中国人民大学出版社,2009年。

23.[美]赖特·米尔斯:《权力精英》,许荣等译,南京:南京大学出版社,2004年。

24.[美]兰德尔·柯林斯:《互动仪式链》,林聚任等译,北京:商务印书馆,2009年。

25.李猛编:《韦伯:法律与价值》,上海:上海人民出版社,2001年。

26.刘少杰:《当代中国意识形态变迁》,北京:中央编译出版社,2012年。

27.刘少杰:《网络社会的结构变迁与演化趋势》,北京:中国人民大学出版社,2019年。

28.[美]马克·斯劳卡:《大冲突:赛博空间和高科技对现实的威胁》,汪明杰译,南昌:江西教育出版社,1999年。

29.[德]马克斯·韦伯:《支配社会学》,康乐等译,桂林:广西师范大学出版社,2010年。

30.[德]马克斯·韦伯:《学术与政治》,钱永祥等译,桂林:广西师范大学出版社,2010年。

31.[加]马修·鲍尔:《元宇宙改变一切》,岑格蓝、赵奥博、王小桐译,杭州:浙江教育出版社,2022年。

32.[美]麦克·布洛维:《公共社会学》,沈原等译,北京:社会科学文献出版社,2007年。

33.[美]迈克尔·曼:《社会权力的来源(第一卷)》,刘北成、李少军译,上海:上海人民出版社,2007年。

34.[美]曼纽尔·卡斯特:《网络社会的崛起》,夏铸九等译,北京:社会科学文献出版社,2001年。

35.[美]曼纽尔·卡斯特:《认同的力量(第二版)》,曹荣湘译,北京:社会科学文献出版社,2006年。

36.[美]曼纽尔·卡斯特:《网络星河:对互联网、商业和社会的反思》,郑波等译,北京:社会科学文献出版社,2007年。

37.[美]曼纽尔·卡斯特主编:《网络社会:跨文化的视角》,周凯译,北京:社会科学文献出版社,2009年。

38.[美]弥尔顿·穆勒:《网络与国家》,周程等译,上海:上海交通大学出版社,2015年。

39.[法]米歇尔·福柯:《权力的眼睛——福柯访谈录》,严锋译,上海:上海人民出版社,1997年。

40.[法]米歇尔·福柯:《性经验史(第一卷):认知的意志》,佘碧平译,上海:上海人民出版社,2002年。

41.[美]尼古拉斯·伯格鲁恩、[美]内森·加德尔斯:《智慧治理——21世纪东西方之间的中庸之道》,朱新伟等译,上海:格致出版社、上海人民出版社,2013年。

42.[美]尼古拉斯·尼葛洛庞帝:《数字化生存》,胡泳等译,海口:海南出版社,1997年。

43.[加]尼科·斯特尔:《知识社会》,殷晓蓉译,上海:上海译文出版社,1998年。

44.[美]帕森斯:《现代社会的结构和过程》,梁向阳译,北京:光明日报出版社,1988年。

45.[法]皮埃尔·布尔迪厄、[法]J.-C.帕斯隆:《再生产:一种教育系统理论的要点》,刑克超译,北京:商务印书馆,2002年。

46.[法]皮埃尔·布尔迪厄:《实践感》,蒋梓骅译,南京:译林出版社,2003年。

47.[法]皮埃尔·布尔迪厄:《国家精英》,杨亚平译,北京:商务印书馆,2005年。

48.[法]皮埃尔·布尔迪厄:《实践理性》,谭立德译,北京:生活·读书·新知三联书店，2007年。

49. [波]齐格蒙特·鲍曼：《流动的现代性》，欧阳景根译，上海：上海三联书店，2002年。

50. [美]乔纳森·特纳：《社会学理论的结构》，邱泽奇等译，北京：华夏出版社，2006年。

51. [美]乔纳森·特纳、[美]简·斯戴兹：《情感社会学》，孙俊才等译，上海：上海人民出版社，2007年。

52. [法]让·鲍德里亚：《鲍德里亚访谈录1968—2008》，成家桢译，上海：上海人民出版社，2022年。

53. 孙立平等：《动员与参与——第三部门募捐机制个案研究》，杭州：浙江人民出版社，1999年。

54. 孙立平：《现代化与社会转型》，北京：北京大学出版社，2005年。

55. 汪民安、陈永国、马海良编：《福柯的面孔》，北京：文化艺术出版社，2001年。

56. 王浦劬：《国家治理现代化——理论与策论》，北京：人民出版社，2016年。

57. 王水雄：《结构博弈——互联网导致社会扁平化的剖析》，北京：华夏出版社，2003年。

58. 王水雄：《博弈—结构功能主义——对和谐社会基本功能机制的探讨》，北京：中国人民大学出版社，2012年。

59. [英]维克托·迈尔-舍恩伯格、[英]肯尼思·库克耶：《大数据时代——生活、工作与思维的大变革》，盛杨燕、周涛译，杭州：浙江人民出版社，2013年。

60. [意]维尔弗雷多·帕累托：《精英的兴衰》，刘北成译，上海：上海人民出版社，2003年。

61. [德]乌尔里希·贝克：《风险社会》，何博闻译，南京：译林出版社，2004年。

62. [美]谢尔·以色列：《微博力》，任文科译，北京：中国大学出版社，2010年。

63. 闫慧：《中国数字化社会阶层研究》，北京：国家图书馆出版社，2013年。

64. 杨国斌：《连线力：中国网民在行动》，邓燕华译，桂林：广西师范大学出版社，2013年。

65. 俞可平：《论国家治理现代化》，北京：社会科学文献出版社，

2014年。

66.[美]约瑟夫·奈:《硬权力与软权力》,门洪华译,北京:北京大学出版社,2005年。

67.[美]詹姆斯·S.科尔曼:《社会理论的基础》,邓方译,北京:社会科学文献出版社,2008年。

68.张静主编:《国家与社会》,杭州:浙江人民出版社,1998年。

69.张明仓:《虚拟的实践论》,昆明:云南人民出版社,2004年。

70.周雪光:《中国国家治理的制度逻辑》,北京:生活·读书·新知三联书店,2017年。

二、中文期刊

1.安小米:《现代国家治理的云端思维——信息治理能力与政府转型的多重挑战》,《人民论坛·学术前沿》2015年第2期。

2.白贵、王秋菊:《微博意见领袖影响力与其构成要素间的关系》,《河北学刊》2013年第2期。

3.卜玉梅:《虚拟民族志:田野、方法与伦理》,《社会学研究》2012年第6期。

4.布成良:《当代中国民粹主义的表现、实质与应对》,《山东师范大学学报(社会科学版)》2020年第3期。

5.陈炳辉:《国家治理复杂性视野下的协商民主》,《中国社会科学》2016年第5期。

6.陈氚:《网络社会治理中的时间冲突》,《中共中央党校学报》2017年第6期。

7.陈氚:《隐性网络自组织——互联网集体行动中的组织状态和治理困境》,《教学与研究》2017年第11期。

8.陈伟东、马涛:《居委会角色与功能再造:社区治理能力的生成路径与价值取向研究》,《吉首大学学报(社会科学版)》2017年第3期。

9.陈晓运:《去组织化:业主集体行动的策略——以G市反对垃圾焚烧厂建设事件为例》,《公共管理学报》2012年第2期。

10.程岩:《群体极化、二阶多样性与制度安排——读桑斯坦〈极端的人群:群体行为的心理学〉》,《环球法律评论》2011年第6期。

11.邓若伊:《网络传播与"意见领袖"理论调适》,《新闻与传播研究》2011年第3期。

12.段伟文:《探寻元宇宙治理的价值锚点——基于技术与伦理关系视

角的考察》,《国家治理》2022年第2期。

13.冯仕政:《中国国家运动的形成与变异:基于政体的整体性解释》,《开放时代》2015年第3期。

14.冯卫国、苟震:《基层社会治理中的信息治理:以"枫桥经验"为视角》,《河北法学》2019年第11期。

15.甘莅豪:《去中心化:后现代性与媒介革新下的流行语》,《国际新闻界》2013年第7期。

16.顾爱华、孙莹:《赋能智慧治理:数字公民的身份建构与价值实现》,《理论与改革》2021年第4期。

17.关凯:《互联网与文化转型:重构社会变革的形态》,《中山大学学报(社会科学版)》2013年第3期。

18.管人庆:《论网络政治表达的政府回应机制的构建》,《东北大学学报(社会科学版)》2012年第2期。

19.郭忠华:《转换与支配:吉登斯权力思想的诠释》,《学海》2004年第3期。

20.何明升:《技术与治理:中国70年社会转型之网络化逻辑》,《探索与争鸣》2019年第12期。

21.何明升:《网络文化的工具性因缘及其多样化共享问题》,《哲学研究》2010年第12期。

22.何明升:《中国网络治理的定位及现实路径》,《中国社会科学》2016年第7期。

23.郝文江、武捷:《互联网舆情监管与应对技术探究》,《信息网络安全》2012年第3期。

24.胡鞍钢:《新的全球贫富差距:日益扩大的"数字鸿沟"》,《中国社会科学》2002年第5期。

25.胡新华、陈晓强:《大学生网民群体的越轨及其社会控制》,《中国青年政治学院学报》2002年第5期。

26.胡泳、刘纯懿:《"元宇宙社会":话语之外的内在潜能与变革影响》,《南京社会科学》2022年第1期。

27.黄冬娅:《人们如何卷入公共参与事件——基于广州市恩宁路改造中公民行动的分析》,《社会》2013年第3期。

28.黄荣贵:《互联网与抗争行动:理论模型、中国经验及研究进展》,《社会》2010年第2期。

29.黄荣贵、桂勇:《互联网与业主集体抗争:一项基于定性比较分析方法的研究》,《社会》2009年第5期。

30.黄荣贵、张涛甫、桂勇:《抗争信息在互联网上的传播结构及其影响因素:基于业主论坛的经验研究》,《新闻与传播研究》2011年第2期。

31.郝文江、武捷:《互联网舆情监管与应对技术探究》,《信息网络安全》2012年第3期。

32.蒋忠波、邓若伊:《国外新媒体环境下的议程设置研究》,《国际新闻界》2010年第6期。

33.焦建利:《托尼·帕里西:元宇宙的七大规则》,《中国信息技术教育》2022年第5期。

34.李佳薇:《重返枫桥:新冠疫情防控北京下的社区信息治理刍议》,《云南社会科学》2020年第3期。

35.李景鹏:《关于推进国家治理体系和治理能力现代化——"四个现代化"之后的第五个"现代化"》,《天津社会科学》2014年第2期。

36.李玲、江宇:《有为政府、有效市场、有机社会——中国道路和国家治理现代化》,《经济导刊》2014年第4期。

37.李友梅:《中国社会治理的新内涵与新作为》,《社会学研究》2017年第6期。

38.林建宗:《网络媒体社会责任推进机制研究》,《科学决策》2010年第12期。

39.刘畅:《"裁判员困境"与"第三方"入场——对第五种权力一种特性的剖析》,《南京社会科学》2009年第4期。

40.刘畅:《作为"他者"的第五种权力》,《社会科学战线》2009年第10期。

41.刘贵占:《网络空间的权力:技术与话语》,《东北大学学报(社会科学版)》2015年第2期。

42.刘乐明:《和谐之道:党建引领社区公共安全治理的动力与机制研究——以上海市A区"田园模式"为例》,《江西财经大学学报》2020年第3期。

43.刘少杰:《社会学的语言学转向》,《社会学研究》1999年第4期。

44.刘少杰:《中国社会转型中的感性选择》,《江苏社会科学》2002年第2期。

45.刘少杰:《新形势下中国城市社区建设的边缘化问题》,《甘肃社会科学》2009年第1期。

46.刘少杰:《网络化时代的权力结构变迁》,《江淮论坛》2011年第5期。

47.刘少杰:《网络化时代的社会结构变迁》,《学术月刊》2012年第10期。

48. 刘少杰：《网络化的缺场空间与社会学研究方法的调整》，《中国社会科学评价》2015年第1期。

49. 刘少杰：《网络社会的感性化趋势》，《天津社会科学》2016年第3期。

50. 刘少杰：《从集体表象到数字表象———论元宇宙热潮的演化逻辑与扩展根据》，《河北学刊》2022年第4期。

51. 刘少杰：《中国网络社会的交往实践和发展逻辑》，《学术月刊》2022年第8期。

52. 刘秀秀：《网络动员中的国家与社会——以"免费午餐"为例》，《江海学刊》2013年第2期。

53. [美]路·冯·贝塔朗菲：《普通系统论的历史与现状》，王兴成译，《国外社会科学》1978年第2期。

54. 卢晖临、李雪：《如何走出个案》，《中国社会科学》2007年第1期。

55. 马得勇、孙梦欣：《新媒体时代政府公信力的决定因素——透明性、回应性抑或公关技巧》，《公共管理学报》2014年第1期。

56. 苗国厚：《互联网对政治权力的解构及民主政治建设的促进》，《人民论坛》2014年11期。

57. 彭鹏：《电子乌托邦：网络民主的神话》，《南京政治学院学报》2003年第5期。

58. [法]皮埃尔·布尔迪厄：《现代世界知识分子的角色》，赵晓力译，《天涯》2000年第4期。

59. 秦志希：《网络传播的"后现代"特性》，《武汉大学学报（人文科学版）》2002年第6期。

60. 邱林川：《信息社会：理论、现实、模式、反思》，《传播与社会学刊》2008年第5期。

61. 邱泽奇：《技术化社会治理的异步困境》，《社会发展研究》2018年第4期。

62. 松泽：《基层社会治理要善用大数据》，《人民日报》2016年11月11日。

63. 宋辰婷、刘少杰：《网络动员：传统政府管理模式面临的挑战》，《社会科学研究》2014年第5期。

64. 宋辰婷：《网络时代的感性意识形态传播和社会认同建构》，《安徽大学学报（哲学社会科学版）》2015年第1期。

65. 宋辰婷：《从互动到仪式：网络权力常态化的困境与超越》，《学习与实践》2018年第1期。

66. 宋辰婷：《元宇宙的社会潜能和变革性影响——从网络权力的维度》，《理论与改革》2023年第1期。

67. 宋红岩：《网络权力的生成、冲突与道义》，《江淮论坛》2013年第3期。

68. 宋世明：《推进国家治理体系和治理能力现代化的理论框架》，《中共中央党校（国家行政学院）学报》2019年第6期。

69. 孙秋云、王戈：《大众文化视野下的"网络流行语"》，《湖北社会科学》2012年第11期。

70. 唐皇凤、王豪：《可控的韧性治理：新时代基层治理现代化的模式选择》，《探索与争鸣》2019年第12期。

71. 陶文昭：《互联网上的民粹主义思潮》，《探索与争鸣》2009年第5期。

72. 童志锋：《动员结构与自然保育运动的发展——以怒江反坝运动为例》，《开放时代》2009年第9期。

73. 童志锋：《动员结构与农村集体行动的生成》，《理论月刊》2012年第5期。

74. 汪建华：《互联网动员与代工厂工人集体抗争》，《开放时代》2011年第11期。

75. 王冬梅：《信息权力：形塑社会秩序的重要力量》，《天津社会科学》2010年第4期。

76. 王君玲：《网络环境下群体性事件的新特点》，《甘肃社会科学》2011年第3期。

77. 王君平：《公共领域：虚拟的网络社区现实的公共领域——浅谈强国论坛对公共领域的重构或转型》，《中国社会科学院研究生院学报》2004年第6期。

78. 王水雄：《网络化条件下的组织形式与规模——元意识形态的地位问题》，《社会发展研究》2015年第1期。

79. 王思斌：《社会韧性和经济韧性的关系和建构》，《探索与争鸣》2016年第3期。

80. 王天夫：《虚实之间：元宇宙中的社会不平等》，《探索与争鸣》2022年第4期。

81. 王艳：《民意表达与公共参与：微博意见领袖研究》，中国社会科学院研究生院博士学位论文，2014年。

82. 王赟：《被误读的韦伯社会学认识论：理解范式诸因素及其内部联系》，《社会学评论》2016年第1期。

83. 文军:《制度建构的理性构成及其困境》,《社会科学》2010年第4期。

84. 文军:《中国社会组织发展的角色困境及其出路》,《江苏行政学院学报》2012年第1期。

85. 吴忠民:《从基本生存诉求到基本权利诉求》,《当代世界与社会主义》2015年第2期。

86. 吴忠民:《社会矛盾倒逼改革发展的机制分析》,《中国社会科学》2015年第5期。

87. 夏玉珍:《转型期中国社会失范与控制》,《华中师范大学学报》2002年第5期。

88. 谢金林:《情感与网络抗争动员——基于湖北"石首事件"的个案分析》,《公共管理学报》2012年第1期。

89. 谢岳、党东升:《草根动员:国家治理模式的新探索》,《社会学研究》2015年第3期。

90. 熊光清:《网络社会的兴起与治理变革:中国的问题与出路》,《学习与探索》2017年第9期。

91. 熊光清:《中国网络政治参与的形式、特征及影响》,《当代世界与社会主义》2017年第3期。

92. 徐汉明、张新平:《网络社会治理的法治模式》,《中国社会科学》2018年第2期。

93. 杨国斌:《悲情与戏谑:网络事件中的情感动员》,《传播与社会学刊》2009年第9期。

94. 喻国明:《5G:一项深刻改变传播与社会的革命性技术》,《新闻战线》2019年第15期。

95. 于建嵘:《从刚性稳定到韧性稳定——关于中国社会秩序的一个分析框架》,《学习与探索》2009年第5期。

96. 于京东:《元宇宙:变化世界中的政治秩序重构与挑战》,《探索与争鸣》2021年第12期。

97. 曾繁旭、黄广生、刘黎明:《运动企业家的虚拟组织:互联网与当代中国社会抗争的新模式》,《开放时代》2013年第3期。

98. 张丽梅、胡鸿保:《没有历史的民族志——从马凌诺斯基出发》,《社会学研究》2012年第2期。

99. 张宪丽、高奇琦:《元宇宙空间的社会整合与社会分工:来自涂尔干的启示》,《理论与改革》2022年第6期。

100. 张勋宗、李华林:《网络文化暴力特征、类型及实现路径分析》,《西南大学学报(社会科学版)》2009年第5期。

101.周一青、潘振岗、翟国伟等：《第五代移动通信系统5G标准化展望与关键技术研究》，《数据采集与处理》2015年第4期。

102.周光辉，周笑梅：《互联网对国家的冲击与国家的回应》，《政治学研究》2001年第2期。

103.朱海龙：《人际关系、网络社会与社会舆论——以社会动员为视角》，《湖南师范大学社会科学学报》2011年第7期。

104.邹宇春：《网络访谈在调查研究中的应用》，《广西民族大学学报(哲学社会科学版)》2013年第1期。

三、外文文献

1. Andrejevic, M. *Infoglut: How Too Much Information Is Changing the Way We Think and Know.* New York: Routledge, 2013.

2. Arendt, Hannah. *Crises in the Republic.* New York: Harcourt Brace Jovanich, 1972.

3. Bakhtin, Mikhail. *The Dialogic Imagination: Four Essays.* Austin: University of Texas Press, 1981.

4. Barney, Darin, Coleman, Gabriella, Ross, Christine, Sterne, Jonathan. and Tembeck, Tamar. *The Participatory Condition in the Digital Age.* Minneapolis: University of Minnesota Press, 2016.

5. Bauman, Zygmunt. *Liquid Life.* Cambridge: Polity, 2005.

6. Bell, Stephen, and Hindmoor, Andrew. *Rethink Governance:The Centrality of the State in Modern Society.* Cambridge:Cambridge University Press, 2009.

7. Beneito−Montagut, Roser. Ethnography Goes Online: Towards a User−centered Methodology to Research. *Qualitative Research*, 2011(11).

8. Benkler, Yoehai.*The Wealth of Networks: How Social Production Transforms Markets and Freedom.* New Haven: Yale University Press, 2006.

9. Bevir, M. *Democratic governance.* Princeton: Princeton University Press, 2010.

10. Bevir, M., and Trentmann, F. *Governance, Consumers, and Citizens: Agency and Resistance in Contemporary Politics.* London: Palgrave, 2007.

11. Bourdieu, Pierre. *Outline of a Theory of Practice* (trans. R. Nice). Cambridge: Cambridge University Press, 1977.

12. Bourdieu, Pierre. Social Space and Symbolic Power. *Sociological Theo-*

ry, 1989, 7(1).

13.Bruns, A., Highfield, T. and Burgess, J. The Arab Spring and Social Media Audiences: English and Arabic Twitter Users and Their Networks. *American Behavioral Scientist*, 2013, 57(7).

14. Burr, Vivien. *Social Constructionism (2nd ed.)*. London: Routledge, 2003.

15. Castells, Manuel. Communication, Power and Counter-power in the Network Society. *International Journal of Communication*, 2007, 1.

16.Castells. *Communication Power*. Oxford: Oxford University Press, 2009.

17.Castells, Manuel. *Networks of Outrage and Hope: Social Movements in the Internet Age*. Cambridge: Polity Press, 2012.

18. Clemens, Elisabeth S. Organizational Repertoires and Institutional Change: Women's Groups and the Transformation of U.S. Politics, 1890–1920. *American Journal of Sociology*, 1993,98.

19. Damm, Jens. The Internet and the fragmentation of Chinese society. *Critical Asian Studies*, 2007, 39(2).

20. DiMaggio, Paul. On Pierre Bourdieu. *American Journal of Sociology*, 1979, 84(6).

21.Edmunds, David, and Wollenberg, Eva. Disadvantaged Groups in Multistakeholder Negotiations. *CIFOR Programme Report*, June 2002, available at http://www.cifor.org/publications/pdf_files/Strategic_Negotiation_report.pdf.

22.Edwards, Bob, and McCarthy, John D. Resources and Social Movements Mobilization, in Snow, David A., Soule, Sarah A., and Kriesi, Hanspeter (eds.), *The Blackwell Companion to Social Movements*. MA: Blackwell Pub, 2004.

23.Ejaz, Waleed, and Anpalagan, Alagan. *Internet of Things for Smart Cities: Technologies, Big Data and Security*. Switzerland: Springer International Publishing AG, 2019.

24.Evelyn I. Légaré. Canadian Multiculturalism and Aboriginal People: Negotiating a Place in the Nation. *Identities*. 1995, 4(1).

25.Feenberg, Andrew. *Technosystem: The Social Life of Reason*. Cambridge, Massachusetts: Harvard University Press, 2017.

26.Foucault, Michel. *Power-Knowledge*. Brighton: Harvester, 1980.

27.Foucault, Michel. *The History of Sexuality, Vol. 1*. Harmondsworth: Penguin, 1981.

28.Foucault, Michel. The Subject of Power, in Dreyfus, Huber L. and Rabinbow, Paul (eds.), *Michel Foucault : Beyond Structuralism* · *and Hermeneutics*. Chicago: University of Chicago Press, 1983.

29.Foucault, Michel. *Society Must Be Defended: Lectures at the College de France, 1975–1976*. St. Martin Press, Picador; Reprint, 2003.

30.Fuchs. Manuel Castells, Networks of Outrage and Hope: Social Movements in the Internet Age. *Media, Culture & Society*, 2014, 36(1).

31.Fuchs, C. and Sandoval M. Critique, *Social Media and the Information Society*. NY and London: Routledge Taylor & Francis, 2014.

32. Galia Kondova, Renato Barba. Governance of Decentralized Autonomous Organizations. *Journal of Modern Accounting and Auditing*, 2019, 15(8).

33.Galley, J. Awareness and Usage of the Sharing Economy. *Monthly Labor Review*, 2000(8).

34.Garrett, R. Kelly. Protest in an Information Society: A Review of Literature on Social Movements and New ICTs. *Information, Communication & Society*, 2006, 9.

35.Gattiker, Urs E. *The Internet as a Diverse Community*. NJ: Lawrence Erlbaum Associates, Inc., 2009.

36.Gerth, H. H. and Mills, C. W. *Max Weber: Essays in Sociology*. NY: Oxford University Press, 1946.

37. Giese, Karsten. Speaker's Corner or Virtual Panopticon: Discursive Construction Of Chinese Identities Online, in Mengin, Francoise (ed.), *Cyber China: Reshaping National Identities in the Age of Information*. New York, NY: Palgrave, 2004.

38.Gillespie, David P. Movements of Revolutionary Change: Some Structural Characteristics. *The American Behavioral Scientist*, 1971, 14.

39.Gleason, B. Occupy Wall Street: Exploring Informal Learning about A Social Movement on Twitter. *American Behavioral Scientist*, 2013, 57(7).

40.Goffman, Erving. On Face Work: An Analysis of Ritual Elements in Social Interaction. *Psychiatry* ,1955,18. Reprinted in Goffman, *Interaction Ritual*. New York: Doubleday, 1967.

41.Greenfield, A. *Radical Technologies: The Design of Everyday Life*. London and New York: Verso, 2018.

42.Habermas, Jürgen. Hannah Arendt's Communications Concept of Power, in Lukes, Stephen (ed.), *Power*. Oxford: Blackwell, 1986.

43. Hajer, M. Policy without Polity: Policy Analysis and the Institutional Void. *Policy Sciences*, 2003,36.

44. Heritier, A. New Modes of Governance in Europe: Policy–Making Without Legislating? in A. Heritier A. (ed.), *Common Goods: Reinventing European and International Governance*. Lanham: Littlefield & Roman, 2002.

45. Hilbert, Richard A. Durkheim and Merton on Anomie: An Unexplored Contrast and Its Derivatives. *Social Problems*, 1989, 36(3).

46. Hinsley, F. *Sovereignty*. Cambridge: Cambridge University Press, 1986.

47. Holling, C. S. Resilience and Stability of Ecological Systems. *Annual Review of Ecology and Systematics*, 1973, 4(1).

48. Howard, P. and Hussain, M. The Upheavals in Egypt and Tunisia: The Role of Digital Media. *Journal of Democracy*, 2011, 22(3).

49. Jekins, J. Craig, and Perrow, Charles. Insurgency of the Powerless: Farm Worker Movements (1946–1972). *American Sociological Review*, 1977, 42.

50. Jones, Steve. *Cybersociety*: *Computer Mediated Communication and Community*. CA: Sage Publications, 1995.

51. Jordan, Tim. *Cyberpower: The Culture and Politics of Cyber–space and the Internet*. London: Routledge, 1999.

52. Kar, M. P. Gupta., Arpan Kumar., Ilavarasan, Vigneswara. and Dwivedi, Yogesh. *Advances in Smart Cities: Smarter People, Governance and Solutions*. FL: Taylor & Francis Group, 2017.

53. Karvonen, Andrew, Cugurullo, Federico, and Caprotti, Federico. *Inside Smart Cities: Place, Politics and Urban Innovation*. NY: Routledge, 2019.

54. Kavada, A. Introduction. *Media, Culture & Society*, 2014, 36(1).

55. Kellner, Douglas. Globalisation, Technopolitics and Revolution, Theoria: A Journal of Social and Political Theory. *The West in Crisis: Technology, Reason, Culture*, 2001,98.

56. Khazaeli, Susan, and Stockemer, Daniel. The Internet: A New Route to Good Governance. *International Political Science Review / Revue internationale de science politique*, 2013, 34(5).

57. Kozinet, Robert V. The Field behind the Screen: Using Netnography for Marketing Research in Online Communities. *Journal of Marketing Research*, 2002, 39(1).

58.Kreiss, D., & McGregor, S. C.The "Arbiters of What Our Voters See": Facebook and Google's Struggle with Policy, Process, and Enforcement around Political Advertising. Political communication, 2019, http://doi. org / 10.1080 / 10584609.2019.1619639.

59.Kurylo, Anastacia, Linsanity. The Construction of (Asian) Identity in an Online New York Knicks Basketball Forum. *China Media Research*, 2012, 8.

60.Lambach, D. The Territorialization of Cyberspace. International Studies Review, 2019, http://doi.org/10.1093/isr/viz022.

61.Lash. Power after Hegemony: Cultural Studies in Mutation? *Theory, Culture & Society*, 2007, 24(3).

62. Leander, Kevin M., and Kelly K. Mckim. Tracing the Everyday "Sittings" of Adolescents on the Internet: A Strategic Adaptation of Ethnography across Online and Offline Spaces. *Education, Communication and Information*, 2003, 3(2).

63.Lessig, L. *Code: Version 2.0.* New York: Basic Books, 2006.

64.Lukes, Steven. *Power: A Radical View.* London: Macmillan, 1974.

65.Mackenzie, A. and Vurdubakis, T. Codes and Codings in Crisis: Signification, Performativity and Excess. *Theory, Culture & Society*, 2011, 28(6).

66.Malcolm Campbell−Verduyn, ed. *Bitcoin and Beyond: Cryptocurrencies, Blockchains, and Global Governance.* London: Routledge, 2018.

67. Marcus, George E. Ethnography in / of the World System: The Emergence of Multi−Sited Ethnography. *Annual Review of Anthropology*, 1995(24).

68.Markham, Annette N. Reconsidering Self and Other: The Methods,Politics, and Ethics of Representation in Online Ethnography, in Denzin, Norman K., and Lincoln, Yvonna S.(eds.), *The Sage Handbook of Qualitative Research* (*3rd ed.*). Thousand Oaks, California: Sage Publications, Inc. 2005.

69.McAdam, D., McCarthy, J. D., and Zald, M. N. *Comparative Perspectives on Social Movements: Political Opportunities, Mobilizing Structures, and Cultural Framings.* New York: Cambridge University Press, 1996.

70.McCarthy, John D., and Mayer N. Zald. Resource Mobilization and Social Movements: A Partial Theory. *American Journal of Sociology*, 1977, 82.

71.Melucci, Alberto. A Strange Kind of Newness: What's "New" in New Social Movements? in Laraña, Enrique, Johnston, Hank and Gusfield, Joseph R. (eds.), *New Social Movements: From Ideology to Identity*. Philadelphia: Temple

University Press, 1994.

72. Melucci, Alberto. *Challenging Codes: Collective Action in the Information Age*. Cambridge: Cambridge University Press, 1996.

73. Michels, Robert, Eden, Paul and Cedar Paul. *Political Parties: A Sociological Study of the Oligarchical Tendencies of Modern Democrac*. New York: Dover, 1959.

74. Mitchell, William J. *City of Bits: Space, Place, and the Infobahn*. Cambridge: The MIT Press, 1995.

75. Mitchell, William J. *ME++: The Cyborg Self and the Networked City*. Cambridge, MA: MIT Press, 2003.

76. Mosca, Gaetano. *The Ruling Class*. Caroline: Nabu Press, 2011.

77. Mueller, M. *Ruling the Root*. Cambridge: MIT Press, 2002.

78. Mueller, Milton L. *Networks and States: The Global Politics of Internet Governance*. Cambridge and London: The MIT Press, 2010.

79. Murthy, D. *Twitter: Social Communications in the Twitter Age*. Oxford: Wiley. 2013.

80. Musiani, F. Governance by Algorithms. *Internet Policy Review*, 2013, 2(3).

81. Newman, J. Introduction, in J. Newman. (ed.), *Remaking Governance*. Bristol: Policy Press, 2005.

82. Nordrum, Amy, Clark, Kristen, and IEEE Spectrum Staff. *Everything You Need to Know About 5G*. IEEE SPECTRUM. 27 Jan 2017 |19:00 GMT.

83. Nye, Joseph S. and William A. Owens. America's Information Edge. *Foreign Affairs*, 1996, 75(2).

84. Nye, Joseph S. *Bound to Lead: The Changing Nature of American Power*. New York: Basic Books, 1990.

85. Ostrom, E., Crossing the Great Divide: Coproduction, Synergy, and Development. *World Development*, 1996, 24(6).

86. Parsons, Talcott. Power and the Social System, in Lukes, Stephen (ed.), *Power*. Oxford: Blackwell, 1986.

87. Pierre, J. and Peters, G. *Governing Complex Societies*. NY: Palgrave Macmillan, 2005.

88. Pita, Sara , and Pedro, Luís. *Verbal and Non — Verbal Communication in Second Life, Virtual Worlds and Metaverse Platforms: New Communication and Identity Paradigms*. IGI Global, 2012.

89. Poster, Mark. *The Mode of Information: Poststructuralism and Social Context*. Chicago: University of Chicago Press, 1990.

90.Poulantzas, Nicos. *State, Power and Socialism*. London: New Left, 1978.

91. Poulantzas, Nicos. Class Power, in Lukes, Stephen (ed.), *Power*. Oxford: Blackwell.1986.

92.Powers, Shawn M., and Jablonski, Michael. *The Real Cyber War. Urbana*. Chicago, and Springfield: University of Illinois Press, 2015.

93. Rhodes, R. The Institutional Approach, in D. Marsh and G. Stoker (eds), *Theory and Methods in Political Science*. Basingstoke: Macmillan, 1995.

94.Rona-tas A., and Guseva, Alya. *Plastic Money*. CA: Stanford University Press, 2014.

95.Ruppert, E. and Savage, M. Transactional Politics. *The Sociological Review*, 2011, 59(S2).

96.Salamon, L. (ed.). *The Tools of Government: A Guide to the New Governance*. Oxford: Oxford University Press, 2002.

97. Singh, J. P. Information Technologies, Meta-power, and Transformations in Global Politics. *International Studies Review*, 2013, 15.

98.Smith-Lovin, Lynn. The Strength of Weak Identities: Social Structural Sources of Self, Situation and Emotional Experience. *Social Psychology Quarterly*, 2007, 2.

99.Smith, M. These on Philosophy of History: The Work of Research on the Age of Digital Searchability and Distributability. *Journal of Visual Culture*, 2013, 12(3).

100. Snow, David A., and Robert D. Benford. Ideology, Framework Resonance and Participant Mobilization, in *From Structure to Action: Comparing Social Movement Research across Cultures, vol.1, International Social Movement Research*, edited by B. Klandermans, H. Kriesi, and S. G. Tarrow. Greenwich, Conn: JAI Press, 1988.

101.Srnicek, N. *Platform Capitalism*. Cambridge and Malden: Polity Press, 2017.

102. Staggenborg, Suzanne. The Consequences of Professionalization and Formalization in the Pro-Choice Movement. *American Sociological Review*, 1988, 53.

103.Stoker,G. Governance as Theory: Five Propositions. *International So-*

cial Science Journal, 1998, 50(155).

104.Susskind, J. *Future Politics: Living Together in a World Transformed by Tech.* Oxford and New York: Oxford University Press, 2018.

105.Thompson, John B. *The Media and Modernity: A Social Theory of the Media.* Cambridge: Polity, 1995.

106.Tkacheva, O. et al. *Internet Freedom and Political Space.* Washington, D.C.: RAND Corporation, 2013.

107.Torre, Carlos, and Arnson, Cynthia J. *Latin American Populism in the Twenty-First Century.* Baltimore: The Johns Hopkins University Press, 2013.

108.Tufekci, Z. and Freelon, D. Introduction to The Special Issue on New Media and Social Unrest. *American Behavioral Scientist*, 2013, 57(7).

109.Urbach, N. and Ahlemann, F. Structural Equation Modeling in Information Systems Research Using Partial Least Squares. *Journal of Information Technology Theory and Application*, 2010, 11(2).

110. Van Dijk, J. Castells, M., Communication Power. *Communications*, 2010, 35(4).

111.Vibert, F. *The Rise of the Unelected: Democracy and the New Separation of Powers.* Cambridge: Cambridge University Press, 2007.

112.Wallington, T., Lawrence, G. and Loechel, B. Reflections on the Legitimacy of Regional Environmental Governance: Lessons from Australia's Experiment in Natural Resource Management. *Journal of Environmental Policy and Planning*, 2008(10).

113.Wang, Wei-Ching etc. Internet Use, Group Identity, and Political Participation among Taiwanese Americans. *China Media Research*, 2009, 5.

114.Ward, Katie J. Cyber-ethnography and the Emergence of the Virtually New Community. *Journal of Information Technology*, 1999, 14(1).

115.Williamson, Oliver E. The New Institutional Economics: Taking Stock, Looking Ahead. *Journal of Economic Literature*, 2000.

116.Zandt, D. *SHARE THIS! How You Will Change the World with Social Networking.* CA: Berrett-Koehler Publishers, Inc, 2010.

117.Zuboff, Shoshana. *In the Age of the Smart Machine.* New York: Basic Books, 1988.

118.Zwick, Detlev and Bradshaw, Alan. Biopolitical Marketing and Social Media Brand Communities. *Theory, Culture & Society*, 2016, 33(5).